SF思考
ビジネスと自分の未来を考えるスキル

三菱総合研究所 シニアプロデューサー
藤本敦也
筑波大学 HAI研究室 研究員
宮本道人
三菱総合研究所 参与
関根秀真

ダイヤモンド社

はじめに――変化の時代に、変化し続けるための、オリジナルな思考法

宮本道人

変化の激しい時代だ。

本書を手に取ってくださった方の多くは、仕事の現場で日々、さまざまな状況が変化していくスピードのすさまじさをひしひしと感じているだろう。技術はがんがん高度なものになり、ビジネス環境はどんどん新しいものになる。過去の成功経験はすぐに賞味期限切れとなり、昨日までの勝ちパターンは今日の負けパターンと化す。当然、ビジネスの戦略は立てづらい。未来の見通しなんて全然立てられない。そんな世界をどうサヴァイブしていけばよいのか、対応策を見失って右往左往していない人など、ほとんどこの世に存在していないのではないだろうか。

そんな状況を打破するのが、本書で紹介する「ＳＦ思考」だ。

――というのは嘘だ。いや、まるっきりの嘘ではないけれど、ＳＦ思考は、いまあなたが

想像したような思考法ではない。つまり「時代が求める答えをビシッと導き出す、最新かつおしゃれな思考メソッド」ではない。回り道をしながら説明したいので、ちょっとつきあってほしい。

世の中にはいろいろな職業がある。そして、それぞれに何千人、何万人が従事している。たとえば銀行員は21万人、医師は32万人、国家公務員は58万人。裁判官のようなレアっぽい職業でも日本全体で見れば4000人近くいる。

かつて、このような職業名は「将来の夢」と結びついていた。しかし、そんな時代はもう終わる、と筆者は見ている。一人の人間がいくつもの職業をかけ持ちし、そのかけ合わせによってオリジナルな価値を生み出すようになる。すると、「職業＝自分」みたいな時代が来るのだ。

そうなれば、何千人、何万人に共通するデカい肩書きは、あなたのことを何も語らなくなる。「作家」だからすごいわけじゃないし、「社長」だから偉いわけじゃない。問われるのは、「結局あなたは何者なのか？」だけなのだ。そして、その問いに答えるためには、誰もが自分でオリジナルの肩書きをつくらなければならなくなるだろう。

最近『失敗の殿堂』という本を読んだ。著者はオランダのビジネススクールのポール・ルイ・イスケという人なのだが、この人の肩書きが最高にふるっている。彼は〈最高失敗責任者＝Chief Failure Officer：ＣＦＯ〉を名乗っているのである。実のところこれだけでは、何をしている人なのかよくわからない。でも、とても大事な任務を果たしていることだけは伝わってくる。人はふつう失敗を隠したがるが、イノベーティブな発明や発見の裏には、その何十倍もの失敗がある。あえて失敗に責任を持とうという態度は最高にイノベーティブではないか。

ちなみに、筆者は「応用文学者」「科学文化作家」を名乗っている。これも世界にただひとつ、自分だけの肩書きである。簡単にいえば、こうした架空の、しかし現実に接続した独自の肩書きを生み出せるような思考が「ＳＦ思考」なのである。

ＳＦ作品には、聞いたことのない謎の職業がたくさん登場する。ＳＦは現実と時空を異にする世界を舞台に繰り広げられる物語なので、架空のニーズに即した架空の職業を必要とするのだ。変化の激しい時代における現実の未来も、だいたいこんな感じだと思っていればいい。いまのルールも常識も、おそらくほとんど通用しなくなるのだ。ということは、これまで成功した誰かをロールモデルにして、それをなぞるようなキャリア構築の方法はもはや通用しない。ＳＦみたいな架空の肩書きを生み出し、それを現実の仕事に接続していく視点が必要なのだ。

筆者はこれまでの人生においても、ＳＦのようなフィクションを、現実を学ぶ補助線にして生きてきた。特に中高時代に夢中で読んだのは、『ペンローズのねじれた四次元』をはじめとする、サイエンスライター竹内薫による一連の科学書なのだが、竹内氏の著作はプロローグや本のはしばしにフィクションが置かれているのが大きな特色だった。また、ＳＦ小説のなかには、計算をすることで初めて世界の姿が理解できるような構造のものもあった。そういった読み物を通し、筆者は科学を能動的に楽しんで学んでいった。理系科目が決して得意ではなかった筆者がサイエンスの世界に足を踏み入れ、大学で素粒子物理や脳神経科学を学ぶことができたのも、フィクションという優れたガイド役があったおかげだ。

　もちろんフィクションには多分に妄想が含まれており、それがそのまま正確な知識を得るための教科書になるわけではない。しかし、自ら直感的に世界のかたちを探りたい人には最高の道しるべになる。なので筆者は未知の世界——たとえば新しい研究とか、政治とか、外国の文化とか——を知りたいと思ったとき、まずはそれをテーマにしたフィクションを探す。日本ではまだまだＳＦやファンタジーが「子供向け」とカテゴライズされがちだが、本当は、大人が頭を柔軟にし、未知の世界の確かな手触りを得るためにこそ有用なのだ。

　かつてアメリカのＳＦ作家シオドア・スタージョンは「ＳＦの９割は子供だましのゴミカスみたいなもの」というありふれた批判に対して、次のように反論した[1]。

〈語られない真実〉

（SFに限らず）あらゆるものの9割はカスである。

〈そこからわかること①〉

SFに大量のカスが存在することは残念な事実だが、どこもかしこもカスだらけであることを考えれば自然なことだ。

〈そこからわかること②〉

最高のSFは、あらゆるジャンルの最高のフィクションに匹敵する。


これは「スタージョンの法則」としてSFファンにはよく知られているものだ。

SFに限らず、アートだってビジネスだって9割はカスだ。この法則からは天才でも逃れられない。大量のカスのついでに傑作も生み出せた人が天才と呼ばれるのだ。ましてや凡人がいいものを生み出したいと思うなら、少なくとも10はチャレンジしなくちゃいけないし、9は失敗しないといけない。いかに失敗するか、そしていかに失敗にへこたれないかが大事なのだ。こう考えれば、自分には「才能がない」なんて言って何のチャレンジもしないのは言い訳だし、はなはだおこがましい態度であることにも気づく。

こうしたSF的な思考になじんでしまっているせいか、筆者などは、むやみに成功への近道であることを強調してくる思考法や、成功者として人を教え諭すような言説に触れると、本当に読者を成功に導こうとする親切心よりも、自分の成功でマウンティングしようとする虚栄心の臭みを感じて辟易としてしまう。みんながマルをつけてくれる正解や、そんな正解に至る方程式なんて教えてくれなくていい。もっと、おもちゃみたいにいじくりまわせて、ワクワクできて、自分だけの新たな可能性が見つかる思考法がほしいのだ。

それに、夢想はいつもポジティブでなくてもいい。野球選手になって三冠王を獲る！　とか、パリコレのモデルになる！　みたいな華やかな成功シーンを思い描くのはもちろん個人の自由だが、ＳＦでよくあるような、めちゃくちゃに破滅的な未来で自分がひどい目に遭うところを想像するのも、けっこうワクワクするものだ。ポジティブシンキングもいきすぎれば、突然の挫折でポッキリ折れる。その点、失敗が当たり前だと思っている人は強い。

ＳＦ思考は、自分の好きなこととビジネスの接点を見つける思考だし、すすんで失敗し、すすんで失敗を楽しむ思考だ。ＳＦを読んでワクワクするように、仕事でワクワクしたっていいのだ。いや、もっとワクワクしなければ、もう仕事に未来なんてない。

こんな説明ではＳＦ思考が何なのか、まったくわからないとは思うが、何かしら大事そうだし、面白そうだ、ということだけはわかっていただけたんじゃないだろうか。まあ、中身については本論にゆずりたいと思う。

簡単に自己紹介をしておくと、筆者・宮本道人は筑波大学でフィクションの応用可能性を分析している研究者であり、並行して科学分野で漫画原作などを執筆している作家でもある。数年前から個人の活動として、中高生・大学生・大学院生などに対して、SFの作成を通じて未来像を描くワークショップを独自に開発・実施してきた。企業からワークショップの依頼を受けることもあり、さまざまなかたちでSFとビジネスの間をつないできた。

2018年頃、三菱総合研究所の藤本敦也氏と関根秀真氏にそんなことを話したのが、本書が生まれるひとつのきっかけになった。当時、三菱総合研究所では、創業50周年記念研究として「50年後の未来像」を構築するプロジェクトが進行中だった。そのなかで両氏はSFのビジネス活用に早くから注目しており、筑波大学助教の大澤博隆氏と、そのもとで研究を行っていた筆者に相談をいただいたのだ。こうして、藤本氏と宮本を中心に、関根氏と大澤氏の協力を得つつ、「SF思考」をかたちにしていくプロジェクトが始まった。

本書で紹介する「SF思考」は、その取り組みから生まれたものだ。SF的な思考法を駆使して、自分だけの「未来ストーリー」を生み出し、それをそれぞれのビジネスに接続していく。筆者らはそのためのワークショップを開発し、さまざまなパターンで実践しながら洗練させていった。本書の収録短篇を執筆いただいた、高橋文樹氏、柴田勝家氏、長谷敏司氏、林譲治氏、松崎有理氏とのワークショップ経験や、本書執筆時にご協力いただいた小林直美氏のご意見などを取り入れながら、ＳＦ思考は進化してきたのだ。本書は、その手法と実例を紹介することで、広くビジネスパーソンにＳＦ思考を活用してもらおうという目的でつくられている。

本書の構成を簡単に紹介しておこう。

第1章では、主にＳＦとビジネスを取り巻く現状を紹介し、その有用性を紹介する。

第2章では、「ＳＦ思考」の中身を掘り下げ、その骨格となる「3×5のＳＦ思考」について解説する。

ここまでは筆者が執筆を担当した。第1、2章が理論編とすれば、第3章以降は、執筆を藤本氏にバトンタッチしてお届けする実践編だ。

第3章では、「ＳＦ思考で何が変わるのか」を説く。

第4章では、ワークショップ形式でＳＦ思考に基づいた未来ストーリーをつくるステップを詳しく紹介する。

第5章では、でき上がった未来ストーリーの活用方法をさまざまに紹介する。

第6章では、企業がプロのＳＦ作家とともに本格的なＳＦ小説を共創し、社会に対してより広く未来像を広げていくための方法を解説する。

第7章では、本書で紹介した方法論から生まれた5つのSF小説と、そのメイキングを紹介する。

本書で示す考え方は、多くのビジネスピープルにとって有用で、さらに誰にでも実践できるものになっているが、特に次のような人たちに読んでもらうことを想定している。

・自らのキャリアに悩み、デザイン思考やアート思考などを読んできたものの、読むだけで実践できず悶々としているビジネスパーソン
・会社の目標が数字ばかりで飽き飽きしている人
・新規事業開発や研究開発の担当で、未来社会を考えるのに苦労している人
・経営者で、未来社会における自社の方向性を日々悩んでいる人
・街づくりなど、長期的なコミュニティ像をつくるのに苦労している人
・子供たちに、もっと未来のことを考えてほしいと思っている人

SF思考の肝は、現実から虚構に発想を飛ばし、それをまた現実に引き戻して着地させることにある。どちらもすごくクリエイティブな作業だし、何より楽しい。虚構と現実を行き来しながら妄想し、それを実現していく――。SF思考のSはサイエンスのSであると同時

に、セルフ（自分）のSだ。一人ひとりが自分のための物語を紡ぎ、その世界を生きるために。この一冊がその一助となればこんなに嬉しいことはない。

1 原文は以下の通り。［The Revelation: Ninety percent of everything is crud. /Corollary 1: The existence of immense quantities of trash in science fiction is admitted and it is regrettable; but it is no more unnatural than the existence of trash anywhere./Corollary 2: The best science fiction is as good as the best fiction in any field.］Theodore Sturgeon,"On Hand : A Book"（「Venture SCIENCE FICTION １９５８年3月号」）

ＳＦ思考◎目次

第7章　SF思考から生まれた5つの未来［藤本敦也］

第1章　ＳＦとビジネスの関係

宮本道人

世界のビジネスリーダーはＳＦに影響を受ける

ＳＦは、もはや世界のビジネスパーソンの常識である。

いや、より正確にいえば、ＳＦは、世界の一流のビジネスパーソンの常識である。

ジェフ・ベゾス、イーロン・マスク、ビル・ゲイツ、マーク・ザッカーバーグ、ラリー・ペイジ、セルゲイ・ブリン……。彼らの共通点は何か？　そう、いずれも世界の長者番付トップ10[1]にランクインする成功した実業家だ。そして、もうひとつ大きな共通点がある。全員、好きなＳＦ作品があると公言しているのである。

個人的にＳＦ小説やＳＦ映画を楽しんでいるだけではない。インタビューや著作において、みずからのビジネスに関連づけて具体的な作品やガジェットに積極的に言及している人もいる。ふつうに考えて、世界で十指に入る億万長者のうち６人がＳＦファンというのは、結構すごい。

さらにここ10年で、「ＳＦをつくること」をビジネス上の武器にしようという動きも強まっている。インテルやマイクロソフトといった大企業がこぞってＳＦをつくり、それを使って自社の研究開発を推進している。企業がＳＦ作家をアドバイザーとして起用する例も増えている。

そうはいっても一部のオタクの趣味でしょ？　大富豪っていっても、結局みんなＩＴ系ばっかりじゃん？　と思われるかもしれない。しかし、ＳＦの波及力はＩＴビジネスの世界だけにとどまっていない。

たとえば、政治の世界でもＳＦは注目されている。

「世界ＳＦ大会」をご存じだろうか。１９３９年からアメリカを中心に開催されてきた世界最大のＳＦコンベンションで、毎年、世界中から多くのＳＦ作家やファンが集う。この大会が２０２０年にニュージーランドで開催された際、ジャシンダ・アーダーン首相は直々に熱烈な歓迎メッセージを寄せている。[2] アーダーン氏といえば37歳という若さで首相に就任し、女性の社会進出やダイバーシティに関する取り組みでも世界的に評価されている人物である。かつてはＳＦというフィクションの一ジャンルの交流の場だった大会に、一国のトップが関わるようになっているのだ。この大会には、中国も政府支援で作家や政治家を参加させていると聞く。

アメリカ合衆国第44代大統領のバラク・オバマもＳＦに造詣が深い。彼が現役の大統領時代から公開してきた「おすすめのブックリスト」にはＳＦ作品がしばしば登場することはよく知られているし、単に作品を紹介するだけではなく、積極的にＳＦのクリエイターと関わろうという姿勢も見せている。たとえば、マーベル・コミックにおける初のイスラム系女性

ジェフ・ベゾス	Amazon 創業者。SF ファンを公言、Kindle に『ダイヤモンド・エイジ』が影響。Alexa に『スタートレック』が影響。幼少期に『デューン／砂の惑星』を愛読。
イーロン・マスク	Tesla 創業者、SpaceX 創業者。1 日最大 10 時間も SF 小説を読んでいた。『ファウンデーション』『月は無慈悲な夜の女王』『銀河ヒッチハイクガイド』を愛読。
ビル・ゲイツ	Microsoft 創業者。『七人のイヴ』を絶賛。
マーク・ザッカーバーグ	Facebook 創業者。『エンダーのゲーム』『三体』を愛読。
ラリー・ペイジ	Google 創業者。『スノウ・クラッシュ』を推薦。
セルゲイ・ブリン	Google 創業者。Google Earth に『スノウ・クラッシュ』が影響。
パルマー・ラッキー	Oculus 創業者。Oculus 創業に『スノウ・クラッシュ』が影響。『レディ・プレイヤー 1』『攻殻機動隊』『.hack』『ソードアート・オンライン』からの影響も公言。
ロドニー・ブルックス	iRobot 創業者。『われはロボット』から社名を考案。
ピーター・ティール	PayPal 創業者。PayPal 創業前に『スノウ・クラッシュ』について議論。
リード・ホフマン	Linkedin 創業者。Linkedin の前身とも言える SNS「ソーシャルネット」に『スノウ・クラッシュ』が影響。
ポール・グレアム	Y Combinator 創業者。『エンダーのゲーム』『月は無慈悲な夜の女王』を推薦。
スティーヴ・ジョブズ	Apple 創業者。Siri に映画『2001 年宇宙の旅』が影響。初代 Macintosh の CM に『1984 年』が影響。
バラク・オバマ	アメリカ合衆国元大統領。『三体』『スタートレック』ファンを公言。『七人のイヴ』『パワー』を推薦。『ミズ・マーベル』編集者をホワイトハウスに招く。
オードリー・タン	台湾 IT 担当大臣。『スタートレック』『メッセージ』『ファウンデーションの彼方へ』ファンを公言。
エマ・ワトソン	女優。フェミニズム活動の一つとして、『侍女の物語』100 冊をパリの街に隠すキャンペーンを実施。『パワー』を自身のフェミニストブッククラブの推薦図書に。
野口聡一	宇宙飛行士。星新一ファンを公言。
ポール・クルーグマン	ノーベル経済学賞受賞者。SF ファンを公言。アイザック・アシモフの『銀河帝国の興亡』に影響を受けて経済学者に。
キップ・ソーン	ノーベル物理学賞受賞者。映画『インターステラー』科学コンサルタント兼製作総指揮。
山中伸弥	ノーベル生理学・医学賞受賞者。SF ファンを公言。『宇宙英雄ローダン』シリーズを愛読。
マイケル・サンデル	政治哲学者。著書『これからの「正義」の話をしよう』で「オメラスから歩み去る人々」に言及。
ユヴァル・ノア・ハラリ	歴史学者。著書『21 Lessons』の中で、SF は 21 世紀初頭で最も重要な芸術ジャンルと考察。『すばらしい新世界』を推薦。

図表1-1　SFを重視している著名人

ヒーロー、ミズ・マーベルを生んだコミック編集者のサナ・アマナットをホワイトハウスに招いたり、『三体』で世界に名をとどろかせた中国のＳＦ作家、劉慈欣《リュウジキン》に、みずからコンタクトをとって交流したりしているのだ。

アカデミズム界隈でもＳＦは熱い。

ＮＨＫの『ハーバード白熱教室』で、日本でも一躍人気者になったハーバード大学教授のマイケル・サンデルは、ＳＦ小説を引用して道徳の概念を説明しようと試みているし、『サピエンス全史』『ホモ・デウス』が世界的ベストセラーになった歴史学者のユヴァル・ノア・ハラリは、最新作の『21 Lessons』で、21世紀初頭の最重要芸術ジャンルとしてＳＦを挙げている。

こうした潮流は、当然ながらメディアもキャッチしている。

ＢＢＣ、THE NEW YORKER、ハーバード・ビジネス・レビューなど、欧米のビジネスパーソン向けメディアがＳＦ特集を組むことはもはや珍しくないし、日本でも、ダイヤモンド・オンラインやＷＩＲＥＤのようなビジネス系サイトで「ＳＦ」を検索するとたくさんの記事がヒットする。日本を代表するＳＦの版元である早川書房も、明らかにビジネスパーソンをターゲットにしたＳＦ選書を推すキャンペーンを書店で展開していたりする。

もちろん、一口に「ＳＦに影響を受ける」といっても、そのカタチはさまざまだ。

ＳＦ作品に登場する奇抜な発想をそのままビジネスアイデアの源にする人もいれば、ＳＦ作家をアドバイザーとしてビジネスの現場に招聘するケースもあるし、想像力や発想力を鍛えるための練習台としてＳＦに触れる人もいるだろう。

近年では、グローバル化するビジネスシーンで、強い利害関係を持つ国を感覚的に理解するための情報源としてもＳＦに注目が集まっている。「ＳＦ作品を通じて、その作品を生み出した国を知りたい」というわけだ。たとえば、バラク・オバマもハマった中国ＳＦ小説『三体』は、これまでに第一部から第三部（完結編）まで出版されており、すでに20以上の言語に翻訳されている。シリーズ全体の累計発行部数は実に２９００万部以上。破格のベストセラーだ。もちろん、この爆発的なヒットの最大の要因は「作品そのものがめちゃくちゃ面白い」ことにある。しかし、これほど世界に広がった背景として「世界経済における中国の存在感の大きさ」がもたらした相乗効果も無視することはできない。

いま本書を読んでいる読者のなかにも、中国と日常的に取引をしているビジネスパーソンは少なくないだろう。だとすれば、中国がどんな技術を志向し、どんな未来観を持っているかは気になるはずだ。さらにこの小説では「宇宙」や「基礎科学」が大きなテーマになっており、「宇宙開発で中国が世界に先行したら、グローバルな政治、経済にどんな影響を与えるか？」という、あり得る未来を考えるヒントにもなるというわけだ。

ＳＦがＶＵＣＡの時代の未来を照らす

しかし、そもそもなぜＳＦがここまで注目されるようになったのだろうか。

この問いにはさまざまな答えがあり得るが、ひとつには、「私たちが生きているこの現代が、非常に未来を予測しにくい時代である」ということが挙げられるだろう。

現代はしばしば「ＶＵＣＡの時代」と形容される。これは、変動性（Volatility）、不確実性（Uncertainty）、複雑性（Complexity）、曖昧性（Ambiguity）の頭文字をとった言葉で、簡単にいえば、予想外の変化が起きやすい、ということだ。それは、まさにＳＦ的な状況といえないだろうか？

その背景には、あらゆるフェーズで進展するグローバル化がある。情報をつなぐインターネット、人の往来をつなぐ交通網、モノの流れをつなぐ物流網……。いまや、グローバルに張りめぐらされたさまざまな網によって、世界はすみずみまでつなぎ合わされており、どんな変化も瞬時に共有されてしまう。よきにつけあしきにつけ、どの国も、どの地域も、どの個人も、スタンドアローンではいられないのだ。２０２０年に中国の一地域から世界に一気に広がったコロナ禍は、それを奇しくも可視化してしまったといえる。

グローバル社会とは、すなわち「リスク社会」である——。ドイツの社会学者、ウルリッヒ・ベックは、１９８０年代に早くもそう喝破した。筆者はこれを、いまこそ非常に重要な概念だと考えている。

かつてリスクは独立していた。家と家の距離が離れていれば、火事が起きても被害は火元の一戸で済む。同様に、どこかの国で新型ウイルスが流行っても、いきなり他国に広がったりはしなかった。しかし、飛行機に乗るだけで、その日のうちに誰でも世界のどこにでも行ける社会になれば話は別だ。ウイルスは一瞬で世界に広がるし、遠い外国で起きた事件も、すぐ自分ごとになる。Twitterのつぶやきだってそうだ。たとえば筆者が酔っ払って、何かうかつなことをツイートしたとしよう。それがたまたま日本に留学してもいいなあ、なんて思いながらネットで情報収集をしていたアメリカ人（インド人でもブラジル人でもいい）の目に触れたとしたらどうだろう。「筑波大学ヤバいよね」「日本ヤバいよね」となって、今後、日本との接点を断ってしまう可能性だってある。その評判がもっと広範囲に拡散されれば、国際問題に発展する、なんてこともあり得るのだ。

コロナ禍のように、世界でリスクを共有するタイプの社会変化は、これからどんどん増えるだろう。さらに、技術の発展にともなって、リスクが引き起こすトラブルのパターンも増えていく。ＡＩのような新しい技術をビジネスに導入すれば、新たなリスク対策も必要になる。こうした状況に、既存の手法だけで対応するのは難しい。前例をどれだけ参照しても、未知の課題に対する解決策なんて見つかりっこないのだから。
しかしＳＦは、そんなリスクについてずっと考え続けてきたジャンルだ。それが、ここにきてＳＦが注目されるようになったポイントではないだろうか。

ＳＦが企業のパーパスをたぐりよせる

「ビジネスにおいて新たな価値創造が求められるようになった」ことも、ＳＦが注目される理由のひとつだ。

いま、ビジネスの世界では、ＳＤＧｓやＥＳＧ経営というソーシャルなキーワードがホットになっている。かつては、いかに便利か、いかに安価か、いかに丈夫か、という消費者レベルで享受できる機能や性能だけで商品やサービスが評価されていたが、いまでは「それは環境によい影響を与えるのか？」「社会の問題を解決できるのか？」という社会的な価値の重要性が増している。同時に、その商品やサービスを提供している会社が「信頼できそうか？」「理念に共感できるか？」もシビアに評価される。

すでにさまざまなモノやサービスがあふれかえっているなかで、人は、古い価値観に凝り固まっている会社をわざわざ選ばない。ビジネスにおける利益は、売上から原価と経費を引いた差額、という単純かつ短期的なものではなくなり、「パッと見ではお金にならない社会貢献活動」こそが、まわりまわって長期的な利益をもたらすようになっている。

こうした変化の渦中で、会社は過去の成功体験に縛られたままでいると道を見誤る。価値観をアップデートし、パーパス（＝未来社会における自社の存在意義）を明快に世に示さなければ生き残れないのだ。いまの消費者は、「無自覚に古い価値観をまき散らすことの害」に敏感なので、明確なパーパスを持たない会社が、広告やＳＮＳで安易に社会や環境を語るのも大いに危険だ。それが「古い価値観の再生産」と見なされた瞬間、多くの人に問題視され、すぐさま大規模な炎上に発展するだろう。そうなれば利益どころの話ではない。

問題は、肝心のパーパスをどうつくるかだ。ビジネス書の棚を見ても、「パーパスを持つのは当然」という本は多いが、具体的なつくり方を指南する本は少ない。そこで、ＳＦに基づく思考が役に立つ、と筆者は考えている。

ＳＦはこれまでもずっと、社会に潜む矛盾や歪みを、現実に先んじてすくい上げてきた。マイノリティがマジョリティに勝つにはどうすればいいか、くだらない常識はどうすればブチ壊せるか、環境を破壊して弱者を踏みにじる邪悪な権力とどう戦うか――。いってみればＳＦは、ＳＤＧｓという言葉が登場するずっと前から、フィクションを通じて、ＳＤＧｓをもっとエキサイティングにしたような問題提起を続けてきたのだ。だから、いろいろな会社が「ＣＳＶ経営」だとか「インクルージョン経営」だとか言っているのを聞くと、正直「いまさら?」と、思わなくもない。古い社会を変え、新たな物語を立ち上げていく、という思考の枠組みはＳＦではスタンダードなのだ。

たとえば、環境問題を扱ったＳＦに『ねじまき少女』がある。本作が描く未来においては石油が枯渇しており、人間は遺伝子操作でつくり出した巨大動物にネジを巻かせることで必要なエネルギーを蓄積している。作中では、そんな異様な社会において、企業が熾烈な争いを繰り広げる。そんな未来はいやだ、とあなたは思うかもしれない。しかし、「いまある課題」を起点とした「ありたい未来」だけを考える思考法は、大きな変化に対して脆弱だ。「苦境を勝ち抜く」というポジティブな目標をクリアするために、あえてネガティブな状況やトラブルを想定する。こうしたＳＦ的な思考こそが、企業のパーパスづくりにも役立つのだ。

ＳＦがイノベーションを誘発する

そうはいっても「ＳＦなんて夢物語を描くジャンルじゃないか」「そんなものがビジネスに使えるのか」という反論があるかもしれない。実際、ＳＦの話を日本人にすると、「ＳＦって、現実に起こりそうもないことばっかりで白けるんだよね」「科学的に正しくない描写が気になって、SF映画なんて見てられない」などと鼻で笑われることがよくある。

笑っている場合ではない。だからこそSFは役に立つのだ。SFには、どのような科学技術で成り立っているかよくわからないガジェットがしばしば登場する。そして、そのガジェットがトラブルを引き起こしたり、それを登場人物たちが解決したりする様子が描かれる。SFの良い読者は、どのような理屈があればこのガジェットが成立するかを考え、実際に自分でつくってみようとする。こうして、SFに刺激されて事業を始めた起業家や、SF作品のガジェットに憧れて新技術を開発した研究者は、冒頭に挙げた大物たちを含めて、枚挙に暇《いとま》がない。

フィクションを否定するのではなく、現実のほうをフィクションに合わせようとする。そんな姿勢こそがイノベーションを生むのだ。

実例を挙げてみよう。

ニール・スティーヴンスンという作家をご存じだろうか？　彼が1992年に発表したSF小説『スノウ・クラッシュ』は、ラリー・ペイジ、セルゲイ・ブリン、パルマー・ラッキー、ピーター・ティール、リード・ホフマンなど、錚々たる面々の心をつかんだ。

小説の舞台は近未来のアメリカだ。ただし合衆国は崩壊しており、分散した都市国家群がそれぞれ資本家にフランチャイズ経営されるようになっている。フリーランス・ハッカーの主人公はVRネットワークに何度もアクセスするうち、とあるトラブルに巻き込まれてゆく……。

企業が国家を圧倒し、VRネットワークが存在する近未来――。本作のこのビジョンがシリコンバレーのイノベーターマインドに突き刺さり、ITベンチャーの起業ブームを巻き起こした。ネット上の仮想空間を表す「メタバース」、仮想空間上の分身をあらわす「アバター」といった作中の用語も、またたく間に人口に膾炙《かいしゃ》した。いま、シリコンバレー生まれの元ベンチャーが巨大化して世界経済で支配的な影響力を発揮しているのは周知の通りだ。こうしたベンチャー文化の興隆と『スノウ・クラッシュ』のヒットは完全に軌を一にしている。一冊のSFを通じて、アメリカのイノベーターたちが「ベンチャーは国家に匹敵するぐらいデカくなれる」ことに気がついた。その瞬間、すさまじいエネルギーの渦が生まれたのである。

スティーヴンスンはその後、ARヘッドセットを開発する企業マジックリープのチーフ・フューチャリストになったほか、ジェフ・ベゾスが設立した航空宇宙企業ブルーオリジンのアドバイザーも務めていた。最新作『七人のイヴ』も、ビル・ゲイツやバラク・オバマなどに絶賛されている。

もうひとつ例を挙げよう。

2010年代には、ものづくりを大企業から解き放ち、消費者がより使いやすい製品を自身でデザインしていく「メイカームーブメント」が盛り上がった。この概念は、雑誌『WIRED』の元編集長クリス・アンダーソンの『MAKERS』という著作から広がったものだが、そもそものアイデアはSF作家コリイ・ドクトロウの小説『Makers』に影響を受けている、とアンダーソン自身が述べている。

コリイ・ドクトロウは日本ではあまり知られていないが、海外ではかなり有名で、驚くべき先見性を持つSF作家である。デビュー作の『マジック・キングダムで落ちぶれて』には、Facebookの「いいね」的なものが先取りして描かれているし、さらに、この作品そのものが、クリエイティブ・コモンズ・ライセンス下でリリースされた、世界で初めての小説なのだ。内容においても形式においてもきわめて先駆的であり、サイバー法学で有名な法学者ローレンス・レッシグが自著『Free Culture』のなかで言及したりもしている。

こうした事例からもわかるように、アメリカのイノベーターたちは、新しい発想を得るために、意識的にさまざまなSFを読み、さまざまなSF作家を探してきた。ちなみに日本では、ニール・スティーヴンスンの本もコリイ・ドクトロウの本も未訳が多く、翻訳されたものも絶版だらけだ。これらの本を機に大きな経済ムーブメントが巻き起こったアメリカとは実に対照的だといえる。この差は、そのまま経済の差につながっている。日本もSFを重視するアメリカの姿勢に学ぶべきだろう。

ただし、誤解してはいけないのは、ＳＦで得られるのは「未来予測」ではなく、「可能性」だということだ。そして、その可能性がどんな芽を出し、どう育つかは、ひとえに私たちがどんな視点でＳＦを読み、どう参考にするかにかかっているのである。

アメリカ、中国で先行するＳＦ活用

アメリカを中心とした英語圏で、ビジネスとＳＦが強力に接続され、活用されてきた背景には、それなりの土壌がある。

そもそも欧米では「未来学」が学問分野として古くから確立しており、企業が未来学者（フューチャリスト）を雇っているケースも多い。また、先進的なグローバル企業には、イノベーションを生み出す「チーフ・イノベーション・オフィサー（ＣＩＯ）」がいたりする。いずれも、日本ではほとんどお目にかからない。

ＳＦ作家が現役の研究者や元研究者であることも珍しくなく、フィクションとはいえ、現実のサイエンスやテクノロジーに緊密に接続されていることも大きな特徴だ。数学者のルーディ・ラッカー、物理学者のロバート・Ｌ・フォワードやグレゴリイ・ベンフォード、生物学者のピーター・ワッツなど、名前を挙げていけばキリがない。『2001年宇宙の旅』などで知られる巨匠、アーサー・C・クラークが通信衛星の発案者である、というエピソードは有名なのでご存じの方も多いだろう。

さらに、それを国家戦略的に活用していこうという意識も明確だ。

アメリカの国際政治学者、ジョセフ・S・ナイJrが1990年に『不滅の大国アメリカ』において提唱した「ソフト・パワー」という概念がある。その国が有するコンテンツ力は、対外関係において武力と同じぐらい大きな影響力を持つ、という考え方だ。確かに、ハリウッド映画に親しんでいればアメリカに親近感を持つし、韓流ドラマが大好きな人は韓国の文化や人にも好感を持つだろう。こうしたソフト・パワーは戦争の抑止力にすらなるという。

ここにSFを接合すれば、がぜん経済成長への牽引力となる。良質なSF作品を発信する国は「科学技術に強い」というイメージが強化され、人もカネも集まってきやすいのだ。実際、アメリカに「科学技術の先進国」というイメージを持っている人は多い。しかし、身の回りを冷静に見渡せば、それほどアメリカ製品が幅を利かせているわけではない。きらびやかな架空のテクノロジーをちりばめた『アイアンマン』や『スター・ウォーズ』のようなフィクションの影響力は想像以上に大きいのだ。ちなみに、ハリウッド映画のシリーズ興行収入ランキング1位は〈マーベル・シネマティック・ユニバース〉[3]、2位は〈スター・ウォーズ〉であり、いずれもＳＦ大作だ。

　近年では、中国のＳＦ産業の成長もめざましい。南方科技大学科学・人類想像力研究センター「２０１９年度中国ＳＦ産業報告」によると、中国のＳＦ産業の２０１９年上半期の総生産高は３１５億６４００万元（約５０００億円）にのぼる。『三体』のヒットで勢いづいた中国政府が、資金投入や後援に力を入れている影響もあるのだろう。中国ではＳＦが教育や技術開発に関連づけて語られることが多く、『三体』作者の劉慈欣も、企業や政府機関にさまざまなアドバイスを提供している。

　ひるがえって日本の状況はどうか。残念ながら、前記のような流れからは完全に取り残されているように見える。

　しかし、日本に強みがないわけではない。そもそもコンテンツ創造力に関しては、他国にひけをとらないどころか優位性があり、アメリカにも中国にも日本製コンテンツのファンは多い。いままさに旬の人である劉慈欣その人が「小松左京に大きな影響を受けた」「中国版『日本沈没』を書きたくて『三体』を書いた」といったことを話しているのがいい例だ。

　前述のソフト・パワーに関しても、イギリスのコンサルティング会社、ポートランド・コミュニケーションズが各国を評価して毎年ランキングを発表しているが、２０１９年版において、アジアから唯一ベスト10にランクインしているのが８位の日本である。[4]

過去には、SFを未来のビジョンづくりに先駆的に活用していた実例もある。本書の共編著者、藤本敦也氏、関根秀真氏が所属する三菱総合研究所の創業は1970年だが、まさにその年に開催された大阪万博に、三菱グループは「三菱未来館」というパビリオンを出展している。テーマは「50年後の未来」、つまり2020年の社会や生活である。このプロジェクトには、SF作家の星新一、円谷プロ創業者の円谷英二、東宝プロデューサーの田中友幸といったスタークリエイターがガッツリ関わり、実に斬新な未来像を提示していたのだ。

そもそも大阪万博には、他にも多数のSF作家が参画している。そして「人類の進歩と調和」という万博全体のビジョンづくりに大きく貢献したのが、当時新進気鋭のSF作家だった小松左京である。このような取り組みは、世界的に見ても十分に先鋭的といえる。

にもかかわらず、日本ではSFを契機とした大きな経済ムーブメントは起きていない。いまだに中国では日本のSF小説が盛んに読まれているし、アメリカでも日本のアニメの評価は高い。しかし、当の日本においては、SFはあくまでサブカルチャーとしてメインストリームから疎外されたままなのだ。言葉は悪いが、そのポテンシャルが正しく理解されないまま、「ちょっと下に見られている」ように思えてならない。

しかし、本書を読んでいただければ、そんな故なき思い込みが払拭できるはずだ。

1865年	ジュール・ヴェルヌ『地球から月へ』刊行。1870年の『月世界へ行く』とあわせて、後にさまざまなロケット工学者に影響。
1886年	ヴィリエ・ド・リラダン『未来のイヴ』刊行。アンドロイドという言葉を生み出す。
1920年	カレル・チャペック、戯曲『R.U.R.』発表。ロボットという言葉を生み出す。
1942年	アイザック・アシモフ「堂々めぐり」発表。1950年の短編集『われはロボット』に収められ、後にさまざまなロボット工学者に影響。
1968年	日本未来学会が創設される。小松左京が大きく影響。
1970年	大阪万博開催。SF作家がさまざまなかたちで協力。
1984年	ウィリアム・ギブスン『ニューロマンサー』刊行。サイバースペースという言葉を生み出す。
1985年	マーガレット・アトウッド『侍女の物語』刊行。2017年のドラマ化が“＃MeToo”運動や反トランプ運動と重なってムーブメントの一部に。
1992年	ニール・スティーヴンスン『スノウ・クラッシュ』刊行。アバターという言葉を人口に膾炙させる。さまざまなITベンチャーに影響。
1993年	ヴァーナー・ヴィンジ、NASAの会議でシンギュラリティの概念を提唱。
1999年	英学術誌「Nature」、SF短編の掲載を開始。
2005年	ブルース・スターリング『Shaping Things』刊行。SFとデザインをつなぐ「デザイン・フィクション」の概念を提唱。
2008年	劉慈欣『三体』第一作刊行。2015年にヒューゴー賞を受賞し、ザッカーバーグやオバマなどに影響。中国のSF政策にも大きな影響を与える。
2009年	コリイ・ドクトロウ『Makers』刊行。後にメイカームーブメントに影響。
2011年	ブライアン・デイビッド・ジョンソン『インテルの製品開発を支えるSFプロトタイピング』刊行。「SFプロトタイピング」の概念を提唱。
2012年	アリ・ポッパー、SFを用いたコンサル企業SciFuturesを立ち上げる。
2012年	人工知能学会学会誌、SFショートショートの掲載を開始。2017年に『人工知能の見る夢は』にまとめられて刊行。
2012年	アリゾナ州立大学にてSF活用研究を行う「科学と想像力センター（CSI）」が立ち上げられる。
2013年	デザイン面でのSF活用が論じられた書籍、アンソニー・ダン、フィオーナ・レイビー『スペキュラティヴ・デザイン』刊行。
2015年	Microsoft ResearchがSF作家を招聘。自社の研究にインスパイアされた創作を収めた短編集『Future Visions: Original Science Fiction Inspired by Microsoft』を公開。
2016年	米海兵隊戦闘研究所がSFワークショップを開催。海兵隊や海軍18名が作家の指導で短編創作。3作を『Science Fiction Futures; Marine Corps Security Environment Forecast: Futures 2030-2045』として公開。

注:表中の刊行年はすべて原著のもの。邦題があるものは邦題を採用した。

図表1-2　SFの社会影響史

日本の未来に、もっとSF思考を

ＳＦを活用することは、イノベーションを生むという意味でも、未知のテクノロジーが実装された社会像を広く共有するという意味でも非常に有効であることは、これまで見てきた通りだ。

今後、テクノロジーはますます進歩する。そのぶん描ける未来の可能性は広がるが、技術の細分化や専門化が進むことで、全体を俯瞰して包括的なビジョンを描くのが難しくなる。異分野をつなぎ合わせる接着剤としてＳＦが果たし得る役割はますます大きくなるだろう。

現在、政府は２０５０年に実現を目指す社会像として「ムーンショット目標」を掲げているが、この計画のビジョナリー会議のメンバーであるソニーコンピュータサイエンス研究所ＣＥＯの北野宏明氏は『機動戦士ガンダム』に言及しつつ、こうした未来構想においては、複数の分野をつなげる共通の物語をつくることが重要である、と発言している。これは非常に重要な指摘といえる。

こうした認識がじわじわと広がるなか、日本においてもようやくＳＦのビジネス活用は盛り上がってきた。前記のビジョナリー会議にはＳＦ作家の藤井太洋も参画しているし、清水建設、リコー、日産自動車、日立製作所など、ビジネスの文脈でＳＦ短篇の作成に取り組む会社も増えてきた。また、アノン株式会社やWIRED Sci-Fiプロトタイピング研究所といった機関が、ＳＦを活用したコンサルティングをスタートさせている。

本書で紹介している三菱総合研究所と筆者の取り組みも、もちろんそのひとつだ。後に紹介するように、三菱総合研究所の社内でさまざまな活用を行っているほか、すでにいくつかの企業や学校でワークショップを実施してきた。秘密保持契約を結んでいるために表に出せない案件も多いが、事前の注目度、当日の盛り上がり、後日聞いた反響はどれも非常に高いものであった。

また、筆者と本書監修者の大澤氏が編著を務め、本書共編著者の藤本氏も座談ゲストに迎えた『ＳＦプロトタイピング　ＳＦからイノベーションを生み出す新戦略』が本書と同時期の２０２１年6月に刊行されるなど、日本のビジネスシーンにおけるＳＦの存在感は大きいものになってきている。

だが、「ＳＦを活用する」といっても、具体的にはどのように活かすことができるのだろうか。次章からはそのような疑問に答えるべく、「ＳＦ思考」という概念を提示することで、日常から遠く感じる創作の世界を皆さまの手元に引き寄せていきたいと思う。

1　Forbes WORLD- S BILLIONAIRES LIST The Richest in 2021　https://www.forbes.com/billionaires/
2　Welcome Message from Jacinda Ardern　https://www.youtube.com/watch?v=xtjtdVKgBpU

3　アメコミの雄、マーベルコミックス社が発行する複数のコミック作品を統合し、ひとつの世界観をつくり上げた実写ＳＦ映像作品群の総称。『アイアンマン』などを含んでいる。
4　THE SOFT POWER 30　https://softpower30.com/

Column01

アカデミアから見たＳＦ思考：先端科学技術を下支えするＳＦ

大澤博隆

科学の発展を下支えするＳＦ

ＳＦ思考は企業のみならず学術の分野でも応用されている。本コラムではアカデミアにおいてＳＦがどのように活用され、何が着目されているかを紹介したい。

そもそも、学術とＳＦは密接な関係にある。19世紀にスタートした科学雑誌であるNature誌は、同時に科学に関するさまざまなテーマを扱う雑誌でもあった。Nature誌は単に発見された科学的事実を論文として共有するだけではなく、総合科学誌として、複数の科学者たちの知見が社会や未来のあり方をどのように変えるか、議論する場所でもあった。そして、ＳＦは、そうした科学者たちの議論を加速する触媒であった。

ＳＦの歴史を語るうえで欠かせない作家として、Ｈ・Ｇ・ウェルズがいる。彼は19世紀から20世紀にかけて、時間旅行、宇宙旅行、異星人の侵略、生物の改変、原子爆弾と世界政府など、その後のＳＦに使われるさまざまなガジェットを生み出したジャンルの祖の一人である。『タイムマシン』や『宇宙戦争』は映画化されており、見た方もおられるだろう。

しかし、ウェルズにNature誌の科学ジャーナリストという顔があったことは、あまり知られていない。彼は半世紀近くにわたり、Nature誌にいくつかの論考を寄稿してきた。なかでも１９０２年に書かれた彼の論説「The Discovery of the Future（未来の発見）」は、19世紀の複数の科学技術発展を総括し、人間社会の数理的予測や、人類の進化を議論した野心的な論説だった。この論説はその後の彼の小説だけでなく、多くの科学者・ＳＦ作家のアイデアを生み出す基盤となった。

Nature誌は、ＳＦが科学技術者を刺激してきた役割を踏まえ、20世紀末の１９９９年から多数の著名なＳＦ作家を招き、ＳＦショートショートを掲載する試みを続けている。事実を載せる学術誌にフィクションを載せることには議論もあったようだが、結果的にこの連載Nature Futuresは大人気のコーナーとなった。

異なる学問をつなぐSF

こうしたSFの力が特に効いてくるのが、学際領域と呼ばれる複数の学問が出会う領域である。異なった専門知の人たちがお互いの研究成果を共有する際、フィクションは非常に大きな力を持つ。特に、ロボット分野やコンピュータ分野など、新しい分野で複数の知見を組み合わせなければならないとき、SFを介した議論が、研究分野のタコツボ化の抑止に効いてくる。

私は人と人工システムの相互作用を研究対象としているが、この分野にはCHIと呼ばれる大きな国際会議が毎年行われている。この国際会議では、通常の論文とは別の発想を生む、オルタナティブな論文を集めるalt.CHIと呼ばれるセッションがある。私自身も発表したことがあるが、ここでは通常の論文形式だけではない、非常に多くの発想を受け付けており、なかにはSF的な発想も含まれている。CHIはSF作家を講演に招き、未来のコンピュータのインタフェースを議論したこともある。逆に、この分野からSFのインタフェースを設計するエンジニアもおり、そうしたSF上のインタフェースがわれわれの社会に実装されることもある。マルチタッチインタフェースやARを含むVR技術は、フィクションとの関係が特に強い分野になっている。

また、ロボット分野でもSFの利用は盛んである。私は、人とロボットの相互作用に関する国際会議ＨＲＩで、学生のデザインコンペティションのチェアを複数回務めているが、こうしたデザインコンペティションでは、未来のロボットのあり方をＳＦ的な視点で設計していく。これによって、デザイナーとエンジニアという、違った分野の学生同士でチームを組ませ、異なる分野の発想法を理解した人間を育てていくのである。

日本におけるＳＦと学術の動向

当然、こうした動きは国外だけではなく、本邦でも起きている。日本はこれまで、目に見えて動くロボットなどの制御技術に関する研究は強かったが、一方で目に見えないソフトウェアを扱う研究で後れを取っていた。最先端の人工知能技術ではアメリカや中国の後追いをしている面もある。しかし日本の独自の強みとして、欧米とは一味違ったＳＦ作家たちがおり、さらにその活躍が小説だけではないビジュアルな分野に広がっている点がある。そうした強みを積極的に活かそう、という動きがいくつか起き始めている。

たとえば私自身が関わったものとして、人工知能学会誌で連載され、のちに書籍化されたショートショートアンソロジー「人工知能の見る夢は」がある。[5] これはNature誌と同じように、人工知能学会誌に人工知能に関わるＳＦを毎号掲載する企画として、当時のＳＦ作家クラブと人工知能学会の共同企画としてスタートした。私はこの企画に途中から関わり、作家の方への説明資料を作成するとともに、アンソロジーの企画にも携わることになった。アンソロジーでは各ショートショートを研究分野ごとにまとめ、そこに当時の研究者の解説を入れる、というかたちをとっており、研究と小説がお互いの理解を促進する構成になっている。人工知能学会はロボット学会とともにSFに対する意識が高い学会のひとつであり、人工知能技術の社会応用に伴う倫理を議論する人工知能学会倫理委員会設立の際には、研究者やメディア関係者だけでなく、SF作家の長谷敏司氏が委員として参加した。いまは長谷氏と交代し、同じくSF作家の藤井太洋氏がその役目を担っている。情報処理学会では、SF漫画「AIの遺電子」の山田胡瓜氏の作劇法をもとに、研究者が自身の研究テーマでSFを書く企画を宮本道人氏、明治大学の福地健太郎氏、産業総合技術研究所の江渡浩一郎氏とともに進めた。[6]

SF思考自体を研究する：想像「力」を使いこなすために

こうしたSFを活用した事例が増えるとともに、SF思考自体を専門に行う研究機関も増えてきている。アメリカでは2010年以降、アリゾナ州立大学の科学と想像力センター（Center for Science and the Imagination）やカリフォルニア大学サンディエゴ校のアーサー・C・クラーク人類想像力センター（Arthur C. Clarke Center for Human Imagination）

など、宇宙科学、認知科学、都市工学、遺伝子工学、神経科学などの最先端の科学技術とＳＦをかけ合わせ、新しいビジョンを得ようというセンターが増えてきている。また中国でもこうしたＳＦを用いた思考法は応用され、南方科技大学では科学・人類想像力研究センター（Science and Human Imagination Research Center）が設立されている。

　われわれも同様の取り組みを行っている。これまでわれわれは、科学技術振興機構社会技術研究開発センター（ＪＳＴ　ＲＩＳＴＥＸ）の人と情報のエコシステムプロジェクトの下で「想像力のアップデート：人工知能のデザインフィクション」という企画をスタートさせ、人工知能分野におけるＳＦの影響とその応用方法について調べてきた。そのなかで、近年着目されているＳＦの社会活用の一つ、フィクションの着想過程をビジネスのイノベーション発見に応用するＳＦプロトタイピングが、参加者にどのような効果をもたらすかを学問として検証している。実は、こうしたＳＦプロトタイピングのような手法は、認知科学や人工知能研究で行われてきた発想支援の研究に近く、その設計手法や分析方法が活かせる。私が三菱総合研究所と共同で行った、ＳＦ思考を用いた新人研修用ワークショップの設計の際も、大人数の人間を創発的な議論を生むようグループに振り分け、役割を割り当てる手法を開発してきた[7]。

　想像「力」と呼ばれるように、想像することは、肉体を動かすことと同じような、人間が持つ力のひとつだ。ここで肉体を動かすスポーツには「スポーツ科学」という研究分野があり、われわれの肉体をどう動かすのが効率的で、かつ健康を保つのに有効であるか、といった知見が得られていることを思い出してほしい。こうした研究成果からは、アスリートだけではなく多くの人が恩恵を受けている。同じように、私たちの想像力の働きを解明する科学が望まれている。その力の解明はプロの作家だけではなく、未来を模索するすべての人々に利益をもたらすと私は信じる。

5　人工知能学会編『人工知能の見る夢は—AIショートショート集』（文春文庫、2017）
6　情報処理学会 情報処理 特集別刷「『AIの遺電子』に学ぶ未来構想術」Vol,61,No.1 通巻658号
7　宮本道人 監修・編著、難波優輝・大澤博隆 編著『SFプロトタイピング〜SFからイノベーションを生み出す新戦略』（早川書房、2021）

第2章　「3×5」のSF思考

宮本道人

ＳＦは荒唐無稽だが、荒唐無稽ではない

本章では、ＳＦをビジネスに活用する方法論としての「ＳＦ思考」の定義を明らかにしていく。

その土台として、まずＳＦ特有の物語構造について考えてみたい。とっかかりとして、世間のＳＦに対するステレオタイプな思い込みに、ＳＦを推す立場からツッコミを入れてみよう。

第1章で「日本ではＳＦがちょっと下に見られがち」と書いた。そういうＳＦ嫌いの人がよく口にするのが、次のようなセリフである。

「ＳＦって、宇宙人とか超能力が出てくる荒唐無稽なやつでしょ」

この認識は、一部をのぞいて間違っている。そして、二重に間違っている。

第一に、最近のＳＦには緻密な科学考証を経た作品も多い。一見荒唐無稽でも、将来的にはそこに描かれている技術が実現する可能性が十分ある場合も多いし、少なくとも、その筋の専門家でも何でもない人が「技術的にあり得ない」と即座に否定できるほどガバガバな作品は、ＳＦらしいＳＦとは思われていないことが多いだろう。

そして第二に――これが大事なところなのだが――宇宙人や超能力が出てくるから、といっ

て荒唐無稽なわけではない。傍証として、オバマの推薦ブックリストに入ったSF作品を2つピックアップして説明したい。

ひとつは第1章で何度も言及した『三体』、もうひとつは、イギリスの作家ナオミ・オルダーマンの作品で、ジェンダーSFとして高く評価されている『パワー』だ。前者はSF界でもっとも栄誉ある賞といわれるヒューゴー賞を、後者は、女性作家を対象としたベイリーズ賞を受賞している。いずれも、いまもっとも高く評価されているSF作品といえる。

この2作がまさに「宇宙人SF」と「超能力SF」なのだ。何しろ前者では、地球から4光年離れたケンタウルス座アルファ星から宇宙人が地球めがけてやってくるのだし、後者では、女性だけが手から電撃を出す超能力をゲットするのである。

確かにバカバカしい。しかし、バカバカしいぐらい極端な世界を想定するからこそ、SFは読者の思考のタガを外してくれるし、凝り固まった固定観念から自由にしてくれるのだ。その別様の可能性へのまなざしが、新たな価値観の発見や、深い洞察の獲得を可能にするのである。『三体』を読めば、基礎科学の重要性、宇宙開発の可能性、そして社会の分断がもたらすリスクなどに思いを馳せざるを得ないし、『パワー』を読めば、日常のなかで見逃しがちな男女の不平等や社会の歪みに敏感にならざるを得ないだろう。宇宙人や超能力が出てきた時点で「あり得ない」なんて言って切り捨てていたら、こうした発見にはたどり着けない。

ＳＦにおいて宇宙人や超能力は、文字通りの宇宙人や超能力を指しているだけではない。いってみれば比喩だ。

現実において、男性の腕力は女性より強いことが多く、それに由来する犯罪やハラスメントも起きている。しかし、それらは「当たり前」と思った瞬間に不可視化され、現実にある不平等や矛盾すらなかったことにされがちだ。しかし、そこに超能力という虚構を持ち出し、男女の立場を逆転させてみたらどうか？ 見えなかったものが見えるようになるのである。するど、人はたいていギョッとする。その衝撃が重要なのだ。超能力は単に超能力であるだけでなく、「男女のパワーバランスが変化したら、社会がどう変わるか」をシミュレートするための装置であり、秀逸な比喩なのだ。

ＳＦは、あっと驚く比喩を駆使して、これまで常識とされてきたことのおかしさをインパクトたっぷりに見せつけてくる。こうした気づきは、人々を新たな考え方、新たな行動へ導く。『パワー』が示す未来への可能性は、女性だけでなく、マイノリティの立場に置かれたさまざまな人のエンパワーメントにつながってゆくだろう。

確かにＳＦは荒唐無稽なところから出発することが少なくない。しかし、読者が能動的にＳＦを読み、比喩と現実の間にブリッジをかけることができれば、そこから思わぬ豊饒な世界が立ち上がり、現実を変える力すら持つ。スタートは荒唐無稽でも、ゴールは決して荒唐無稽ではない。それが優れたＳＦなのだ。

　ジュール・ヴェルヌが１８６５年に書いた『月世界へ行く』は、ＳＦの祖ともいわれる作品だ。この物語で、天文学者たちは砲弾に乗って月に行く。時はいまから１５０年以上も前、19世紀の後半だ。当然、まだ宇宙飛行など行われていない。現代の私たちから見れば「砲弾」に驚くし、当時の人々なら「月に行く」という発想そのものが滑稽に思えただろう。

　しかし、それを笑い飛ばさず、真剣に捉えた者がいた。「宇宙飛行の父」の別名を持つロシア人科学者、コンスタンチン・ツィオルコフスキーだ。彼はヴェルヌの物語に衝撃を受け、なんと独学でロケット理論を打ち立てる[1]。情熱あふれる科学者が、荒唐無稽な夢物語を現実に変えたのだ。

　いま、誰も宇宙開発を荒唐無稽と思わないのは、荒唐無稽なことにチャレンジしたツィオルコフスキーのような人がいたからだし、そのチャレンジ魂に火をつけた荒唐無稽なＳＦがあったからなのだ、ということはぜひとも認識しておいてほしい。

　ＳＦには「理論上は可能だが、まだ実現していない」デバイスやガジェットも頻繁に登場する。裏づけのあるテクノロジーを現実に先んじてどんどん取り入れ、奇想天外な世界にリアリティを与えること。それはＳＦの常套手段なのだ。

「宇宙エレベーター」はその代表例だろう。「宇宙エレベーター」という概念を世に広めたのは、アーサー・C・クラークの1979年の作品『楽園の泉』だ。この小説では、地球建設公社の技術者が、赤道直下の架空の島・タプロバニーで、宇宙に届くエレベーターを建設しようと奮闘する様子が描かれる。また日本では小松左京が1965年の『果しなき流れの果に』のなかで、宇宙エレベーターを丁寧に描写している。いかにも突飛な空想のようだが、実はそれらの小説より前の1960年に、ユーリ・アルツターノフという人物が構想を発表している。赤道上空の静止軌道から地球にケーブルを垂らし、遠心力を利用して安定させ、ここに電車のような運搬機を昇降させることで人やモノを運ぼうというのだ。

現在、宇宙エレベーターは、ロケットより低コストかつ安全に宇宙と行き来する手段として、さまざまな研究機関で研究され、真面目に実用化がめざされている。日本では大林組が「宇宙エレベーター建設構想」を発表し、実験にも取り組んでいる。[2]

ちなみに、アルツターノフが発表した宇宙エレベーター構想を、日本で最初に掲載したのは学術誌ではなく、SF専門誌「SFマガジン（1961年2月号）」である。こうした未来的な技術に、SF誌の編集者が誰よりも早く着目し、みずからの読者であるSFファンに届けたという事実にはなかなか感慨深いものがある。

なぜ未来が描けるのか――三段階の未来予測

では、なぜＳＦは、現実に大きな影響を及ぼすようなビジョンを描けるのだろうか。その秘密は「ＳＦ特有の未来予測」にある。

ＳＦにおける物語の基本構造はこうだ。

まず、登場人物たちはたいてい「斜め上の未来」に住んでいる。つまり、リアルな現実や、その延長線上に想像できる未来からは、ちょっとズレた社会の住人なのだ。そこで彼らは望まぬトラブルのなかに放り出される。そして、逆境からどのように道を切り拓いてゆくかを考え、行動することになる。

これをＳＦのストーリーを考えるプロセスに置き換えると、①予想外の未来社会を想像し、②そこに存在する課題を想像し、③その解決方法を想像する、という三段階の想像が必要になる。これが、ＳＦ特有の「三段階の未来予測」である。

実際に、多くのＳＦ作品はこの構造を備えている。たとえば、アイザック・アシモフが１９５６年に書いた『はだかの太陽』というＳＦ小説を例にしてみよう。物語は、①ウイルスの感染爆発が起こった未来で、②人間同士の接触が極度に恐れられており、その結果、③人々は自宅に引きこもり、リモート通話でコミュニケーションする、という設定で話は進む。

第１段階｜予想外の未来社会を想像する

▼

第２段階｜そこに存在する課題を想像する

▼

第３段階｜その解決方法を想像する

図表2-1　三段階の未来予測

そう、まさにコロナ禍的な状況が描かれているのだ。

そして、ＳＦでは、この三段階思考がめちゃくちゃに繰り返される。『はだかの太陽』でも、先の三段階は前提にすぎず、さらに、①引きこもり生活を成立させるためにロボットが導入された社会で、②犯人不在の殺人事件が起き、③それをロボット刑事と人間のコンビが解決する、という新たな三段階がたたみかけられる。これを何度も重ねながら、最終的に予想をはるかに超える場所まで読者を連れていくのだ。ＳＦにおいては、そもそも①の設定が「斜め上」なので、斜め上に斜め上が重なり合って、どんどん現実から遠ざかることになる。

ここで、「斜め上」は設定が比喩として機能することを思い出そう。単に荒唐無稽なだけでなく、うまい比喩として機能する「斜め上の未来」は、現実からズレにズレたとしても、そこで読者は現実とリンクする深い洞察を必ず発見できる。ただし、そのためには、②における課題と、③における解決策に普遍性が宿っていなければならない。

「三段階の未来予測」は、小説、演劇、映画など、さまざまなフィクションで使われる「三幕構成」というモデルに近い。ただし、リアリティに軸足を置いたフィクションはSFとは異なり、①現実的な世界での日常→②トラブル発生→③その解決、と、第一段階からしてきわめて現実的な世界観に立脚している。こうした「リアリティのある物語」に親しんでいる読者なら、SFで斜め上の未来を見せられるだけで、「いや、それはないでしょ」と否定したくなるのもうなずける。しかし、こうした態度は「三段階の未来予測」を第一段階で早々に却下するものだ。そんなことをしていては、第二、第三段階を通過してこそ得られるSFの価値をまるごと否定することになる。SFでは、三段階すべてを通過するからこそ、最初の「比喩」が生きてくるわけで、それではあまりにもったいない。

先述の『楽園の泉』でも、予備知識のない人なら「全長9万キロメートル以上のエレベーター」が出てきた時点で拒絶反応を起こすかもしれない。しかし、地球規模の巨大プロジェクトを進めようとするときに起こり得るトラブルのあれこれや、トラブルに直面した主人公の苦悩を読めば、そこには容易にリアリティを感じられるはずだ。とにかく「見慣れない未来だからといって、頭ごなしに拒否しない」ことが、ＳＦ思考においては、非常に重要なのだ。

ちなみに、『はだかの太陽』はシリーズもので、そのほとんどに、①「ロボット三原則」という制約が課された社会で、②ロボットが原則に反したのではないかという疑惑が勃発し、③それが解決する、という三段階の未来予測が通底している。この「ロボット三原則」が、いまなお現実のロボット研究者に大きな影響を与えていることはご存じの方も多いだろう。ロボット工学（ロボティクス）という言葉がはじめて使われたのも、このシリーズだ。さらに余談だが、ロボット掃除機ルンバを大ヒットさせたアイロボット社の社名は、本シリーズの『われはロボット』から取られたものだ。つまり、このようなアシモフの思考は、すでにわれわれの現実の一部と化しているのだ。

ＳＦ作家の思考法――斜め上の未来をつくる

ＳＦは、なぜ人々の心をゆさぶり、イノベーション魂に火をつけ、現実を変える力を持つのか――。ここまでの説明で、読者の皆さまはきっとわかっていただけたと思う。ＳＦは一見、現実とかけ離れた世界のことを語っているかのようで、実は人間や人間社会を深く掘り下げた普遍的な物語なのだ。

では、ＳＦ作家は、いかなる思考プロセスで、そのような物語を生み出すのだろうか。ここからは、その思考法を具体的に説明したいと思う。

ただし、現実のＳＦ作家はそれぞれ独自の思考法を持っているし、それらは決して安易にメソッド化できるものではない。ここで紹介するのは、あくまでＳＦの形式を備えた未来ストーリーを生み出すための方法論を一般化した、一類型にすぎないことは理解しておいてほしい。

というわけで、筆者が考える「ＳＦ作家の思考法」の要素は、以下の５つだ。

その１　ちょっとおかしな「未来の言葉」をつくる
その２　あるひとつの技術がとてつもなく進歩した世界をイメージする
その３　いまと価値観やライフスタイルの違うキャラクターを生み出す
その４　さまざまな立場の人間の視点から未来社会の仕組みを考察する
その５　世界に現れる新たな課題と、構造的に生まれるトラブルを検討する

順番に説明していこう。

その1　ちょっとおかしな「未来の言葉」をつくる

最初にするのは「造語」をつくることだ。これが、「斜め上の未来」の世界観の核となる。

たとえば『スノウ・クラッシュ』におけるそれは、「フランチャイズ国家」という造語だ。これ、いま見てもインパクトのある言葉だと思う。「国家」という巨大権力の象徴のようなものが、「フランチャイズ経営されてしまう」という驚き。そして「国を凌駕するほどに強大な企業」という破壊的なイメージ。前述した通り、このビジョンが世界に与えた影響はとてつもなく大きかった。グーグルもセカンドライフもオキュラスもここから生まれたのだから。

言葉をつくることは、新しい概念をつくることにほぼ等しい。「造語」は、この世に存在しないものを生み出すもっとも簡単な方法なのだ。

とはいっても、ゼロから新しい言葉をひねり出すのは簡単ではない。そこで、おすすめしたいのが、いまある言葉を、おかしな感じに組み合わせる方法だ。「フランチャイズ国家」だってそうだ。「フランチャイズコンビニ」「独裁国家」なら何の違和感も驚きもないが、「フランチャイズ国家」「独裁コンビニ」となると、とたんに不穏な空気が漂ってくる。こうした造語から、妄想が羽ばたいていく。

その2　あるひとつの技術がとてつもなく進歩した世界をイメージする

次に、とある技術がめちゃくちゃに発達したパンクな世界を考えてみよう。これが、斜め上の未来の土台となる。

ここでは、ひとつのガジェットを起点に横展開して思考するのが有効だ。たとえば、『スノウ・クラッシュ』では、インターネットがめちゃくちゃ発達した「サイバーパンク」な世界が想定されている。１９９０年代は、まだまだインターネットの黎明期。いまのような発展は決して自明ではなかったから、これは相当にぶっとんだ未来観だった。

ＳＦでは、蒸気機関がめちゃくちゃに発達した「スチームパンク」な世界観も人気だ。エコフレンドリーな世界がめちゃくちゃに実現した「ソーラーパンク」もあるし、最近では、地球温暖化による海水面上昇で海に沈んだオランダを舞台にした「塩パンク」も話題になった。ディーゼルパンク、シルクパンク、バイオパンクなんてものもある。本書の共編著者の藤本氏とは、犬が人類と同じくらいの能力を持つようになった「ワンちゃんパンク」を考えたこともあった。〆切管理システムが世界を支配するようになった〆切パンクとか、パーキングエリアがあらゆる都市機能を包含するようになったパーキングパンクとかもいけるかもしれない。こうして舞台装置が整っていく。

その3　いまと価値観やライフスタイルの違うキャラクターを生み出す

「造語」がふつうに使用され、何かが異常に進歩している奇妙な世界。そこではどんな人が、どんな暮らしをしているだろうか。いま自分たちのいる「現在」から、斜め上の未来に至る変化のなかで、人々のライフスタイルや働き方がどんな風に変わったかを考えてみよう。

ここでは「主観」を大切にするのがポイントだ。「自分ならこの世界でどうしてるかな。ワクワクしてるのか？　それともムシャクシャしてるのか？」と、「I」を主語にして考えるのだ。その世界で自分は、どう生計を立て、どんな家族がいて、どんな友達がいて、何を食べて、どんな遊びをしているだろう。その世界の住民になりきってセリフを考えて、実際に口に出してみよう。フィクションに力を持たせるためには、やっぱり主観と実感が大事だ。自分の口で語ってみると「これは嘘くせえ」「これはグッとくる」みたいなことがすぐわかる。

こうしてキャラクターが動き出せば、架空の世界に血が通い、ドクドクと脈打ち始める。

その4　さまざまな立場の人間の視点から未来社会の仕組みを考察する

キャラクターを考えると同時に、その世界をつくり上げている産業構造や社会システムといった制度や仕組みを、具体的に考えていくことも重要だ。現実より自由な部分もあれば不自由な部分もあるだろう。便利になっている代わりに、何か当たり前だと思っていた大事なものが失われているかもしれない。何かが禁止されていたり、逆に何かが奨励されていたりするかもしれない。

こうした社会制度の解像度を高めるには、「その社会における弱者は誰か」という視点を持つことが非常に重要だ。この世界で発達した技術や、新たに生まれた常識のせいで、虐《しいた》げられていたり、不当な扱いを受けたりするのは誰かを考えるのだ。

ＳＦはマイノリティを大事にする。単純に、現実のマジョリティがそのまま特権階級として主導権を握って活躍する話なんて面白くない、ということもある。そしてそれ以上に、現実でないがしろにされがちな弱者の視点にこそ、ＳＦらしいイノベーターマインドが宿るからだ。

その５　世界に現れる新たな課題と、構造的に生まれるトラブルを検討する

さて、いよいよ物語づくりの佳境だ。この架空の世界で起きそうなトラブルを想定し、その解決策を考えてみよう。トラブルは三段階の未来予測に欠かせない。トラブルは、実際に自分にふりかかってくると厄介でしかないが、それが鮮やかに解決される話は、いつだって人を魅了する。

トラブルを考えるのは難しいかもしれないが、「この未来社会の弱者が、なぜ弱者なの

か？」というところから考えていったり、この技術はどのような問題点をはらむだろうかといった観点から考えていったりすると、思いつきやすくなるかもしれない。

「ＶＵＣＡの時代」であり「リスク社会」であることは、現代社会も未来社会も同じだ。技術が進歩すれば、変化のスピードはますます増し、新しいトラブルもどんどん増える。それにＳＦ作家が目をつけて、的確にシミュレートし、リアリティたっぷりに表現できれば、多くの人に刺さる優れたストーリーになる。現実のビジネスや生活においても、シミュレーションン不足でトラブルが起き、お粗末な対応で傷口が広がるケースはよく見かける。こうしたトラブルから、誰もが完全に「他人ごと」ではいられないのだ。

以上の５つの要素が、簡単ではあるが、筆者が考える「ＳＦ作家の思考法」のエッセンスである。そして、これから本書で詳しく語ろうとしている「ビジネスに活用できるＳＦ思考」の核でもある。

しかし、これを単独でそのまま使うのは面白くない、と筆者は考えている。というより、それだけでは「ＳＦ思考」として不十分なのだ。

なぜかといえば、これは「ＳＦ作家がＳＦ小説を生み出すための思考法」にすぎない。この５つをそのままビジネスパーソンがトレースしても「ＳＦ的なストーリーを妄想すること」

しかできない。これをビジネスに活用するためには、さらに多様な視点を取り入れる工夫が必要になる。

具体的には「ＳＦ編集者の思考法」と「ＳＦ読者の思考法」をハイブリッドするのである。

ＳＦ編集者の思考法――斜め上の未来といまをつなぐ

ＳＦは共同作業だ。作家ひとりの力では完成しない。ビジネスにおいても、製造部門だけでなく、広告、マーケティング、営業といった部門の仕事がなければ、製品が商品として流通しないのと同様だ。

その共同作業における最重要人物が編集者である。編集者の仕事は、企画を考えて作家に執筆を依頼するところから始まり、創作過程においては作家のパートナーとして支え、作品が完成した後は「世に出し、世に広げる」ために力を尽くす。クリエイティブな活動において作家は神格化されがちだが、優れた作品の裏には、編集者の力が大きく関与しているケースが少なくない。

そこで重要になるのが「ＳＦ編集者の思考法」である。筆者自身も、編集者のような立場でＳＦ作品づくりに関わったことがある。さらに、ここには自分自身の経験とともに、ふだんから筆者がお世話になっている編集者の方々の知見や行動も盛り込んでいる。

というわけで、「ＳＦ編集者の思考法」を５つの要素で書き出してみた。

その１　人のこだわりに潜む専門知を拾い上げて、未来を考えるきっかけをつくる
その２　身近な悩みを未来社会につなぎ、共感を生む
その３　未来予測のためではなく、発想の飛躍のために知識を集める
その４　これまでにない顧客の獲得のために、価値観をアップデートする
その５　物語の完成を目標にせず、その後の拡張や展開を事前に計画する

順番に説明していこう。

その１　人のこだわりに潜む専門知を拾い上げて、未来を考えるきっかけをつくる

さまざまなジャンルから雑多なネタを拾い集めて企画に活かすことは、編集者の大きな役割だ。各種メディアはもちろん、ＳＮＳも、そして道行く人の会話に耳を傾けることも大事な情報源になる。なかでも、人のマニアックなこだわりには面白い情報が潜んでいるので、編集者は雑談を大切にする。もちろん、作家本人との雑談も重要だ。筆者自身も編集者との

雑談を通じて、自分でも気づいていなかった意外な鉱脈を探り当ててもらったことがある。

ちなみに、前述したアシモフの「ロボット三原則」は、アシモフ単独で考えたものではなく、アシモフの短編を読んだジョン・Ｗ・キャンベルJrという編集者が提案し、２人で討議してつくり上げたものだ。

ＳＦに説得力を与えるのは、個人の強いこだわりによって蓄積された実感のこもった専門知だ。公私のキワキワのところにこそ、宝物が潜んでいたりするのだ。しかし、その手の知識は往々にして本人にとっては当たり前すぎて、自分からその面白さに気づくことは難しかったりする。雑談をきっかけに、さまざまな人から専門知を得て、さらには内なる知識を引き出すことは、編集者に不可欠なスキルといえる。

その２　身近な悩みを未来社会につなぎ、共感を生む

ＳＦは未来を描くジャンルである以上、大きな社会課題と無関係ではいられない。しかし、それだけでは読者が共感する物語にはなりにくい。多くの人に「刺さる物語」にするには、大きな課題を、いかに個人の主観に接続するかがポイントになる。

ＳＦの編集者は常に、大きな社会の動きと、小さな個人の声の両方にアンテナを張っている。そして、普段から身近な人の声に注意深く耳を傾ける。ちょっとした悩みや困りごと、

愚痴、不快なできごと……。そうした市井の人々の実感にこそ、作品の大きなヒントがあるからだし、それが作家のアイデアを刺激するからだ。これは、大ヒットする商品が、しばしばたったひとりの困りごとから生まれたりするのと同じメカニズムといえる。

社会↕個人、長期↕短期、マクロ↕ミクロといった両極的な視点を行き来する意識は、小説のプロットを組み立てるうえでも重要だ。大きな技術や社会背景の描写が延々と続くのは退屈だし、個人的ないざこざの話が続いてもダレる。両者をテンポよく行き来しながら、主人公の目線と、それを包む世界が入れ子構造になるように誘導することもSF編集者の大きな役割だ。

その3　未来予測のためではなく、発想の飛躍のために知識を集める

サイエンスやテクノロジーを扱う場合、信頼できる情報ソースにあたったり、ふさわしい監修者をつけるなど、作家だけではカバーできない科学考証をサポートするのも編集者の仕事だ。ちなみに、監修者というと「完成した作品をチェックして間違いを正す人」と思われがちだが、実は「作家のこういうアイデアを成立させられる科学技術を考え出してほしい」とか「舞台設定を整えるために、発想を飛躍するのに役立ちそうな知識を示してほしい」といった編集者からのお願いに応えて、かなり踏み込んだアイデアを出すケースも多い。SF

においては、監修者もクリエイティブチームの一員なのだ。

同時に、たとえ作者のアイデアが不正確な知識に基づいたものだった場合も、すぐボツにせず、その妄想に寄り添う寛容な姿勢も求められる。これは「三段階の未来予測」を第一段階で否定しない、という態度にも通じるものだ。根拠が弱いからといってすぐ却下するのではなく、さらに広範囲から情報や知識を集め、作家の発想が正しい方向に力強く育つようにサポートするのだ。

作家が「型破り」な発想をしようと思えば、まずは型をしっかり学ぶことが重要になる。そのための材料を補強しようとするのも、編集者の思考の重要な要素といえる。

その４　これまでにない顧客の獲得のために、価値観をアップデートする

編集者は「最初の読者」として作品に向き合う存在だ。だからこそ、作品が無自覚に古い価値観やバイアスを再生産してしまわないよう、いろいろな目線でチェックする必要がある。これには、「炎上対策」的なリスクヘッジの意味合いも当然あるが、リスクをおそれすぎて表現が萎縮するとしたら本末転倒だ。「ポリティカル・コレクトネス」などというと、表現を制約する敵のようにも思えるが、むしろ多様性を尊重し、倫理的であらんとすることを、新時代の価値観を打ち出すチャンスと捉えて利用するのが正解だろう。ただ、編集者ひとりで多

様な視点を持て、といっても限界がある。場合によっては、多様なメンバーを集めた「編集委員会」などの仕組みづくりが必要になることもある。

もちろん、リスクを認識したうえであえて世に問う、という姿勢もアリだ。その場合は、批判に対して誠実に説明責任を果たす覚悟と準備も必要になる。

その5　物語の完成を目標にせず、その後の拡張や展開を事前に計画する

ＳＦ作品は「つくって終わり」ではない。もちろんそれは、あらゆる商品やサービスに共通していえることだ。完成した作品を出版し、マーケットに投入してからが本当のスタートなのだ。

というわけで、編集者には、市場投入後の展開をコントロールする思考も求められる。そこには、多くの読者を獲得するためのプロモーション施策はもちろん、続編やスピンオフ制作といったシリーズ化、あるいは映像化などで、作品世界の拡張を構想することも含まれる。また、子供向けの作品の場合は、作中に登場するガジェットを、おもちゃなどに展開することもあるだろう。こうした施策をスムーズに行うために、場合によっては本編中にあらかじめ仕掛けを組み込んでおく必要も出てくる。

作家がフィクションの世界で創作活動に没入しているうちにも、編集者は、それを現実と

どう接続していくかをプランニングしておく必要があるのだ。

SF読者の思考法――斜め上の未来をたぐりよせる

さて、作品が世に放たれれば、いよいよ読者がその世界に触れることができる。

さまざまな読者が、どう読み、どう感じるか。読者の存在を得てはじめて、SF作品が真に完成するといってもいい。実際に、読者の反響が大きければシリーズ化される可能性も高く、作品の世界はさらに広がっていく。SFにおいては、読者もSF創作共同体のメンバーといえるのだ。

つまり、SFの読書体験を豊饒なものにする「よき読者」としての思考法も、SF思考の重要な要素なのだ。かくいう筆者も当然ながらSFの読者だ。というか、作家であり、編集者である前に、読者としてのキャリアがもっとも長い。

というわけで、筆者が考える「SF読者の思考法」を5つの要素にまとめたのがこれだ。

その1　主人公になったつもりで、未来の細部を自分ごととして考える
その2　架空の科学技術やガジェットに、知識を総動員してツッコミを入れる

その3　意外な未来社会像に対し、その過去や背景を妄想して理解を試みる
その4　虚構世界について友人と真剣に議論し、場合によっては作者と交流する
その5　フィクションとして描かれた未来ビジョンでも、それを実現しようとする

順番に説明していこう。

その1　主人公になったつもりで、未来の細部を自分ごととして考える

ＳＦを読むときに、他人ごととして、つまり単なるフィクションとして読むだけでなく、「自分だったらどうするか？」を考えることは、とても大事だ。主人公が置かれた状況に対して自分ならどう働きかけるか、主人公が巻き込まれたトラブルに自分ならどう対処するか、具体的に考えてみるのだ。

作中に登場する、なじみのない価値観から、自分の先入観を問い直す。このことで、ＳＦが提示する未来社会の物語が、親密な「自分のための物語」になる。

その2　架空の科学技術やガジェットに、知識を総動員してツッコミを入れる

ＳＦには、架空の技術、架空のガジェットがよく登場する。それをなんとなく受け入れる

のではなく、疑問に思ったところは、根拠があるのかどうかを調べてみたり、実際に計算したり、図面を引いてみたりして、現実に成立するかどうか確かめてみよう。もし根拠が十分でなかったり、計算が合わなかったりするなら、成立させるにはどうすればいいのか、理屈を考えてみる。

作品に「難癖をつけている」といえばそうなのだが、単に文句を言ったり冷笑したりして満足するのではなく、可能性を検討するわけだから、とても未来志向だ。そして何より面白い。

『ドラえもん』のタケコプターや『科学忍者隊ガッチャマン』の変身のメカニズムなどを実際の物理法則に当てはめてあれこれ考察した『空想科学読本』が、1996年に初版が発行されて大ヒットしたが、あの精神である。

その3　意外な未来社会像に対し、その過去や背景を妄想して理解を試みる

作品内で、現実とかけ離れた世界観や社会が提示されている場合、なぜそんな社会になったのかを考えてみよう。年表をつくったり、登場人物の人物相関図を書いたりして整理してもいい。すると、「ほかにもこんな登場人物がいたら面白いだろうな」とか「主人公が子供の頃はどんな生活をしていたんだろう」といった妄想もむくむく湧いてくる。そうなれば、設

定を借用して二次創作作品を書いてみたり、イラストや漫画にしてみたりするのもいい。

人気作品ほど、そうした二次創作は活発に生み出されているし、コミュニティもできている。

その4　虚構世界について友人と真剣に議論し、場合によっては作者と交流する

ＳＦファンは作品を語るのが好きだ。同好の士が集まって、どこがいいとか悪いとか、熱く議論を交わす読書会は各地で行われている。場合によっては、そこに作者を呼ぶケースもある。ＳＦ大会は、それの規模の大きいもので、もちろんここでも作者を囲んで議論をする。

こうした濃いファンが形成する「ファンダム文化」のパワーはあなどれない。

オバマは『三体』を読んで、すぐ作者の劉慈欣にメールをしているし、ベゾスも『スノウ・クラッシュ』の作者ニール・スティーヴンスンに自分の会社のアドバイザー職をオファーした。こういう話をすると「彼らは著名人だから特別でしょ」と思うかもしれないが、そうではない。ＳＦ界隈では、作者に直接コンタクトを取るのは別に珍しい話ではないのだ。作家もＳＦ大会などでファンと積極的に交流する人が多い。ＳＦって、もともとそういう業界なのだ。

もちろん、話しかけるからには、建設的な意見交換の意図がないと失礼になる。そこに敬

意が必要であるのは、ＳＦに限らず当然の話だ。

その5　フィクションとして描かれた未来ビジョンでも、それを実現しようとする

パーソナル・コンピュータの父、アラン・ケイは「未来を予言する最良の方法は未来を創造することである」といった。リアリティの希薄な未来を否定するのではなく、現実に役立つ部分を探し、場合によっては、架空のガジェットを自分で実現するために奮闘すること。これはそのまま未来をつくることになる。

ＶＲ研究者の稲見昌彦は、ＳＦ漫画『攻殻機動隊』に登場する「光学迷彩」を実現してしまったし、ＡＩ研究者の大澤正彦は、誰でも知っている猫型ロボット、ドラえもんを実際につくるために研究を続けている。

自分の創作魂に火が付く瞬間を求めてＳＦを読むのは、とても楽しいことなのだ。

以上、「ＳＦ思考」を構成する3つの思考法を3×5というかたちで紹介してみた。繰り返しになるが、ここで整理したのは、実際の作家、編集者、読者すべてに共通する思考法、というわけではなく、あくまで筆者の経験から参考になるポイントをまとめたものだ。

しかし、この「３×５のＳＦ思考」を身につければ、誰でも「斜め上の発想」ができるよう

SF作家の思考法	その1：ちょっとおかしな「未来の言葉」をつくる その2：ある技術がとてつもなく進歩した世界をイメージする その3：いまと価値観やライフスタイルの違うキャラクターを生み出す その4：多様な人間の視点から未来社会の仕組みを考察する その5：世界に現れる新たな課題と、構造的に生まれるトラブルを検討する

×

SF編集者の思考法	その1　人のこだわりに潜む専門知を拾い上げて、未来を考えるきっかけをつくる その2　身近な悩みを未来社会につなぎ、共感を生む その3　未来予測のためではなく、発想の飛躍のために知識を集める その4　これまでにない顧客の獲得のために、価値観をアップデートする その5　物語の完成を目標にせず、その後の拡張や展開を事前に計画する

×

SF読者の思考法	その1　主人公になったつもりで、未来の細部を自分ごととして考える その2　架空の科学技術やガジェットに、知識を総動員してツッコミを入れる その3　意外な未来社会像に対し、その過去や背景を妄想して理解を試みる その4　虚構世界について友人と真剣に議論し、場合によっては作者と交流する その5　フィクションとして描かれた未来ビジョンでも、それを実現しようとする

図表2-2　3×5のSF思考

になるのではないだろうか。

「〇〇思考」と名のつくメソッドは、すでに世の中にあふれている。しかし、もしそれが「ある種のスキルに特化したプロの思考法をトレースするもの」だった場合、異なる分野に応用するのは、相当に難しい。ここでいう「ＳＦ作家の思考法」が、単独では「ＳＦ小説を書く」ことにしか使えないのと同様で、自分の仕事、自分の活動にフィットさせにくいのだ。

しかし、ＳＦ作家、ＳＦ編集者、ＳＦ読者という、異なる立場の思考法を組み合わせて、それをぐるぐる回す意識を持てば、応用範囲がぐっと広がる。「未来を描き出す」活動全般に使えるものとなるのだ。

なぜか。それは３つの立場を組み合わせることで、「つくる」だけでなく「世に出す」「受容され、応用される」というフェーズまで包含されるからだ。

そして、これらすべての思考には「クリエイターであろうとする」意志が共通している。世の中のあらゆるものは共同作業によって生み出される。作家だけが特権的に創作するのではないし、作家だけが魔法のような特殊能力を持っているわけではない。誰もが意識さえすれば、自分の持ち場でクリエイターになれる。「ＳＦ思考」で、ぜひその喜びを味わってほしいと思う。

1　ツィオルコフスキーの研究の軌跡については、宇宙工学者の的川泰宣が著した『宇宙飛行の父 ツィオルコフスキー　人類が宇宙へ行くまで』（勉誠出版、２０１７年）に詳しい。

2　大林組プロジェクトチーム「宇宙エレベーター」建設構想には、ＳＦのショートショートが付けられている。https://www.obayashi.co.jp/kikan_obayashi/upload/img/053_IDEA.pdf

Column02

ビジネスで使われる思考法とＳＦ思考はどう違うか？

藤本敦也

未来を描く方法はさまざまです。特にビジネスシーンにおいて使われることが多い思考法が「マクロトレンド分析」「シナリオプランニング」「デザインシンキング」です。ＳＦ思考の特色を明らかにするためにも、これらの思考法との違いを少し整理してみましょう。

可能性の高い未来を予想する【マクロトレンド分析】

読者の皆さんがもっともよく目にするのが、このタイプの未来予測だと思います。「２０

××年の未来図」みたいなタイトルで単一の未来像を示すもの、といえば「ああ、あれか」と思われる方が多いでしょう。

　こうした未来予測には、ＰＥＳＴ分析などに代表されるマクロトレンド分析がよく使われます。ＰＥＳＴ分析とは、政治（Politics：法改正、規制、政権交代、ＳＤＧｓの対応など）、経済（Economy：景気動向、ＧＤＰ、物価、株価など）、社会（Society：人口動態、働き方の変化、文化、流行など）、技術（Technology：ＩＴ、インフラ、新技術など）という４つの観点からマクロトレンドを把握する手法です。

　ビジネスにおいては、自社のサービスや事業に、どんなトレンドがどう影響を及ぼすかを分析し、戦略策定の根拠にします。ここ数年で起きる確率が高い要素をもとに、既存事業への影響を見るわけですから、５年スパンぐらいの未来予想として確度が高く、多くの企業が中期経営計画を策定する際などによく使われています。

あり得る複数の未来に備える【シナリオプランニング】

　シナリオプランニングは「不確実性」を前提とした未来予測であり、それがマクロトレンド分析と大きく違うところです。確実性の高い予測だけを優先するのではなく、「可能性は低いけれど起こり得るインシデント」も想定し、複数のシナリオを作成して、来《きた》るべき未来に備えようというのです。石油会社のロイヤル・ダッチ・シェルが、シナリオプランニングで「OPEC主導による石油価格高騰」という危機に備えていたおかげで、1973年の石油危機に迅速に対応でき、世界第二位の石油会社に成長した――という逸話は有名です。

不確実性を考慮することで10～20年という中長期的な時間軸を扱うことができるのも、シナリオプランニングの特徴です。複数のシナリオを用意するため、想定可能な危機には強いといえます。ただし、マクロトレンドをベースとしたフォアキャスト型（線形）の未来予測である以上、「こんな未来にしたい」という個人の意志は入りません。

ユーザー起点で未来を考える【デザインシンキング】

マクロトレンド分析もシナリオプランニングも、マクロな視点が基礎になっている点は共通しています。そのため、いずれも「人間の価値観やユーザーニーズの変化を未来像に反映しにくい」という特徴があります。

そのため、価値観やニーズがあまり変化しない時代には有効ですが、VUCAの時代に未来を見通したいなら使い勝手がよいとはいえません。そこで、近年台頭してきたのが、デザインシンキングです。

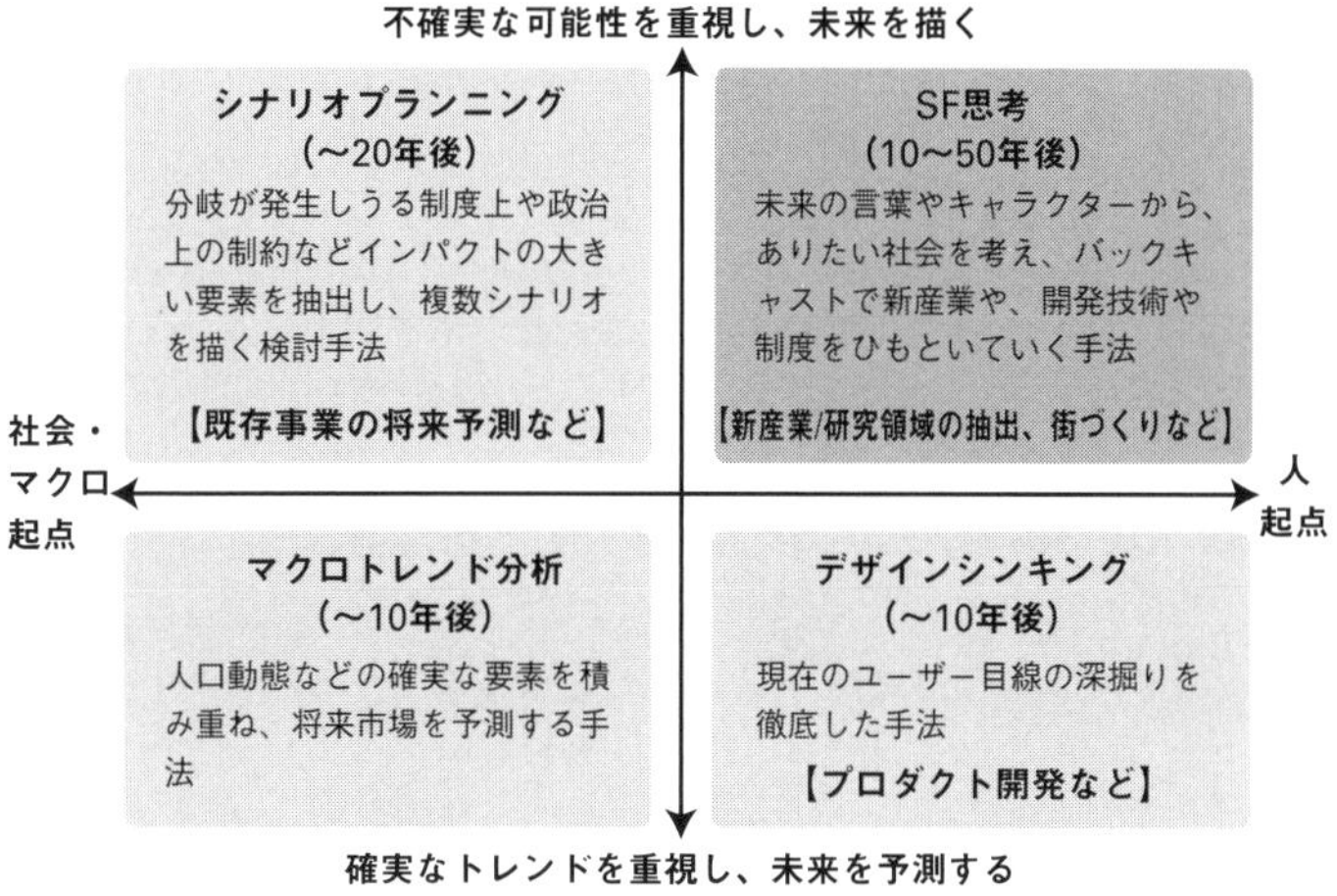
不確実な可能性を重視し、未来を描く
シナリオプランニング
（〜20年後）
分岐が発生しうる制度上や政治上の制約などインパクトの大きい要素を抽出し、複数シナリオを描く検討手法
【既存事業の将来予測など】
SF思考
（10〜50年後）
未来の言葉やキャラクターから、ありたい社会を考え、バックキャストで新産業や、開発技術や制度をひもといていく手法
【新産業/研究領域の抽出、街づくりなど】
社会・マクロ起点
人起点
マクロトレンド分析
（〜10年後）
人口動態などの確実な要素を積み重ね、将来市場を予測する手法
デザインシンキング
（〜10年後）
現在のユーザー目線の深掘りを徹底した手法
【プロダクト開発など】
確実なトレンドを重視し、未来を予測する

出所:三菱総合研究所作成

デザインシンキングは、デザイナーの思考法を、新事業や新サービス創出に応用したものです。2005年にスタンフォード大学が創設した学際教育の場「d.school（ディー・スクール）」が提唱して世に広まりました。ユーザーのニーズを観察し、深く理解したうえで正しい課題を定義し、プロトタイプをつくり、高速で試行錯誤のサイクルを回すことで新たなサービスを生み出していく……。

ユーザーの真の課題を解決する魅力的な製品やサービスにつながる、ということで、近年多くの会社に導入されています。デザインシンキングを経営に生かす「デザイン経営」も提唱されつつあります。

これらの特徴をわかりやすくマッピングすると、図のようになります。

縦軸は「短期で予測するか、長期で構想するか」という、未来展望に対する態度と時間をミックスしたものです。横軸は視点の置きどころで、「人間中心（人の主観や感情を重視）か、社会中心（社会構造や仕組みを重視）か」を表しています。

ＳＦ思考は、不確実性を重視し、時間軸が長い（10年以上）点はシナリオプランニングと似ていますが、視点の置きどころが異なります。また、視点を人間に置くという意味ではデザインシンキングとＳＦ思考は似ていますが、前者が現在のユーザーを深く見つめるのに対して、後者は未来の人間を見つめています。つまり、ＳＦ思考は、どの手法ともかなり異なるアプローチなのです。

図では単純化しましたが、もちろん、それぞれの手法が、ひとつの象限に属する未来しか扱えないというわけではありません。しかし、手法ごとに得意、不得意があるのは明らかです。なかでも、未来を人間中心で描くＳＦ思考は、これからの時代の生き方、あるいはビジネスのあり方を考えるために欠かせないものになるのではないでしょうか。

というのも、人の寿命はどんどん延びており、「人生１００年」が当たり前になるといわれています。ひとりの人間が扱う時間軸は否応なく長くなっていくのです。そのうえ、これまでのような会社に依存した生き方は難しくなり、誰もが自分の人生やキャリアを自分で設計しなくてはならなくなっていく。まさにＳＦ思考の出番だといえないでしょうか。

「マクロトレンド分析」「シナリオプランニング」よりも挑戦的

図の左側に位置する２つの手法、つまり、社会を起点にした未来予測である「マクロトレンド分析」や「シナリオプランニング」は、現在のトレンドの延長線上に未来を描きます。そのため、提示する未来社会像は「なるほどそうなりそうだ」という納得感は強くなります。ただし、人の感情や主観を反映させづらいので、予測した本人すら、できた未来社会像に深い思いを込めるのは難しくなります。

最近なら、どんな領域の未来予測であれ「デジタル化」という大きな潮流を絶対に外すことはできません。すると、あらゆる予測が「経済活動の軸がデジタル側に大きく振れる」といった似たり寄ったりの結論になりがちです。これにワクワクできる人はそう多くありません（もちろん、これらの分析結果から「自分はこうしたい」と強い意志を持てるなら問題ありません）。

ＳＦ思考は「納得感」という面では、ファクトを積み上げるタイプの未来予測に劣るかもしれません。しかし、みずからの思いをしっかり込められるのはもちろん、未来の人々の感情をあれこれ考えることを通じて、挑戦的で、ワクワクして、人の心を動かす未来ストーリーを生み出せる可能性が高いのです。

「デザインシンキング」よりも、遠い未来

では、デザインシンキングとSF思考の違いは何でしょうか。どちらも、人の感情や価値観を大切にする「人間中心」という点が共通しています。しかし、扱う時間軸がかなり違います。

デザイン思考は「いま」にフォーカスしますが、SF思考では10年よりもっと後の未来、30年後や50年後を見つめます。まだ見ぬ未来のユーザーニーズや課題をみずから見つけにいくわけです。目の前のユーザーの課題を、いま研究開発中のサービスや製品で解決していこう、というのがデザイン思考なら、いま研究開発中のサービスや製品はどんな課題を解決し、同時にそれ自体がどんな新しい課題を生むだろうか、と考えるのがSF思考です。そして課題を生まない内容に変更したり、新たな課題の解決を次の研究テーマに据えたりします。

「遠い未来」を考えると同時に「広い社会」を考えるのもSF思考の特徴です。長期的な未来を考えようとすれば、自分の専門テーマだけでなく、関連分野も含む広いレンジで社会の全体像を想定する必要があるからです。たとえば２０５０年の未来の住居を考えるなら、不動産や建設まわりを考えるだけでなく、働き方や家族構成の変化といったライフスタイルはもちろん、「ベーシックインカムは導入されているだろうか」「空飛ぶクルマは実

現しているだろうか」「その料金はいくらぐらいになっているだろうか」というように、社会制度や他産業の変化まで視野に入れる必要があります。

社会像にはさまざまな要素が複雑に絡み合いますから、全体としてどんどんブラッシュアップを重ねていくことが大事です。そのための議論のツールとして、小説形式のアウトプットを活用するところも他の手法との大きな違いです。

【ビジネスシーンでの使い分け】

いままで述べてきたように、未来を描く手法はさまざまであり、目的によって使い分けることが重要です。既存事業の短期的な予測を行いたいのであれば、マクロトレンド分析やシナリオプランニングが向いているでしょう。また、いまから商品開発を行い3年後には上市したいのであれば、デザインシンキングを活用すべきだと思います。

一方、研究開発や新事業創出など長期的スパンで考えたい場合には、SF思考が向いているでしょう。ただSF思考は、挑戦的なアウトプットになる一方、納得性には欠ける傾向になります。よって、マクロトレンド分析や現状の技術ロードマップなどもうまく組み合わせて行うことがビジネス上は重要になります。

また既存事業の将来予測のために、シナリオプランニングを行う際も、SF思考のエッセンスを入れ込むことで議論が活発になったり、解像度をぐっとあげることができます。たとえば、「2040年の社員である○○さんは、OB訪問に来た学生にどんな話をしているでしょうか?」など、未来のキャラクターに語らせるように議論を組み立てるなどです。

ここにあげた4つの思考法は、独立しているわけではなく、目的に応じてうまく組み合わせていくことが重要です。

第3章　「自分の未来」を創造するSF思考

藤本敦也

未来に自分の居場所がない、もどかしさ

……未来は……一方向だけに進んでいる訳ではないワ……

私達が選択出来る未来もあるはずよ……

これは、世界的な名作SF漫画『AKIRA』に登場するセリフです。「選択できる未来」。SFを考えるうえで、とても重要なキーワードです。

AKIRAに限らず、多くの漫画や小説の登場人物は、悲劇的な状況に身を置かれても、みずからの強い意志でその状況から抜け出し、世界を変えていきます。『鬼滅の刃』しかり『呪術廻戦』しかり、です（『ターミネーター』に至っては、未来から来た者同士が、なぜか現代でドンパチして、未来を変える戦いをしていますが。未来を変える力業ここに極まれりです）。

私も、子供の頃に読んだ漫画に影響され、「未来は自分の意志でつくるんだ」と無邪気に思い込んでいました。しかし、ご多分に漏れず就職活動で挫折します（共編著者の宮本道人さんのように初志貫徹できる人は少数派ではないでしょうか）。人を感動させる何かを生み出すクリエイターになりたくてエンタメ業界や広告代理店などを受けていたのですが、落ちに落ちまし

た。いま冷静に考えれば、センスがない（しかも、それに向けて人一倍努力したわけでもない）人間が採用されるはずがないのは至極ごもっともなのですが、当時は留守番電話に残る「今回はご縁がなく……」というメッセージに「じゃあ、次回のご縁はいつなんだよ」と勝手に腹を立てていました。

ＯＢ訪問で、あるクリエイターに会ったとき、こう言われたことがあります。「君はコンサルタントにいそうな雰囲気だよね」。一応「なるほどですね」と言ったものの、内心「俺はクリエイターになりたくてあなたに会いに来たわけで、なんで別の職の話をされなあかんねん。俺の人生を勝手に決めるなよ」と憤ったことを覚えています。結果的に、その方の予言通り、いま三菱総合研究所のビジネス・コンサルティング部門に所属しているわけですが……。

とにもかくにもこの時期に、現実的にいまある職業にあてはめられたことで、うっすら残っていた「何者にでもなれる」感覚は簡単に蒸発し、「人生のレール」を認識させられたのです。自分が選べる職業は限られており、ある会社に入ったが最後、わかりきったコースを辿るしかない。さらにＯＢ訪問や面接を重ねるうちに「この会社に入ったら、20年後はこういう感じになってるのか」という感覚も出てきて、未来が誰かに決められているような気持ちになりました。読者の皆さんも、社会に出たとき、多かれ少なかれそう思ったのではないでしょうか。

企業の未来像を描く仕事にもかなり携わりました。多かったのが、マクロトレンド分析[1]を使って未来社会像を描き、中期経営計画や事業戦略に落とし込む仕事です。企業の経営層と議論を重ね、ＳＷＯＴ分析や事業インパクト分析に取り組み、１００ページにも及ぼうかという分析調査レポートを作成するのです。大変でしたが、その内容には満足していました。

しかし、新規事業や研究開発テーマ立案などの仕事を手がけるようになると、がぜん悩み始めました。既存事業に新しいサービスを加えるのであれば、中期経営計画の３年という時間軸は妥当です。新規事業開発なら5～10年、研究テーマ開発なら10～20年先の未来は見据えたい。しかし、既存事業の分析と同じ手法でデータを積み上げていくと、時間軸が長いぶん「場合分け」が膨大になって可能性が拡散します。３年先の予測ほどの説得力がないのです。

それ以上に大きな問題は「現在の延長で描いてしまうとワクワクしない」のです。本来、新しい事業、新しい研究開発テーマを考える仕事ってとてもチャレンジングなはずですよね。でも、その舞台となる未来像が「遠隔医療が一般化している」「工場のＡＩ化が進展している」といった、現在の延長線上にあるものがズラリと並んだだけでは「そりゃそうだよね」以上の感想が湧きません。

人間の活動はより効率化され、暮らしはより便利になり、労働時間はより短くなり、寿命はより延びる……。ポジティブな内容ばかりなのに、驚きがないのです。便利そうではあるけれど、平板だし、なぜだかちょっと現実感がない。「なんとしてもこれを実現したい！」という気持ちになりません。がむしゃらに新規事業や研究開発に向かわせる馬力を呼び覚ますのに苦労します。ここを乗り越えるために、国内外の機関が出している未来予想図を整理・分析したり、有識者ヒアリングやエクストリームユーザーヒアリングを重ね、幾多の打ち合わせを経て、なんとか満足してもらえるアウトプットにたどり着いていました。ただ毎回かなり大変で、すり減ってしまうため、皆がワクワクする未来をつくるやり方を切望していました。

また未来予想図に描かれる人が、全員ニコニコしていることには、いつもほのかな違和感を覚えていました。未来の人はみんな家族も充実していて、地域コミュニティでも役割がありうまくやっている。もちろん最新技術も使いこなして、自分のやりたいことを実現している。でも、元来不器用で居場所をみつけるのに苦労していた私は、そうした既存の社会の延長線上にある未来予想図においても、やはり居場所はみつけられませんでした。

そこで未来の検討に自分が関わる際には、なるべく自分も楽しめる未来社会にしたいなと思っていました。でも、なかなかうまくいきません。たとえば「技術が進んで仕事が楽になって、家族と過ごす時間が増えれば幸せになるでしょう」という意見に対してうまく返せない。未来の人はそんな簡単に幸せになるのだろうか。うまく言えないけれど、もっと生々しい悩みや苦しみがあって、幸せもあるのではないか。いま思えば「自分が思っている幸せの価値観は未来も不変である」という無意識の前提をうまく取っ払って議論する力が自分になかったのだと思います。

未来社会にしろ、未来の幸せにしろ、無限の可能性に開かれているはずの未来が、自分の力不足もあり、いまの延長線上にとらわれてしまう。そして、その未来に自分の居場所はない。

そんなもどかしさにモンモンとしていました。

SF思考とハイボール

このままではよくない。

私は、自分の仕事のビジョンや存在意義を自分なりに言葉にし、5年後、10年後の未来像を描くべく試行錯誤を始めました。しかし、どうも陳腐なイメージしか描けません。

本を読んだり、ワークショップにも出かけたりしました。一橋ビジネススクールの楠木建教授の『ストーリーとしての競争戦略』には感銘を受けました。『競争戦略論』『ブルー・オーシャン戦略』『イノベーションのジレンマ』といった経営戦略論の名著を読めば、構造化の緻密さに感心したり、事例にワクワクしたりしました。しかし書いてあることの意味は理解できても、「どうしたら、この事例にあるような新事業やビジョンがつくれるのか」はわかりませんでした。

楠木教授のすごいところは、「よいストーリーがつくれるかどうかは、センスです」と言い切っているところです。私はこれに納得しすぎて「その通りだ。自分はセンスがないから未来を考えるのに向いていないのではないか」と思ったりもしました。

「デザイン思考」や「アート思考」にも手を伸ばしました。もともとキラキラしたクリエイターに憧れていましたから……。はい、秒速で挫折しました。会う人会う人、アートやデザインを知悉していて、スマートかつ華麗にマウントをとられることもありました。私が使っているＰＣがＭａｃではない。レポートに載せた写真を一眼レフで撮ってないし背景ボケしていない。それらを軽く否定されるたびに、やっぱり自分にはセンスがないなと、だんだん諦めてしまったのです。

実際に「結局センスだな」と思う場面も多かったのも確かです。自分のなかの美意識や判断軸を高めていきましょうという話になると、センスに自信がない自分としては、「うーん、やっぱりできる気がしない」と思ってしまうのです。

そんな私が、ついにSF思考に出会います。それは、本書の共編著者の宮本道人さんとの出会いでもありました。でも正直、最初の印象は最悪でした（笑）。

きっかけは三菱総合研究所の50周年記念研究です。2020年に創業50周年を迎えるにあたって、2070年の未来社会を考える研究に携わることになった私は、筑波大学の大澤博隆先生の研究室を研究メンバーとして訪ねていき、研究の概要を説明しました。いまもよく覚えています。そのとき、隣にいた宮本さんが「それ、何も面白くないです。何ひとつ新しいことがないんですけど」と言い放ったのです。

おそらく戦略的な発言だったのでしょう。しかし、私にはかなりグサッときました。「まあそうなんだけど、またそういう話をされるのか。だからクリエイターっぽい人は苦手なんだよな」と。しかし、そこは無駄に大人なので丁重にご意見をうかがい、せっかくなので、と飲み会に流れました。

無駄な大人も、たまには良い方向に転ぶものです。飲み会の席で、宮本さんはこう言いました。「面白い概念を考えるなんて、誰でもできますよ。たとえばこの居酒屋に書いてある言葉と、さっきの2070年の未来社会のテーマをかけ合わせればいいんですよ」と。ちょうど次のドリンクを物色していた私は、メニューの「とりあえずビール」という文字を見て、ま、どうせ否定されるだろうと思いながら「『とりあえず科学技術コミュニケーション』とか？」

と言ってみたのです。意外なことに宮本さんは「いいですね！　そういうやつですよ！」とテンション高くほめてくれました。単純な私は気をよくして、その後もいろいろ言ったように思います。あとで聞くと、宮本さんもこのとき、どんどんアイデアを出してくる私に対し、何か一緒にプロジェクトができれば楽しいかも、と思ったそうです。

この成功体験（？）がＳＦ思考への第一歩でした。言葉をかけ合わせて偶然生まれた新しい言葉で、自分でも思わぬ方向に発想が飛ぶことを肌で感じたのです。宮本さんの言うＳＦ作家の思考法その１「ちょっとおかしな『未来の言葉』をつくる」ですね。ワークショップでＳＴＥＰ１「未来の言葉をつくろう」をやるたびに（次の章を読めばそれが何かわかります）、この居酒屋でのできごとと、ちょっと薄めのハイボール（結局ビールは注文しなかった）を思い出します。

この居酒屋での夜をきっかけに、ＳＦ作家、ＳＦ編集者、ＳＦ読者の思考法の要素を分解し、それらを活用してチーム戦で未来をつくるというＳＦ思考の活用法の開発が、三菱総合研究所と筑波大学の共同研究として始まりました。「ＳＦ思考による未来ストーリーづくり」の方法を、わかりやすくメソッド化しよう、というものです。

そしてこれは、宮本さんと私を中心に、大澤先生と関根をはじめとする研究メンバーの協力を得つつ進んでいきました。

ＳＦ思考で自分が変わり、未来も変わった

以降、ＳＦ思考のためのフレームを設計するとともに、それを実践する場として「未来ストーリーづくりのワークショップ」を何度も開催してきました。それを通じて、僕自身の内面もだんだん変わってきたことをお伝えしたいと思います。

大きかったのは、「未来がつまらなそうなら、勝手に夢想して盛り上がればいいじゃないか」というマインドになったことです。ちょっとおかしな未来の言葉をひねり出せば、思っているより簡単に未来や新しい職業、ビジネスを思いつくことができる。ならば新しい職業だってビジネスだって、どんどんつくって自分で定義しちゃえばいいじゃないか。

そしてＳＦ思考のもうひとつのポイントが、技術の進歩、社会のできごと、制度のアップデートなどを通じて、夢想した未来への道筋を考えることなのですが、これができると、どんな未来もあり得なくはない、と思えるようになります。いまの延長線上では無理なことでも、制度がこう変わったら、何かの事件で価値観が変わったら、あれこれの技術導入が進めば……あ、意外と実現するかも！　となるのです。

そう、子供の頃の「未来は自分の意志でつくれる」という気持ちが戻ってきたのです。すると、どんな未来も却下せず「それを実現する道筋を探そう」というスタンスになります。そ

して、見つからなくても「ダメだった」とあきらめるのではなく「前提を変えてもう一度考えてみよう」と思えるのです。以前のように、すぐにあきらめ、試合を終了させることがなくなったわけです。

このマインドになると、周囲への接し方も変わっていきます。「こんな世の中にしたいよね」「こんなビジネスを考えてみたんだけど」「こんな生き方をしていきたい」なんて話を聞けば、第一声で「できるんじゃないかな。どうやったらできるかな」と自然に言えるようになりました。すると不思議なもので、面白い未来を夢想する人、新ビジネスを立ち上げる人が身近に増えていき、気づけばクリエイター的な人、イノベーター的な人が集まってくる。

夢想した未来やビジネスの話をすると、多くの人たちはすぐに「いや、そんな未来は無理。そんなビジネスは無理。なぜなら……」と懇切丁寧に否定してくれます（なぜそこまで頭をフル回転して否定しようとがんばるのか理解に苦しみますが）。以前の私なら、そう言われればそうかもな、と思い、否定することもできませんでした。

しかし、ＳＦ思考インストール済みのいま、少し違う見方をするようになりました。「この人が前提にしているのは何だろう？」と考え始めます。「テレワークなんて浸透しない」と言っていた人たちは、「感染症で人の移動や集まりが制限される」ことは前提にしていなかったのです。これを逆に考えれば、多くの人が無意識に前提としていることを崩せば、夢想した未来が来てもおかしくないのです。そして、その前提は案外あっさり崩れます。コロナ禍で皆さん、それを体験したのではないでしょうか。

ＳＦ思考では、現在の常識や、自分と異なる価値観のキャラクターをたくさん生み出します。彼らを通じて物事を見ることに慣れると、いままでより世の中を複層的に見ることができるようになります。同じものも、見る人によって善にも悪にも、好きにも嫌いにもなるのです。すると自分と価値観が異なる人々と対話するときも「この人たちも、未来のキャラクターの一種かも」と思えるようになり、自分は自分で「彼らと違う自分」を主張できるようになっていきました。

同時に、自分が何を夢想するにせよ、必ず「それによって新たに弱者になる人はどんな人だろう?」と考える癖がつきました。すると描く未来社会に厚みが出て、よりリアリティを帯びてきます。

私たちのＳＦ思考は、個人プレーではなくチーム戦が基本です。すると「すごいセンスのある人が描いたすごい未来に、周囲は従っていく……」という感覚ではなく、自分も多様性のあるチームの一員として何かしらの役に立とうと思えるようになります。

宮本さんとの共同作業で印象的なことがありました。「ワンちゃんにＡＩを活用することで、人の言葉を喋れるようにしたら、ワンちゃんがふつうに働いたり、ワンちゃんが会社を経営したりする未来が来るのではないか」という未来ストーリーを一緒につくっていたとき、ふとした雑談から「ワンちゃんが経営する会社のビジネスモデルと損益計算書をつくってみましょうか」という話になり、ワンちゃんの衣食住などの固定費、ターゲット層を設定したビジネスモデルの構築、年間売上や、行政からの補助金を加味した損益計算書をつくってみたのです。設定はともかく、やること自体はふだんの仕事とそう変わりませんから、私にとっては日常的な作業です。でも、宮本さんはそれを見て、いたく感動してくれました。「こんな荒唐無稽なことが、こんなに現実的に計算できるのか！」と。私も嬉しくなりました。自分のスキルをふつうに発揮するだけで、斜め上の未来ストーリーを創造する力になるのだ、と実感できたからです。

もちろん、すごいセンスを持っていて、ひとりですごい未来像を描き切れる人もたくさんいるでしょう。でも、ふつうの人だって、チームですごい未来像をつくることができる。その気づきで、いままでどこかしら傍観者だった未来に対するスタンスが一変しました。ＳＦ作家さんをはじめ、さまざまなクリエイターさんと一緒にプロジェクトを進める機会も増えましたが、気負うことなく「何か貢献できることがある」と思いながら参加できるようになりました。すると、こちらが提示したサジェスチョンを面白がってもらえたり、感謝したりしてもらえることも増えたのです。

SF思考を、ビジネスにどんどん生かそう！

第1章、第2章で、一見、ビジネスとは関係なさそうなSFが、関係ないどころかめちゃくちゃ関係があった、ということがわかっていただけたと思います。でも「そうはいっても、SFとビジネスをつなげる、なんてぶっとんだことができるのは、一部のクリエイティブな人たちだけだ」と思った人もいたかもしれません。

しかし、本章をここまで読んでいただければ、それが間違いだとわかっていただけたと思います。SF思考は誰でもできるし、SF思考を身につければ、何より自分が変わります。そして、自分が変われば周囲も変わり、自分の未来も大きく変わるのです。

何も私は「全人類がSF思考を身につけて、斜め上の未来に向かっていこう」と言いたいわけではありません。現状に満足していてハッピーで、いまと未来が連続していることに違和感を覚えないなら、無理に変わったことを考える必要はありません。

でも、そうじゃなかったら？　なんかいつも、モヤモヤと違和感を覚えてしまうなら？だまされたと思って（いや、だましてませんが）SF思考を試してみてください。特に、私のようなふつうの悩み多きビジネスパーソンにこそ、試してみてほしいのです。

子供の頃夢中で読んだ小説、毎週楽しみにしていたテレビアニメ、衝撃を受けた映画……。

そこには、日常と全然違う、かっこいい未来がありました。その世界観にのめりこみ、あれこれ妄想をめぐらせた人は多いはずです。いま50代の人なら『サイボーグ００９』、40代なら『攻殻機動隊』、30代なら『電脳コイル』、20代なら『PSYCHO-PASS サイコパス』……。時代を象徴する傑作ＳＦは、いつだってそばにありました。そして、人々を魅了し続けてきたのです。宮本さんが示した豊富な事例からもわかる通り、ＳＦが示す未来像は、それが「斜め上」であればあるほど驚きをもたらすし、比喩が秀逸であればあるほど多くの人を魅了し、実現に向かわせる。つまり、結果的に「あり得る未来」になる可能性が高いのです。

このＳＦのパワーを、ビジネスシーンにも活かしていきましょう。そうすれば、まだ誰も思いついていないワクワクする未来像を具体的に描くことができ、実現に向かうエネルギーが湧いてくるのです。

たとえばＳＦ思考が力を発揮するのは、こんなシーンです。

・新事業や研究開発の未来を考えるとき

ビジネスで新たに事業テーマや研究テーマを開発しようとすれば、未来社会を想定する作業が不可欠です。特に都市計画、エネルギー、交通などのインフラ産業の時間軸は超長期だし、市場化に時間がかかるマテリアル関連の研究開発も、せめて10年後は見据えておきたいところです。

しかし、ビジネスの現場では、事業の時間軸は1〜5年程度であることが多いのが実情です。また、それが何年先であれ、コロナ禍のような非連続な変化を予想するのは難しい。一方で、新たな事業テーマや研究開発テーマの開発には、いまの延長線にはない長期的な未来のユーザーニーズをどのように探索するかという、非常に難しい宿題となります。

こんな仕事のやり方に身に覚えのある読者はいないでしょうか。会社から事業計画を求められた→前例とエビデンスを集めた→イケてる効率化案をパワーポイントにぎゅうぎゅうに並べた→「すべて実践すれば、コストが○%削減できます！」と意気揚々とプレゼンした──。目の前のタスクをこなすという意味では正しい態度です。しかし、長期的な視点を欠いたまま「いまよりもっと」の論理で、自動化や効率化のみを追求していけば、その先にあるのは〝ありたい未来〟とはまったく違う未来だったりしないでしょうか。

そこで、SF思考です。いまの現実はひとまず忘れて「こうしたい」と思える未来を描く。そして、その未来を起点に、バックキャストで方策を考える。未来を予想するのではなく、創造するのです。イノベーティブな概念は、こうしたアプローチから生まれます。

・部署や個人の目標を設定するとき

個人や組織の成長のために「目標管理制度」を取り入れている会社は多いと思います。読者のなかにも、個人目標を課されている人は多いでしょう。本来ならそれは、会社のビジョンから部門目標へ、そして個人目標へ、と段階的にブレイクダウンされたもののはず。つまり、個人目標の先には常に全社ビジョンが見えていて、日々やりがいを持って目標達成に邁進できる！　はずですが、実際の目標は「前年度比○％アップ」という数字だけ。よくある話です。この場合、数字を上げることが何につながるのか、自分たちがやっていることが最終的にどういうかたちで未来に影響するのか、がぼんやりします。

そのような状況では、力が出ないのです。

では、どうすればいいのか？　もう、おわかりですよね。自分たちで未来社会像をつくり、そこに向かっていけばいいのです。そうすれば「やらされ感」しかなかった仕事が、やりがいのある仕事に変わっていきます。新たなスキルや経験の必要性にも気づくし、成長のチャンスも訪れます。

・チームの気持ちをひとつにしたいとき

ＳＦ思考を使って未来ストーリーづくりに取り組むことは「チームビルディング」の面で

も大きな効果を発揮します。三菱総合研究所でもＳＦ思考を使ったワークショップを新人研修として実施しましたが、妄想を膨らませて未来について活発に話し合う、というプロセスを経ると、同期入社のメンバー同士の相互理解がぐっと深まります。

未来について話し合えば、チームの未来にメンバーそれぞれの夢を込められるので、モチベーションアップにもつながります。同じ未来を描く思考法でも、シナリオプランニングのような手法は客観的に詰めていくため、個人の想いが入りにくいですが、ＳＦ思考は、異なる専門知を持つメンバーが主観的に自由に意見を出し合い、未来を自分ごと化したほうが成果が出ます。ＳＦ思考は、メンバーの意外な化学反応を結果に結びつけやすい手法なのです。

プロジェクトチームが発足したとき、新しいメンバーがたくさん入ったとき、チームがバラバラになりそうなとき、ぜひＳＦ思考を使った未来ストーリーづくりを試してみてください。

「ふつうの人」のためのＳＦ思考を

これまでも、ＳＦをビジネスに活用する手法がなかったわけではありません。インテルのフューチャリスト（未来予測家）のブライアン・デイビッド・ジョンソンは、インテルが「Ｓ

Ｆプロトタイピング」を製品開発にいかに活用しているかを、２０１１年にすでに書籍で詳細に説明しています。[2]しかし、その活用主体は一般のビジネスパーソンではなく、ジョンソンのような未来学者をはじめ、研究者や思想家といった専門家でした。時間軸も「１００年後」など、はるか遠い未来を描くことが多かったようです。

確かに、研究者なら「自分の研究している科学技術が、これからどう応用されるか」「社会で実際にどう活用されるか」という未来をイメージすることは、モチベーションの大きな源泉になるでしょう。

一方、ふつうのビジネスパーソンにとって、１００年後は遠い未来です。自分が関わっているビジネスが１００年後にどうなっているかなんてまるで想像もできないし、関心の持ちようもないというのが実際のところでしょう。

私自身もそうでした。未来を描くＳＦ作品に衝撃を受けた経験ならたくさんあります。『マトリックス』『攻殻機動隊』『ジュラシック・パーク』『レディ・プレイヤー1』……。こうした傑作に触れると「いつかこんな時代が来るかもしれない！」と、とてもワクワクしました。でも、一晩寝たらすっかり忘れて、目の前にある現実の仕事に戻らねばなりません。ＳＦはあくまで趣味で、自分のビジネスとの接点なんてあると思ったことがなかったのです。

しかし、実は接点はあるのです。私のビジネスにも、あなたのビジネスにも。

上司やクライアントから直接「ＳＦみたいな未来のストーリーをつくって」と指示されたことはなくても、こんな問いかけを受けた経験のある人は多いのではないでしょうか。

・10年後、どんな仕事をしていたいの？
・10年後、うちの会社どんなふうになっていると思う？
・この事業、いつまでやるつもり？　この先どうやって成長させるの？
・研究開発をするのはいいけど、研究成果が出る5年後のユーザーニーズはどうなっていると思う？
・開発するのはいいけど、使う人いるのかな？

いずれも、ふつうのビジネスの文脈において違和感のない問いかけです。でも実はなんとなく、後ずさりしながら答えている方も多いのではないでしょうか。しかし、これらの問いかけはすべて「いま」と「未来」をつなぐストーリーを語ることを求めています。ＳＦ思考の出番です！

私たちがめざしたのは「ワクワクする未来を具体的に描ける、ふつうのビジネスパーソンが使いこなせる手法」の開発です。そのために、既存のさまざまな手法をミックスしました。

シナリオプランニングやＳＦプロトタイピングといったビジネス寄りの手法はもちろん、ＳＦ作家の思考法、あるいは脚本術としてよく知られている三幕構成などをさまざまにかけ合わせています。

この手法を繰り返し経験することで、ＳＦ思考が身についていくように設計しました。

「ＳＦ思考による未来ストーリーづくり」の５つの特徴

この思考フレームの特徴は、ふつうの人が、ふつうに考えることで、無理なく「斜め上」の未来を生み出せることです。そして、未来の社会、未来の産業、未来の製品やサービス、未来のユーザーニーズなどを楽しみながら具体化できるのです。

そのために特別なセンスや創作能力は要りませんし、延々とデータと格闘する必要もありません。決まったステップを踏んでいけば、泥臭くも勢いでストーリーがカタチになっていくのです。だから、作家、未来予測の専門家、コンサルといった専門家の手を借りなくとも、自分たちだけで取り組めます。

もちろん、専門性のあるメンバーを加えればクオリティが上がりますし、チームに多様性があったほうが偏りのない未来像にたどり着きやすくはなります。でも、とりあえずフレームを埋めていけば、誰でも未来ストーリーをつくることができる。それがポイントなのです。

具体的な特徴は、以下の5つです。

特徴① はじめに言葉あれ！ ──「ふつうの言葉」から出発できる

「斜め上の未来」をイメージするためには、発想を非連続にジャンプさせる必要があります。そのために「SF作家の思考法」を応用します。つまり、「ちょっとおかしな『未来の言葉』」を考えるところからスタートするのです。

それだって特別な発想力が要るじゃないか！ と思われるかもしれませんが、ご心配なく。ふつうの言葉を組み合わせるだけでいいのです。そして、その造語から「それってどんな製品（あるいはサービス）？」「未来でどんなふうに使われてるの？」と想像を広げます。

この時点では「どんな技術が使われているのか」とか「ほんとうに実現可能か」という常識的な心配は、サクッと無視してOKです。マクロトレンドのような未来予測とはまったく真逆のプロセスを踏むからこそ、挑戦的かつ非連続な未来を直接イメージすることができるのです。

たとえば、私たちのワークショップで実際に出てきた言葉に「共感肩こり」があります。この言葉から、「他人の精神的な重圧を自分の肩こりとして体感できるサービスでは？」というサービス内容、さらには「共感肩こりを使えば、他者同士の理解が進み、思いやりに満ちた社会づくりの一助になるのでは？」『幹部研修で経営の重圧を体験させるツールとして使えるのでは？」という活用シーンも出てきました。

この議論をもし「ストレスの計測技術の活用法」から始めていたら、こんな発想にたどり着いたでしょうか？　出てきたとしても「メンタルヘルスの見える化アプリ」あたりで止まっていたのではないでしょうか。

いきなり言葉をつくることから始めると、思わぬ越境のパワーが生まれるのです。

特徴②　抽象と具体を行き来せよ！　――　キャラクターで未来を「自分ごと化」できる

斜め上の未来にリアリティを持たせるためには「具体性」が欠かせません。

しかし、抽象的なコンセプトから具体像をロジカルに導き出そうと思えば、コンセプト↓社会像↓市場↓ユーザー……という具合に段階的にブレイクダウンする必要があります。未来社会を前提としてこうした作業を丁寧にしようとすると、場合分けのパターンや他の事象との関係が複雑になりすぎて、膨大な時間がかかります。そして、時間をかけたからといってうまく具体化するとは限りません。

ここを一気にスピードアップするのが「身近な悩みと未来社会を接続する」ＳＦ編集者の

思考法です。抽象と具体という振れ幅の大きい両極を往復することで、強制的にリアリティにたどり着くのです。私たちが編み出した方法は、コンセプトができたら、いきなりユーザーになりきって会話してみる、というものです。

たとえば「共感肩こり」の場合なら、こんな感じです。

A：このあいだ会社の幹部研修で、上司のストレスレベルと連携させた「共感肩こり」をつけさせられてさ。経営者の適性があるかどうかをそれで判断するんだって。

B：どうだった？　経営の重圧ってどんな感じ？

A：それが、昼間は全然で、これなら楽勝と思ってたら、夜の肩こりがヤバくて心が折れるかと思った。

B：まじで。やっぱ経営の重圧って半端ねえな。一晩中仕事のプレッシャーがあるってことか。

A：いや、上司に直接確認したら、夜は全然仕事してないって。ヤバい肩こりは、上司の家庭問題の重圧からきてたっぽい。

B：仕事のストレスだけ選択してくれるんじゃないの？　すごいとばっちりだったな。

ありそう〜！　って感じがしませんか？　このような会話から、抽象的なコンセプトをいきなり「自分ごと化」することができます。

特徴③　不都合な未来に蓋をするな！　──　未来の課題や弱者が見えてくる

どんな未来にも課題はあり、弱者は存在します。いまの課題を解決する未来社会を考えても、その未来社会には、また新しい課題や弱者が出てきているはずです。ＳＦ思考では、すこぶる熱心に、未来の弱者や課題を浮き彫りにします。それこそが、斜め上のより良い未来社会を考えるためにもっとも大事なことだからです。

未来で苦しんでいるキャラクターに、胸の内を吐いてもらう。なぜこんな未来社会になったのかをコンコンと語ってもらう。すると私たちは、そういう未来に備えていまから何ができるかを真剣に考えることができます。

このプロセスを明示的に入れることで、蓋をしがちな未来の不都合な点をさらけだし、さらにもう一ひねりした未来社会像がつくれるのです。

特徴④　チームで戦え！　──　「ふつう」から「スゴイ」が生まれる

このＳＦ思考の大きな特色が、ワークショップ形式をとっていることです。つまり「チーム戦」なのです。ひとりで考えるのではなく、チームで未来を共創すれば、発想がグンと広がります。自分のアイデアに対して、共感、賛同、反論、興味……というさまざまなフィードバックを得ることで、新たな発想がどんどん転がっていきます。ひとりで考えているだけでは突破できないブレイクスルーが起きやすいのです。よく言われることですが、1＋1＝2ではなく、3にも4にもなるのがチームの強み。一人ひとりの発想は「ふつう」でも、それぞれの個性や専門性をかけ合わせれば、「何かスゴイもの」ができてしまうのです。

ただし、メソッドとしてはひとりでも取り組めるかたちにしていますし、目的によってはひとりで取り組むのも全然アリです。しかしその場合でも、自分のなかにできるだけ多様な視点を持ち、ひとりで「ボケとツッコミ」をやってみたり、上司や同僚、友人などをイメージしたりして、「彼らならどう反論（あるいは共感）するかな」という想像をめぐらせることは大事です。

特徴⑤　完璧を目指すな！　——「スピードと勢い」でワクワクできる

SF思考では「フィクションとして完成度の高い未来ストーリーをつくる」ことより、「議論する道具としてストーリーを使うこと」「SF思考を自分にインストールすること」に重きを置いています。そのため、細部の整合性よりも、スピードと勢いを大切にしています。

物語としての精度を高めようとすると、ちょっとした矛盾が気になって、どんどん「ツッコまれにくい」方向に向かってしまいがちです。するとエッジがどんどんなくなり、何が面白かったのか、自分自身でもよくわからなくなったりします。

未来ストーリーづくりの肝は、何よりも「自分がワクワクすること」。そして、ストーリー自体はありたい未来をつくるための道具であり、叩き台にすぎません。多少ゴツゴツしたところがあっても、完成させること、使うことが大事です。このメソッドに乗っていけば、スピードと勢いに乗って、自分の想いをどんどん入れ込んだストーリーにたどりつけるのです。

まず、なるべく自分と違うメンバーを集めよう

具体的なワークショップの進め方は第４章で詳しくご紹介しますが、その前にチームのメンバーを集めなければなりません。

これまで何度もワークショップを実施してきた経験から言うと、もっともうまく議論を回せるのは４人ですが、６人までなら増やしても問題ありません。それ以上になる場合は複数のチームに分けましょう。

メンバーはどう選ぶか。もちろん「テーマに興味があり、未来ストーリーづくりに楽しみ

ながら参加できる人」が前提です。加えて、テーマに関連した①技術的な知見、②ビジネス的な知見、③人に関する知見という3つの異なる知見を持つ人をバランスよく集めたいところです。同時に、性別と世代のバランスにも注意しましょう。たとえば「2040年の住居」というテーマで4人のチームをつくるなら、建設会社の会社員（20代女性）、建築家（50代女性）、デベロッパー（40代男性）、SF作家（30代男性）という構成にすれば、知見も性別も世代もバランスがとれているといえそうです。

もちろん、人は職業、年齢、性別だけで規定できるものではありませんし、出身地、家族構成、性格……なども重要ですが、少人数ですべてをカバーするのは現実的ではありません。それも難しい場合は「自分と違う人に声をかけよう」ぐらいの心構えでも十分です。大事なのは実践すること。完璧ではなくても、チームを組んで実践すれば何かが始まります。

読者の方がSF思考を行う動機のほとんどは、新事業コンセプトや研究開発テーマの発掘といったビジネス起点になると思います。そこで次章からは、ビジネスのためのSF思考という観点で具体的にお話ししていきます。

1　マクロトレンド分析のようなビジネスにおける未来予測手法については、p.58のコラムをぜひご参照ください。
2　『インテルの製品開発を支えるSFプロトタイピング』（亜紀書房、ブライアン・デイビッド・ジョンソン、2013年
※原著の出版は2011年）

第4章　ＳＦ思考がはばたく「未来ストーリーづくり」

藤本敦也

SF思考を磨く早道は、「ワクワクする斜め上の未来を考える」回数を増やすことです。ビジネスにおいても、常に斜め上の未来からいまを見るようにすると……不思議なことに、見慣れた日常が、ワクワクする未来につながるスタートラインに変わっていきます。すると、これまではストレスでしかなかった顧客からの怒られも、上司からのダメ出しも、周囲にわかってもらえない鬱屈も、未来にステージアップするための前向きなチャレンジのチャンスになっていくのです。

このワークショップは「SF思考を使って未来のビジネスのヒントをつかむ」という建て付けのもと、「自分たちのビジネスのテーマに関連した未来ストーリーをつくる」作業を5つのステップでメソッド化したものです。そして、たった2回（2日）のワークショップで「斜め上の未来を創造」できるものになっています。この斜め上の未来から、次のAlexaやOculusといった新ビジネスのコンセプトを導き出します。

もちろん、だからといっていきなりSF作家みたいな本格派SF小説ができ上がるわけではありません。これも当然ですよね。でも、「はじめに」の「スタージョンの法則」を思い出してください。質を議論するのは、数を満たしてからの話です。とにかく未来をどんどん生み出していく――。このワークショップは、そのための最高のメソッドになると思います。

このワークショップは、何度もトライ&エラーを繰り返し、宮本さんとともにブラッシュ

①発散フェーズ

STEP1　「未来の言葉」で斜め上へジャンプする
↓
STEP2　「未来のガジェット」をデザインする
↓
STEP3　未来のキャラクターを動かす
↓

②収束フェーズ

STEP4　未来のガジェットが起こす変化を考える
↓
STEP5　未来のトラブルと解決法を考える

図表4-1　未来ストーリーづくりワークショップの5STEP

アップしてきたものです。目的やテーマによってアレンジは必要ですが、基本的な手順は以下の5つのステップです。STEP1〜3を1回目、STEP4〜5を2回目のワークショップで行うことを想定しています。

2回に分けているのは、前半を「発散フェーズ」、後半を「収束フェーズ」と位置づけているからです。

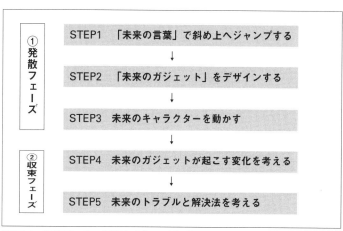

「発散フェーズ」とは、妄想でも非現実でもかまわないので、とにかく発想を遠くに飛ばしていくパート、逆に「収束フェーズ」とは、広げた妄想をテーマに合わせて収束させていくパートです。この2つのモードを切り替えるためにも、ワークショップは日を分けたほうがよいと考えています。

特に、上下関係を含む会社のメンバーでワークショップを行う場合、場が堅苦しくなって、「議論を発散させる」モードになりづらく、予定調和的な議論に終始してふつうの会議のようになってしまいがちです。社風にもよりますが、「2回目できちんと収束させるので、今日は安心して発散しちゃってください」というメッセージをきちんと伝えたほうが、議論がハジけやすくなるのです（ここは、特に会社における活用のポイントになるので、第6章で詳しく説明します）。

前章で伝えた通り、1チームは4〜6人ぐらいに。そして、ワークショップを始める前に、議論を活性化させる役割を担うファシリテーターと、発言をメモする書記を決めておきましょう。ファシリテーター役がいないと議論が堂々めぐりになりがちですし、書記がいないと、みんなが黙々とフォーマットにメモし続けるという事態になりやすく議論が盛り上がりません。それぞれ別の人を立てても、兼任でも構いません。

またワークショップの各ステップに制限時間を書いてあります。この制限時間を守る感じで、テンポよく進めてください。良い案が出るまで考えていても時間ばかり過ぎてしまいますし、意外と次に進んだ際に良い案が生まれることも多いので、一通り考えたら進みましょう。また制限時間がプレッシャーになって良い案が生まれることも多いので、メンバーの方に制限時間を意識させながら進めてください。ただ、面白い未来社会のディテールがかけ合いでたくさん出てきているなど、良い方向に盛り上がっているときは延長しても大丈夫です。

では、実際に使っているスライドを使いながら、具体的な進め方を説明したいと思います。

STEP1　「未来の言葉」で斜め上へジャンプする

さあ、いよいよワークショップの始まりです！

最初に、「今日は未来のガジェット（未来社会の製品やサービス）を、発想を飛ばして考えます！」という目的をメンバーと共有しておきましょう。

一回目の手順は、ざっとこうです。まず①参加者の個人的な興味・関心からパーソナルな言葉を引き出し、次に、②テーマに沿った言葉を発想し、そして、③ランダムに①と②の言葉をかけ合わせます。ここで、ちょっとおかしな「未来の言葉」がたくさん生まれるので、④そこから未来のガジェットの名前を選び、その意味を考えていくのです。

繰り返しますが、後のことをあまり考えず、勢いよく、楽しく、言葉を出していきましょう。

緊張をほぐすために、まずはアイスブレイクとして、自己紹介がてら最近ハマっていることをフランクに話しましょう（図表４‐２）。実はこれがただのアイスブレイクではないのがミソで、ここで出てきた言葉は、そのまま造語の材料になります。

【アイスブレイク①自己紹介】

- **気になっていること、趣味やこだわり、最近買ったもの、好きなものなどはありますか?**
  ※テーマと全然関係なくてOK!

- **それに関連する言葉をいくつか挙げてください。**
  ※それに使う道具、スキルなどの業界用語、専門用語はないですか?
  ※知る人ぞ知る、マニアックな言葉も大歓迎!

2分/人X5人＝10分

【アイスブレイク①で集まった言葉たち】

肩こり	シェスタ	ドローン	お取り寄せグルメ	浅漬けの素
冷凍クロワッサン	縦スクロールマンガ	昆虫		

図表4-2　アイスブレイク①　パーソナルな言葉を引き出す

ファシリテーター役の人は、ちょっと聞き慣れないマニアックな用語を積極的に拾ってみてください。たとえば、マンガが好きな人から「縦スクロールマンガ（スマホのマンガアプリでマンガを読む際に、画面をスライドさせる仕組みのこと）」、スペインが好きな人から「シエスタ（昼寝）」や「ティキタカ（FCバルセロナのサッカースタイル）」といった、ちょっと耳慣れない言葉が出てくると面白いですね。ただし「iPhone」「ニンテンドースイッチ」のような商品名はイメージが固定されすぎるので避けたほうが無難です。モノの名前だけではなく、ルールや制度などにも目を向けてみるといいでしょう。

もちろん、ふつうの言葉も、遠慮なく出していきましょう。実際のワークショップでは「肩こり」「お取り寄せグルメ」「浅漬けの素」「おひとりさま」「冷凍クロワッサン」「動画配信」などの言葉が出てきました。

ここでの狙いは「メンバーのなかに潜む専門知を発掘すること」です。実際のビジネスシーンでも、新商品や新サービスを立ち上げようとする場合、一見テーマと無関係な領域からも広く情報を集めます。テーマのど真ん中ではないところにこそ、ビジネスの意外なヒントが転がっているからです。そもそも、イノベーションは異質な知、異質な発想の出会いから生まれるもの。ここでやっていることは「異分野の衝突」を意図的に起こす工夫なのです。

言葉が20個ほど集まったら、雑談的なムードのまま次の「アイスブレイク②（図表4-3）」

【アイスブレイク② ○○○の未来って?】

- 《○○○○》というテーマに関連して、気になっていること、実現したいこと、開発したい技術について話そう！

- それに関連するコトバを挙げてみてください。

※ありがちすぎるコトバは禁止!
AI、データベース、ビッグデータ、プラットフォーマー

作業時間2分/人X5人＝10分

【アイスブレイク②で集まったコトバたち】

栄養士	共感治療	未病	マスク	メンタルヘルス
ピンピンコロリ	医療崩壊	医療スタートアップ		

図表4-3　アイスブレイク②　テーマ寄りの言葉を引き出す

に進みましょう。

ここでは、テーマに寄った言葉をどんどん挙げていきます。

たとえば「未来の医療やヘルスケア」というテーマなら「遠隔医療」「未病」「医療崩壊」「メンタルヘルス」「ピンピンコロリ」といった言葉だったり、「未来の書店」というテーマなら、「イメージングコミュニケーション」「オーディオブック」のような言葉だったりします。ここで出てきた言葉も造語の材料になります。アイスブレイク①で集まった言葉はテーマとは無関係でしたが、こちらはテーマに密着しています。この2種類の言葉を組み合わせれば、自然と異質なもの同士が結合し、テーマ感も出てくるのです。

ここでも20～30個の言葉を集めましょう。1点、気を付けなければならないことは、AI、DX、VR、プラットフォーマーなどの安易な言葉に逃げないようにすることです。そのため、NGワードとして事前に挙げて縛っておきましょう（これを許してしまうと、なんとなくDXとかAIとか言って会社の方向性を示した気になっている人々の後をまっすぐ追うことになります）。

たくさんの言葉が集まりました！　次はこれらの言葉を材料にして「未来の言葉」をつくりましょう（図表4‐4）。これが、誰も見たことがない未来のガジェットの名前になります。

方法はこうです。アイスブレイク①で集まった「パーソナルな言葉」を左に、アイスブレイク②で集まった「テーマ寄りの言葉」を右に並べます。そして、左右の言葉を手当たり次

【未来の言葉をつくる】

- **未来社会では、どんな言葉が一般化／流行しているでしょうか？**
- **アイスブレイク①②の言葉をかけ合わせて造語をつくりましょう。**

※意味は後で考えますので、適当にどうぞ！
※アイスブレイクで出なかった新しい言葉を入れてもOK!

作業時間10分

【未来の言葉をつくる】

アイスブレイク① パーソナルな言葉		アイスブレイク② テーマ寄りの言葉	
肩こり	シエスタ	栄養士	共感治療
お取り寄せグルメ	ドローン	未病	マスク
浅漬けの素	冷凍クロワッサン	メンタルヘルス	ピンピンコロリ
縦スクロールマンガ	昆虫	医療崩壊	医療スタートアップ

手当たり次第に
組み合わせてみよう！

新しい言葉		
医療シエスタ	お取り寄せメンタルヘルス	医療昆虫スタートアップ
冷凍未病	ドローン栄養士	縦スクロール病院
クロワッサンマスク	共感肩こり	ピンピンコロリの素

図表4-4　言葉をかけ合わせて「未来の言葉」をつくる

第に組み合わせていくのです。縦スクロール病院、共感肩こり、医療シエスタ、お取り寄せメンタルヘルス、ドローン栄養士……。へんてこな言葉がどんどんできていきます。

コツは、言葉の意味を考えないこと。常識というブレーキを作動させずに、勢いに乗って数を出していくのです。言いよどんでいる人には「意味は後で考えるから大丈夫！」と声をかけてあげてください。

10分ぐらいで20～30個ぐらいの言葉が集まれば、そのなかから面白いものを5つぐらい選びましょう。これが未来のガジェット名の候補です。

「面白いかどうか」を判断するポイントは「パッと見は意味不明だけど、複数の意味づけができそう」かどうかです。となると、「縦スクロール病院」「共感肩こり」あたりは面白そうですよね。逆に、言葉の意味が大きすぎる組み合わせ（「医療民主化」など）や、イメージが似通っていて違和感のない組み合わせ（「おしゃれ哲学」など）は、あまり面白くありません。

言葉が選べたら、その言葉の、へんてこな響きを手がかりに、妄想を広げて意味を考えてみましょう（図表4-5）。それはどんな製品（あるいはサービス）でしょう？　なぜ、そんなものが生まれたのでしょう？

「共感肩こり」は実際のワークショップで出てきた言葉ですが、「肩こりのない人が、肩こりのある人に共感できるのでは？」「日本人に多い肩こりを海外の人に体験してもらえる、文化

【未来のガジェットの中身を考える】

- **その言葉は具体的に何を指しているの？**
- **製品、サービス、制度の中身を考えましょう！**

※よい面だけでなく、悪い面も議論しましょう。
※イメージの湧く言葉だけをビックアップしてもOK!

作業時間15分

【未来のガジェットを考える】

ガジェット名	ガジェットの中身はどんなもの?	ガジェットの提供価値は何? 問題点は何?	ガジェットのユーザーはどんな人?
〔未来のオフィス〕 進撃のクロワッサン	・自販機で買えるパワーフード	・一瞬でエネルギーが湧いてくる ・栄養豊富 ・超高額	・ハードワークな会社員 ・災害時の非常食 ・冒険家、アスリート
〔未来のヘルスケア〕 共感肩こり	・他人の精神的重圧を肩こりとして体感できるサービス	・他人と共感し合える ・プレッシャーへの強さを計れる ・優しい社会になる	・幹部候補生

図表4-5　未来のガジェットの中身を考える

交流のための機器では？」「他人の精神的な重圧を、肩こりとして疑似体験できる機器では？それが新しいコミュニケーション方法のひとつになるのでは？」といった意見が出ました。

最後の意見で、「ありそう」「いいね」という雰囲気になったので、とりあえずこの定義を仮採用して次に進みました。このように、チーム内がなんとなく共感した案で進めていくとスムーズです。

ガジェットの中身がぼんやり見えてきたら、それがもたらす価値やメリットも議論してください。「共感肩こり」なら、「他人には理解されづらい精神的なプレッシャーが共有でき、誤解が減る」「経営者のような重圧のかかる仕事を疑似体験することで、職業適性を判定できる」などが出てきました。

STEP2　「未来のガジェット」をデザインする

だんだん、未来のガジェットが具体化してきました。

STEP2では、具体化してきた未来のガジェットのイメージを、技術面から補強していきます。

未来のガジェットは、まだ実用化されていない未来の技術でできています。それは、どん

【未来のガジェットに必要な技術】

- 未来のガジェットを成立させるためにどんな技術が必要ですか？

- それらの技術から、どんなビジネスが派生しますか？

作業時間10分

【未来の新技術】

ガジェット	実現するための新技術	その技術を一言で説明すると?	その技術から派生するビジネス
例）進撃のクロワッサン	例）急速に元気になる技術	例）消化吸収スピードが急速かつ効率的にモチベーションが上がる食材技術	例）リハビリ用の病院食

盛り上がった言葉を記入!

技術の横展開から、更に新ビジネスを考える!

図表4-6　未来のガジェットに必要な技術

な技術でしょうか？　また、その技術は他にどんなビジネスで使われているでしょうか。

現在の技術でも実現できそうな場合は、機能向上、ユーザー層の拡大、コストダウンなど、よりビジネスとして進化させるために必要な技術は何か、という方向性で考えてみてください（図表4－6）。

逆に、どう考えても実現不可能な（タイムマシンのような）技術が必要な場合は、ガジェットそのものをいったん捨てるか、技術的なハードルを下げる定義を新たに考えてみましょう。

たとえば、2040年の想定で「ドローン学校」というガジェット案が出たとします。これを「ドローンのように空に浮かぶ学校」と定義すると、技術的にかなり非現実的です。しかし、「授業はオンラインが主体だけど、リアルな教材や提出物はドローンで即座に自宅に運んでくれる、現実と仮想をハイブリッドした学校」と定義し直せば、費用対効果はさておき技術的にはぐっと現実的になります。

「共感肩こり」の場合なら、ストレスや痛みを正確に計測して指標化するセンシング技術や、それを「肩こり」として体験させるための情報提示技術が不可欠です。前提としてストレスや肩こりのメカニズムの精緻な解明も求められるでしょう。

ストレスが正確に計測できれば、ハラスメントの予測や予防にも使えそうですし、痛みが正確に計測できれば、医療現場での重症度の把握や麻酔量の調整などに応用できそうです。

【即興のユーザーチャット】

- 未来のガジェットのユーザーになりきって会話してみましょう。
  ①満足しているユーザー
  ②満足していないユーザー
  ③ブラッシュアップする人
- 未来のユーザー像を具体的にイメージしましょう。

作業時間10分

【即興のユーザーチャット】

※未来のガジェットから、盛り上がったもの2つ選んでやってみましょう。
※特にセリフ2は新ビジネス開発を申請した際に上司から受ける否定的意見のイメージ。

ガジェット	セリフ1⇒ 【満足しているユーザー】	セリフ2⇒ 【満足していないユーザー】 ※不満でなく新ビジネスの提供価値への否定	セリフ3 【ブラッシュアップする人】 ※セリフ2の否定を認めながら「●●という改善がある」、「●という機能がある」というイメージで。
例）進撃のクロワッサン	例）「昨日も進撃のクロワッサンがあってすごい助かったよ」	例）「毎月使ってると、きかなくなるじゃん。副作用の反動もありそうだし」	例）「でも、いざというときには必要とされるから、災害時には欠かせないんだよ」
①			
②			

図表4-7　即興のユーザーチャット

肩こりのメカニズムが詳しく解明されているとすれば、実は未来社会ではリアルな肩こりが消滅していて、もはや「共感肩こり」でしか体感できないバーチャルな感覚になっている可能性もあります。

ガジェットを裏付ける技術を考えることで、ガジェットのリアリティが格段に上がります。加えて、その技術を横展開した新たなガジェットを考えることで、よりよいガジェット案が出てくる可能性が高まります。よいガジェットを思いついたら、そっちに乗り換えて進んでいきましょう。

ガジェットがだいたい定義できたら、次はまだ見ぬガジェットのユーザーになりきって会話を交わしてみます（図表4-7）。

登場人物は、①ガジェットに満足しているユーザー（肯定的意見）、②ガジェットに満足していないユーザー（否定的意見）、③両者の意見を聞いてブラッシュアップする人（建設的意見）の3人です。ファシリテーターがそれぞれの話者を指名し、シンキングタイムを1分ぐらい与えてから即興で始めましょう。

狙いは、ガジェットの功罪両面を浮かび上がらせること。そして、その改善策のヒントを得ることです。満足しているユーザー役は価値を素直に信じる姿勢、満足していないユーザー役は疑念やデメリットについてユニークな角度からツッコむ姿勢、ブラッシュアップする人は、両者を肯定しつつ新たな材料を提示する姿勢で臨みましょう。

うまくいく場合もいかない場合もあるので、同じガジェットでも違うガジェットでもいいので、2〜3回はトライしてみましょう。参考として、実際のワークショップで交わされた会話例をいくつか示します。

ex.1「未来の農業」の新ガジェット〈宇宙作物〉の場合

①満足しているユーザー：宇宙作物、また買っちゃった。デカいしうまいし、もう地球作物に戻れないな。

②満足していないユーザー：紫外線とか宇宙線で突然変異しやすいらしいよ。人体への影響も解明されてないし。

③ブラッシュアップする人：最近の宇宙農場は、宇宙温室でちゃんとフィルターされてるし、何より地球作物よりエコだよね。

ex.2「未来のヘルスケア」の新ガジェット〈共感肩こり〉の場合

①満足しているユーザー：幹部研修で「共感肩こり」をつけて、上司の経営の重圧を疑似体験したんだけど、思ったほど辛くなくて、ヤル気湧いたよ。

②満足していないユーザー：上司のストレスをまるごと感じるなんて気持ち悪っ！　その人が借金抱えてたりして、プライベートでストレスまみれの人だったらどうするの？

③ブラッシュアップする人：ストレスデータは個人のライフログに連携させて原因を特定されるし、仕事以外のストレスには反応しないように調整されてるから大丈夫でしょ。

ex.3「未来の出版」の新ガジェット〈ホンネとタテマエ書店〉の場合

①満足しているユーザー：こないだ「ホンネとタテマエ書店」に行ったの。本音解読AIに「あの上司嫌い！」って叫ぶだけで、めっちゃ役に立つビジネス本をオススメしてくれて、スッキリしたし、感動した〜。

②満足していないユーザー：あー。それって、「あの人、許せない〜！」とかヤバい本音をぶちまける人にも格闘技本とかを真面目にリコメンドする危ない本屋でしょ。

③ブラッシュアップする人：いやいや、ほんとにヤバい本音には、建前本をリコメンドしつつ、メンタルヘルス窓口に接続したりしてちゃんと対応してるらしいよ。

こうしたチャットを通じて、未来のガジェットのアウトラインが明確になってきます。
たとえば「共感肩こり」の場合なら、このような感じです。

・未来のガジェット名：共感肩こり
・サービス概要：他者の精神的重圧を、「肩こり」として疑似体験できるサービスパッケージ
・提供価値：特定の職務特有のプレッシャーを他者が実感できる→職務適性を判定できる。
精神的な重圧を共有することで、誤解やすれ違いが減り、優しい社会になる。
・必要な技術：ストレスや痛みをセンシングして指標化する技術
：「肩こり」という体験を、感覚情報として提示する技術
：ライフログなど、ストレスと原因を紐づける技術

STEP3　未来のキャラクターを動かす

いままで考えてきたガジェットをきっかけに、未来社会の世界観を妄想していきましょう。ここもSF思考を活用し、未来のキャラクターに斜め上の未来社会を語ってもらうことで、未来社会を縦横無尽につくっていきます。

まず、未来社会に生きるキャラクターを考えてみましょう（図表4-8）。

これは、「テーマに関連する業界にいそうな人」から考えるとスムーズです。たとえば「未来の住居」がテーマなら、裕福なオーナーさん、ハウスメーカーの押しの強い営業部長、昔気質のガンコな職人、おしゃれでセンスのいい建築士……のようなキャラクターが浮かんでくるかもしれません。業界にいかにもいそうなタイプだけでなく、現実ではあまり見かけないタイプも想定してみてください。筋トレマニアのムキムキ経理担当者のように。

中心と周縁、マジョリティとマイノリティの両方から考えると、世界観が立体的になります。現在マイナーな存在が、未来でメジャーになっている……と仮定すれば、こうした発想はしやすくなります。たとえば「社員の7割が女性のゼネコン」「研究者が全員文系出身のバイオ企業」などを想像してみるのです。

実際に、こうした設定から一気に未来像が明確になることがあります。現在の少数派が未

【未来のキャラクター】

- **現実の社員、スタッフ、顧客を参考にしつつ個性的な人、ステレオタイプ、異端な人などの架空のキャラクターをつくってみましょう。**

※特徴を誇張したり複数人を組み合わせて、実在の人物とは別の人をつくってください！
※現在は少数派だけどこれから増えそうなキャラクター（例：取引先の海外出身マネージャーや女性マネージャー）や、現在多数派だけど今後減りそうなキャラクター（例：中堅の男性マネージャー）を意識して出しましょう。

作業時間10分

【作成したキャラクター】

ジャンル	キャラクター概要（名前もつける）	こだわり・外見の特徴・癖	内面の特徴
社員			
お客さん（取引先）			
コンシューマー（子供、シニアなど）			

図表4-8　どんなキャラクターが登場する?

来の多数派になっているとしたら、技術の進歩や大きな環境変化など、何らかのブレイクスルーが彼らを後押しした可能性が高いですよね。「何が起これぱそんな変化が可能だろうか？」と考えてみるのです。彼らが活躍している未来では、働き方も、業務プロセスも、仕事道具も、いまとは大きく変わっているでしょう。

「未来の人のつながり」のように、業界を絞り込みにくいテーマの場合は、会社や趣味のサークルにいる個性的な人を思い浮かべてキャラクターづくりの参考にしてもいいでしょう。ただし、身近な人が元ネタだとしても、特徴を誇張したり、複数の人を組み合わせるなどして、新たな人格をつくるようにしてください。

共感できるキャラクターだけでなく、自分とまったく相容れないキャラクターを想定することも大事です。理解できないキャラクターにこそ、往々にして未来が宿るからです。

新規事業創出に際して、未知のユーザーニーズを抽出する手法のひとつに「エクストリームユーザーヒアリング」があります。極端な価値観を持ち、極端なライフスタイルを実践する人（エクストリームユーザー）の声をヒントに未知のニーズを発見しようというものです。たとえば「次世代の通勤手段」を考えるために、あえて、新幹線で超長距離通勤をしている人や、会社の隣に家を建てて「0分通勤」を実践している人の話を聞くのです。未来のキャラクターづくりもそれに近いものがあり、ちょっと極端な思考をすることで見えてくるものがあるのです。

キャラクターが4～5人出てきたら、一人ひとりのキャラクターを細かく特徴づけていきましょう。

外面、内面の両面から特徴を考えるのがポイントです。たとえば「ハウスメーカーの押しの強い営業部長、鬼瓦さん」（男性・50代）なら、外面的には〈声がデカい〉〈まつげが長い〉〈ダジャレが好き〉〈革製品を愛する〉など、内面的には〈意外と繊細で、周りの変化に敏感〉〈会議では厳しいけど、差し向かいの打ち合わせでは優しい〉という感じです。友達にその人を紹介するような気持ちで、趣味や口癖を設定していきましょう。

ここで、名前の付け方に関しては周りにいる人の名前は避けて、架空の名前っぽいものにしたほうが良いでしょう。よく上司や役員の名前にしたりする人がいますが、その方のイメージが後々まで強くつきまとってしまいます（笑）。

また、キャラクターをうまくつくれなくて悩んだ場合は、2人のキャラクターを足してしまったり、2つの要素を組み合わせるとつくりやすいでしょう。

キャラクター設定から未来を具体的に考えていくのは、SF思考の大きな特徴のひとつです。次に、考えたキャラクターを未来社会に送り込んでみましょう。社会の仕組みや価値観がすっかり変わった未来に行けば、彼ら彼女らの行動や態度も、2020年代の姿とはかな

【キャラクターのつぶやき】

- **先ほど考えたキャラクターが、もし未来のガジェットがある2040年にいたら、どんなことをつぶやくでしょうか？**

作業時間10分

【キャラクターのつぶやき】

※先ほど考えたキャラクターが、もし前半で考えたガジェットや新ビジネスがある2040年にいたら、どんなつぶやきを言っているでしょうか？（特にテーマに関して、「●●みたいに変わるとは……」）

※先ほどつくったキャラクター全員でする必要はないですが、最低男女ひとりずつは行ってください。

キャラクター名	つぶやく内容（家族、住むところ、食生活など、生活に関するつぶやき）
例）出絵塗江さん（心理学博士の社員）	例）昔は、人のモチベーションを上げるために、心理学とか評価制度の知見とか駆使してたのに、いつのまにか食べものだけでモチベーションの向上ができちゃうんだよね。メンタルヘルスの医薬としても認められるようになったし。

図表4-9　キャラクターのつぶやき①　未来社会への実感

り違っているはずです。ガジェットが変えたライフスタイルや日常生活、価値観などに対して考えてみてください。

たとえば、「50代で、声のデカい鬼瓦営業部長」も、不快な音がすべてノイズキャンセリングされている未来のオフィスでは、声を張り上げる理由を失います。その代わり、やたらと存在感のある巨大なアバターロボットを動かして周囲の人を威嚇しているかもしれません。

文系出身のバイオ研究者（20代、女性、出絵塗江さん、としておきましょう）は、もはや顕微鏡など1秒ものぞいていないかもしれません。その代わり、あらゆる実験を代行してくれるAIが期待通りに働くように、ひたすら機械に向かって褒め言葉をかけ続けているかもしれません。

こんなふうに、一人ひとりのキャラクターがどんな仕事をしているか、どう働いているか、どんな家族がいるか、どんなところに住んでいるか、何を食べているか……を細かく話し合ってみましょう。キャラクターの「ぼやき」や「つぶやき」というかたちにすると、あら不思議、具体的に出てきます（図表4－9）。

次に、なぜそのようなガジェットが浸透した社会になったかを考えます。これもキャラクターの「ぼやき」や「つぶやき」というかたちにしましょう。なぜそんなに社会が変わったのかを、キャラクター自身に喋らせてみるのです（図表4－10）。

【2040年までの社会変化・事件について
キャラクターがつぶやく】

- **なぜ、そのようなガジェットや新ビジネスが浸透した社会になったのかを、キャラクターに、しゃべらせてみてください！**

※　感染症の蔓延、少子化、副業・兼業の浸透、価値観が変わる事件など。

作業時間10分

【キャラクターのつぶやき②社会変化：10 分】

※なぜ、そのようなガジェットや新ビジネスが浸透したかを、キャラクターに、しゃべらせてみてください！
※例「こんな世の中になったのも、●●やったことがきっかけやったなあ……」
※つまったら、次のページも参考にしてください。

キャラクター	つぶやき
	社会変化の観点や、技術発達の観点 （例）こんなメンタルヘルス用の食材が増えたのも、温暖化で災害が増えたことがきっかけやったなあ……

図表4-10　キャラクターのつぶやき②　社会変化のきっかけ

【参考：きっかけ / 事件】

大分類	説明
社会・政治的変化（価値観含む）	・少子化が進んで、働き手の数が現在よりも少ない（薬剤師や看護師など）。
	・医療費削減のための未病などに各自治体や健康保険組合が本腰を入れている（インセンティブへのリソース配分など）
	・2040年問題（高齢化率36%）
経済的変化	・デザインやナッジの重要性を医師や官僚まで認識し、積極的に組み込んでいる
	・同じ会社で一生働く暮らし方がマイノリティ化する
	・サステナビリティ指標があらゆる業界の企業の評価軸として高く、重要視されている
技術的変化	・スマホやウエアラブル機器を着けている割合がほぼ100%になる（いま、70歳以上では40%）
	・遺伝子解析などにより、パーソナライズ型未病が浸透して成果を上げている
	・遠隔地からアバター/ロボットを介した仕事などの活動を行うことが広がっている
	・自動運転が普及している
	・個人の既往歴や遺伝子情報に合った、テーラーメイド医療が進む

図表4-11　参考:きっかけ/事件

「昔は住宅といえばハウスメーカー一強だったのに、家が動くのが当たり前になってからは、住宅といえば自動車メーカーだよな。土地の私有が原則禁止になった２０３０年からもう10年か……」というように。

特に社会経済や制度の大きな変化、エポックメイキングなできごとを考えると、未来のリアリティがぐっと増します。

とはいえ、どのようなアイデアを出せばいいかわからない、という方もいらっしゃると思いますので、このような変化のきっかけや事件を考えてみたらいいのではないかという例を図表４・11に並べてみました。参考にしていただければ幸いです。

以上が発散フェーズです。ひとまず、お疲れさまでした！

STEP4　未来のガジェットが起こす変化を考える

「発散フェーズ」では、発想を広く拡散させることで、基礎となる未来社会像のイメージを大きく広げました。続く「収束フェーズ」では、この未来像に現実のエッセンスを加えながら「未来ストーリー」をかたちにしていきます。

ストーリーづくりの柱は3つあります。①未来の世界観を設定すること、②未来社会の弱者や課題を考えること、③未来社会で起きる事件を設定すること、です（もちろん、登場人物を考えるのもストーリーづくりの柱ですが、それは発散フェーズで行っているので省きました）。

このステップでは、未来のガジェットを取り巻く世界観を考えてみましょう。具体的には、①産業の観点（どんな仕事や活動が生まれるのか）、②個人の観点（その社会の楽しさ、辛さ）、③未来社会の新たな課題、の3点です。

産業の観点からは、ガジェットの影響で成長したり、新しく出てくる産業や職業、逆に、衰退する産業や職業を考えます（図表4-12、図表4-13）。

「共感肩こり」が普及した未来では、他にも共感を軸にしたビジネス、たとえば「共感研修」や「共感治療」が盛んになっているかもしれませんし、「共感カウンセラー」という資格が新たに誕生しているかもしれません。重圧に耐えながらやるべき仕事をこなす経営者や政治家

【ガジェットが産業／職業にもたらす影響】

- **ガジェットがもたらす社会変化が2040年までに、**
  【良い影響を及ぼした既存の産業／職業】
  【悪い影響を及ぼした既存の産業／職業】
  を考えてください。

※既存顧客については必ず考えてみてください
※業界地図を眺めながら考えるとよいかもしれません。
※現代の感覚ではそのガジェットが一見結びつきそうにない職業も可。

作業時間5分

【ガジェットが産業／職業にもたらす影響】

ガジェットが良い影響を及ぼした既存の職業	職業/業界名	どのような影響があったか
	例）プロパンガス事業者	台風の増加により、都市ガスよりもプロパンガスのほうが効率が良くなった（修理の手間など）

ガジェットが悪い影響を及ぼした既存の職業	職業/業界名	どのような影響があったか

図表4-12　産業はどう変わる?

【新職業／業界】

- 社会変化がきっかけになって台頭した新しい職業名をつくりましょう。

- その職業が台頭したきっかけやプロセスも考えてください。

作業時間5分

【新職業 / 業界】

新職業/業界	台頭したきっかけやプロセス
例）避難させ社	例）台風が増えたことにより、住民を迅速に避難させるための専門の会社が登場する

図表4-13　未来の新職業／新産業を考える

が評価される一方で、口だけで何も背負っていない権力者は人々から見捨てられているかもしれません。

パッと思いつかない場合は、「業界地図」などを眺めてみましょう。無関係に見える業界にも意外な関連が見つかることがあるからです。テーマが医療だとしても、金融、農業、建設、出版……といった遠い業界にも思いを馳せましょう。「共感肩こり」でも、たとえば金融業界に着目すれば「上場企業の経営者の重圧のリアルタイム計測をもとに、その数値で利率が変動するダイナミックプライシング型の金融商品がつくれるかも」といった発想が出てくるかもしれません。

異質なもののかけ合わせがイノベーションのカギであることを、ここでも思い出しましょう。

こうした新しい産業や新しい職業を考える場合も、未来ガジェットでやったように、いきなり名前をつけてしまうのが発想を広げるコツです。「感覚共有技術を活用したアパレル系産業」より「共感スタイリスト」と名づけたほうが、具体的なイメージが湧きやすいですよね？

次に考えるのは人の変化です（図表4 - 14）。この未来では、誰がイキイキしていて、誰が辛そうでしょうか？

ここはまず自分を起点にして考えてみましょう。その未来に自分がいる姿を想像してみる

【未来の人々】

- この未来社会を、自分や先ほどつくったキャラクターは楽しんでいると思いますか？　あるいは辛く感じるでしょうか？

- それはなぜですか？

※「価値観が合う/合わない」「新ビジネスの恩恵を享受できる/できない」などの観点を入れてみましょう。

作業時間10分

【未来の人々】

名前（仮）	楽しい?or辛い?	なぜ、楽しい/辛いのか?

図表4-14　人はどう変わる?

のです。そして、楽しそうであれ、辛そうであれ、なぜそう思うかを話してみてください。

というのもこのパートは、各メンバーの主観を未来像にガツンとぶつけるタイミングとして設計しています。ここまでは、基本的に人の意見を肯定しながら未来像をかたちづくってきているので、あまり否定的な見解は出てきていないはずです。でも、誰もが100％理想と思える未来像なんてありません。ある社会をいいと思うか嫌だと思うかは、年齢や立場によっても変わってくるでしょう。どんな人が元気になり、どんな人が鬱屈するかを考えることは、未来像をよりリアルにイメージするうえで非常に重要です。私たちがこれまでやってきたワークショップでも、このパートはとても盛り上がりました。

ポイントは、好き嫌いだけでなく理由まで掘り下げること（図表4‐15）。たとえば「そこまで人とつながらなければならないのは正直きゅうくつだ」という意見が出たら、「どの程度ならきゅうくつではないのか？」という質問でレベル感を特定したり、「別のつながり方ならきゅうくつではないのか？」という質問で抵抗感が生まれる原因を特定するなど、丁寧に「なぜ？」を見ていきましょう。

どんなに進化した未来でも、そこで辛そうな人がいれば、そこに課題はあります。便利で快適になる一方で、プライバシーや行動の自由がいまよりなくなっているのかもしれないし、精神的なプレッシャーに弱い人が虐げられているかもしれません。

【未来社会の課題】

- この未来社会で辛そうな人が、辛そうな理由（社会課題・背景）は何でしょうか？
- ここで、前段に考えた新ビジネスが辛そうな人の助けになりそうか考えましょう。
- 助けになりそうな場合はどのように救っているのか、助けになりそうではない場合は、ガジェット（新ビジネスなど）を改善しましょう！

作業時間10分

【未来社会の課題と、その解決ビジネス：10 分】

※いままで考えたガジェットやビジネスで解決できないようなら、新しく考案してください！

辛そうな理由	
新ガジェット／新ビジネス	

図表4-15　どんな社会課題が生まれる?

課題が見えてきたら、それを解決するための新しいガジェットや、すでに考えたガジェットのアップデート版にどんな機能があればいいか、どんな工夫をすればいいかを考えてみてください。そして、さらにその利用シーンを想像してみれば、未来像の解像度はさらに上がります。

STEP5　未来のトラブルと解決法を考える

いよいよストーリーを組み立てていきましょう。

まず、物語の描き方を考えましょう（図表4-16）。未来ストーリーの方向性を決めるために、物語全体をポジティブに描くか、ネガティブに描くかを選択してください。特に、どのような点をポジティブ（またはネガティブ）に描きたいのか、またなぜなのか（何を強調したいのか）について、いままで盛り上がったポイントなどを思い出しながら進めてください。ここで、何を強調したいのか、どう強調したいのかが決まるので物語の芯がしっかりしてきます。

ではいよいよプロットをつくっていきましょう。

プロットの作成は、いわゆる「起承転結」をベースにします。「起」では、世界の設定を説

【物語の描き方を考える】

- いままで考えてきた未来社会像や、新ビジネス（その必要性も含む）を伝えるべく、物語（寸劇）を作成しましょう。

- まず物語全体をポジティブに描くか、ネガティブに描くか、選択してください。

→どのような点を特にポジティブ／ネガティブに描きたいか、簡潔に書いてみましょう。

※ポジティブの例：未来の変化を好意的に書く（課題はあるが、ある程度有効な打ち手がある）。
※ネガティブの例：未来の社会課題を強調して描く（有効な打ち手はまだない）。

全員作業5分

【物語の描き方を考える：5 分】

※ポジティブの例：未来の変化を好意的に書く（課題はあるが、ある程度有効な打ち手がある）。
※ネガティブの例：未来の社会課題を強調して描く（有効な打ち手はまだない）。

物語全体をポジティブに描くかネガティブに描くか決めて、以下に書いてください

ポジティブ／ネガティブ

特にポジティブ／ネガティブに描きたいポイント

図表4-16　物語の描き方を考える

明しながら日常が繰り広げられ、「承」では、その日常がトラブルによって混乱し、「転」では、そのトラブルを解決する流れが描かれ、「結」では、平和に戻ったその後の世界が描かれる。この四段階の流れでストーリーを構築します。シンプルな構造ながら、面白いプロットを作成しやすい方法です。

「起」では、未来ストーリーの基本設定を提示します（図表4 - 17）。

ここでは、主人公と登場人物を決めなくてはなりません。これまで出てきたキャラクターのうち、特に未来社会で辛そうだったり、いまいちイキイキできていない、感情移入できそうなキャラクターを選ぶと話が転がりやすいと思います。そして、主人公の周囲のキャラクターとの相関図を書いてみましょう。職場、家族などで、どういう関係かがわかれば十分です。あらためて、仕事や私生活の面で、どういう生活を送っているかを想像してみてください。

ストーリーになりそうもないと思っても、起承転結を進めていくうちに意外となんとかなるはずなので、とりあえず主人公の日常を箇条書きにしていきましょう。これまで考えてきた未来の働き方、産業の変化、生活の変化をここに書いていきます。

「承」では、突然非日常が割り込んできます。ＳＴＥＰ４で考えた社会課題が参考になります。ここで核となるのが「未来のトラブル」です。キャラクターたちは、未来のガジェット

【プロット前半作成】

• いよいよ、プロットの前半を考えてみましょう。
→未来社会における主人公の行動や感情の動きを考え、他のキャラクターとの関係がどう変化していくかも考えてみましょう。

※キャラクターは必ずしも全員を出す必要はありません。
※敵や仲間を決めると、プロットをつくりやすくなります。

全員作業10分

【プロット前半作成】

	主人公の行動や感情の動き	他のキャラクターとの関係の変化
起： 未来における日常（未来社会の前提になっている状況）	【例）食べものだけでモチベーションの向上ができちゃうんだよね。メンタルヘルスの医薬としても認められるようになったし。】 前半で考えたガジェットの利用シーンや、キャラクターのつぶやき（社会変化）などを活用。	
承： 未来における非日常（突然訪れた課題／災害に翻弄される）	【例：海水温の上昇が激しくて、災害が多い。最初は弱いと思われた台風19号が、都市部で急速に大きくなり、避難が遅れそうになる。】 ※例：未来社会で辛そうな人が、辛そうな理由などを活用。	

図表4-17　プロットの前半をつくる（起&承）

【プロット後半作成】

- **プロット後半を続けて書いていきましょう。**

※プロット後半に合わせて、プロット前半を直したり、ここまでのキャラクターを考え直したりしても構いません。

※ファンタジーやホラーでなくてサイエンスフィクションになるよう、なるべく前提となる条件から演繹できる範囲内で起こり得るできごとだけを描くようにしましょう。

※ストーリー自体は事業開発テーマと関係なくても、まったく問題ありません。

全員作業10分

【プロット後半作成：10分】

	主人公の行動や感情の動き	他のキャラクターとの関係の変化
転： 未来における非日常 （課題／災害を乗り越える）	【例）本来災害後に配る進撃のクロワッサンを、無料配布しますと呼びかけたら、住民が避難所に集まってきた。】 ※新ビジネスが辛そうな人をどう救うかを活用。	
結： 未来における日常 （もとのものとは少し変化した日々に戻る）	【例）進撃のクロワッサンをインセンティブに避難させる技術が定着（合わせて、災害時でも3日持つ冷凍庫が開発される）。】	

図表4-18　プロットの後半をつくる（転&結）

をめぐって、どんな事件に巻き込まれるでしょうか。

たとえば、停電による機器トラブル、台風による納期遅れ、競合ガジェットの台頭による自社ビジネスの失速など、さまざまなトラブルが想定できます。ここでもまずキャラクターに語らせるという方法が使えます。「鬼瓦部長や出絵研究員が、困った顔でオフィスに現れました。何に困っているのでしょうか？」という問いを立て、みんなでアイデアを出し合うのです。トラブルによって引き起こされた主人公の気持ち、行動や、周りのキャラクターの反応を考えましょう。

「転」では、トラブルを主人公がどのように乗り越えていくかを描きます（図表4‐18）。ここがいわゆるクライマックスです。周囲のキャラクターが主人公を助ける様子を描いてもいいですし、新しいガジェットを開発することで乗り越えてもいいですね。トラブルが発生した原因を深掘りして、その根本的な原因にアプローチするような解決方法を示したいところです。

「結」では解決編として、トラブルを乗り越えた未来における新たな日常を描きます。「起」で描いた日常とは少し違う、少し進化した日常が広がるはずです。新しいガジェットがもたらす新しい日々かもしれませんし、トラブルを経て変わった社会制度がもたらす新しい日常かもしれません。

【短篇作成】

- **このストーリーを短篇っぽく仕上げてみましょう。**

※起承転結それぞれ、ナレーションとキャラクターのセリフ2つを考えてみましょう（映画の予告編のように考えても良いでしょう）。

※枠組みをある程度自由に変えていただいても構いません。

※実際にメンバーにそれぞれ役を割り振り、セリフを読み上げてみると、意図の伝わりにくい部分や問題点などがハッキリするので、ぜひやってみてください。

全員作業15分

【短篇作成:15分】

幕	ナレーション	セリフ1	セリフ2
起			
承			
転			
結			

図表4-19　ストーリーを短篇のように仕上げる

また、社会はそれほど変化しないけれど、主人公が少しポジティブに未来社会になじめるようになったかもしれません。最後は希望で終わるポジティブな話にしたほうが仲間集めに活用しやすい一方、課題を強調したネガティブな話のほうがインパクトが強く課題の共感に活用しやすい面もあるので、どう活用したいかによって書き分けてください。

締めらしい締めが思い浮かばない場合や、この短さでは思いついた世界を語りきれないという場合は、連続ドラマの一話目のラストのように「事件は解決したように見えたが、さらなる謎が生じてきた」といったかたちにしてしまっても構いません。

最後に、これを短篇っぽく見せる「仕上げ」を行います（図表4-19）。

ここまででつくったものは「プロット」です。これを短篇のように仕立て上げるには、起承転結それぞれのセクションで、「ナレーション」と「セリフ」2つくらいをつくってつなぎ合わせると、少し短篇らしくなります。読み上げてみると、映画の予告編のようにも感じられると思います。必ずしもこの順番でなくても良くて、もしお話が成立しにくいようであれば、ナレーションやセリフを別の位置に移動したりして、一番お話がわかりやすいように調整してみましょう。

もちろん、「これで完璧！」という短篇になるわけではありませんが、なんとなく未来ストーリーのイメージがつかめるものにはなるはずです。より詳細にストーリーを詰めていきたいという場合は、ここから膨らませていけばいいのです。皆さまも、このワークショップを通し、未来を考える一歩目を踏み出していただければと思います！

ご参考までに、宮本さんに執筆を依頼して、私がアイデアを出しながら一緒に作成した、この形式の未来ストーリーのひとつをご紹介します。一見荒唐無稽に見えるなかにも、未来へのヒントが含まれていると思いませんか？

孤独の犬　予告編

２０７０年、日本。一部の犬は脳に細かい無数のＡＩチップを埋め込まれ、人とコミュニケーションを取ることができる能力を与えられていた。仕事を任される犬も多く、動物介護型デイサービスという職業も生まれていた。孤独になってしまった老人を、昼だけの間、犬をはじめとした動物が介護してあげるサービスのことだ。

ジャック（犬。主人公）「犬は国に管理され、自由なんて何ひとつない。俺の犬の本能はそれなりに幸せを感じているのは確かだが、俺の意識はたまに、そこに違和感を覚えることがある」

ダナ（ジャックの飼い主の人間）「今日は大変だったんだよ。私たちが通っている動物介護型デイサービス施設で、利用者の認知症のお爺さんの脳に埋め込まれていたサポートＡＩが壊れて、記憶が飛んでしまったというお話があって。保証期限も切れた粗悪品のチープＡＩを使っていたみたいだから、壊れても仕方ないと思うんだけどね」

ジャックは強化犬の労働を管理する強化動物就労管理局に勤めている。そこに警察の犬がやってきて、情報提供を求める。

警察の犬「強化高齢者実験特区と強化動物実験特区のマージ地域において、とあるエンハンスト犬が行方不明になったという通報があった。これについて情報提供をお願いできるか？」

ジャック「アズキちゃんという、ロボット義手を用いて、配管の修理を行っていた犬かもしれません」

ジャックと警察の犬は周囲の聞き込みを行う。すると、アズキとよく似た犬を見たというドライバー犬が見つかる。社会では自動運転が基本になっているが、いまでも責任主体が必要なため、犬が運転手になっており、最後のワンマイルを運んでいるのだ。その犬いわく、アズキとよく似た犬を、動物介護型デイサービス施設の近くで降ろしたという。

ジャック「まさか、俺の飼い主が通っている動物介護型デイサービス施設と関連が？」

警察の犬「アズキが、小型の電磁波爆弾を使って、利用者のお爺さんのサポートＡＩを破壊して、そのまま逃げたのだろう」

ジャックと警察の犬の推理により、謎の一端は解決したように見えた。しかし、強化犬のＡＩには「強化動物三原則」という行動規制システムが組み込まれていて、犯罪を起こせないようになっているはずであった。いったい、そんな犬がどうやってＡＩ傷害事件を犯したのか。事件は解決に向かうどころか、さらなる混迷を呈していた。

ジャック「アズキが犯犬かどうかはわからないが、何かを知っているのは間違いない。アズキは長く逃げ隠れできないはずだ。強化犬は、トリマーに身体やＡＩのメンテナンスをしてもらわないと徐々に苦しくなってしまうからな」

ダナ「アズキちゃんは、誰か人間に操られていたのかな……。でも、いったい誰がどうやって……」

このとき、ジャックたちはまだ、自分たちが高度動物技術社会に潜む闇に近づき始めてしまっていることを、知る由もなかった……。

Column03

東京大学でのSF思考の実践

関根秀真

SF思考は、企業におけるビジネス創出だけでなく、教育の分野でも効果的に活用できます。ここでは、筆者の一人である関根が非常勤講師を担当している東京大学工学部システム創成学科知能社会システムコースの授業における活用例を紹介します。同学科では、3年生を対象としてグループ単位で行う討論・研究を通じ、実践的な応用力、課題探求力を習得する応用プロジェクトを実施しています。

関根が担当する授業においては、日本が保有する先端科学技術を活用した事業のケーススタディとして宇宙ビジネスを取り上げ、講義とグループディスカッションを繰り返し事業戦略および関連政策の検討を行うとともに、事業提案をビジネスアイデアコンテストの形式にて発表しています。この授業を通じて、技術と社会との関係、先端技術が生み出すビジネス、サービスの可能性を俯瞰的な視点から学んでいきます。

SFワークショップの位置づけ

授業では、SFワークショップを計7回の授業（1回3コマ）の1回を用いて実施しました。授業全体では大きく2つのフェーズに分かれています。第一フェーズは学びのフェーズです。学生たちは宇宙開発および関連ビジネスの概要を学ぶとともに、複数の宇宙ベンチャーの創業者から話を聞き、宇宙ビジネスに対する理解を深化させます。第二フェーズでは、第一フェーズにて学んだ知識を構造化したうえで、グループごとに宇宙を活用した具体的なビジネスモデルの提案・提言を構想、発表します。SFワークショップは、この第一フェーズから第二フェーズへの移行のタイミングで実施しました。その意図は、学生一人ひとりが得た知識を踏まえつつ、ビジネスモデルの提案に向けて発想を飛ばし「斜め上の未来を考える」ことでした。

ＳＦワークショップでは、授業にて事業のターゲットとしている２０３０～２０４０年の未来を想定し、本書にて述べている各ステップにより４つのグループ（各３～４人）に分かれてディスカッションを実施しました。学生は一見宇宙とはかかわりのない（ように感じる）言葉創りに戸惑いを見せていましたが、ステップが進むにつれて宇宙と自身（およびグループメンバー）の関心ごとから生まれてくる新しい言葉、サービスに引き込まれ、まさに斜め上の発想が生まれてきました。いくつか、ＳＦワークショップにてつくられた未来の宇宙ビジネスにおける新製品・サービスを紹介すると、「月面着陸スニーカー」「無重力ランニング」「火星美術」「スパイ衛星ゲーム」……などです。皆さんは、この言葉からどのようなサービス、事業をイメージするでしょうか？（ぜひ、考えてみてください）

授業では、最終的に創られたアイデアをどのように事業として組み立てるのか、裏づけとなる技術をどのように考えるか、利用シーンを含めビジネスとして成立し得るのかを分析・考察したうえで、ビジネスアイデアを設計します。しかし、例年、新しいアイデアを出すことに苦労する学生が多くいます。これは、いまの技術や自身の経験からできること、できないことを無意識に峻別してしまったり、事業とはこうあるべきだといった固定観念から抜け出せなかったりすることが一因です。ＳＦワークショップでは、このアイデアをいったん斜め上に〝飛ばす〟ことで、固定観念を壊すとともに、参加する学生の宇宙そのものへの関心を高めることができました。この結果、最終発表のビジネスアイデアコンテストは、各グループともに例年以上にユニークな提案となりました。

SF思考の効果と教育分野における可能性

大学生（特に理系の学生）は、日常的に論理的に考えることが身についています。論理的な思考は、学問を修めるうえではとても重要です。しかし、論理的に考えすぎることで、思考の柔軟性、創造力・妄想力に無意識にリミッターが掛かってしまい、現在からの延長線にない意外性のあるもの（一見そんなことはあり得ないと思うようなこと）に対して否定的な反応となってしまうこともあります。

〝想定外〟が当たり前となるこれからの時代においては、いったんリミッターを外してアイデアを創るとともに、そのアイデアをストーリーとして（必要に応じて論理的に）組み立てることが大切です。未来のジェフ・ベゾス、イーロン・マスクを日本から生み出すためにも、教育分野でのSF思考の活用の可能性は、これから広がっていくでしょう。

第5章　ＳＦ思考で、いまと未来を変えていく

藤本敦也

つくった未来ストーリーを活用しよう

ＳＦ思考を応用した未来ストーリーづくりは、「つくる過程」にこそ大きな学びがあります。常識のくびきを外し、発想を未来にジャンプさせ、そこからバックキャストでいまを考える、という「ＳＦ思考」が、それによって身につくのですから。

とはいえ、第４章で示した５つのステップを踏めば、この世にたったひとつの未来ストーリーがかたちになるわけですから、このストーリーを活用しない手はありません。活用の基本は、さまざまな人との議論の土台にすることです。多様な人とのディスカッションを通じて、より手ごたえのある未来像にブラッシュアップできますし、自分の学びも広がります。

自社の未来像を描いたものなら、ぜひ上司や経営陣、社内の関連部署にぶつけてみましょう。そして、ストーリーに込められた理想、進むべき方向性、課題について意見を聞き、自分の考えと彼らの考えがどう乖離しているのか、あるいはどう一致しているのかを考えましょう。また、そこで表された世界観や、キャラクターの行動についても感想を聞きましょう。「斜め上だけど現実とつながった未来像」は、彼らがビジネスの長期的な課題を考えるうえでもきっと役立つはずですし、もしそこからビジネスの芽が出そうなら、社内外の専門家とイメージを共有するためにも使えます。

その際大事なのは、プロットだけでなく、その背景にある考え方（未来に影響を与える事件、できごと、人々の価値観やニーズの変化、技術の進歩あるいは後退など）をきちんと共有することです。未来ストーリーはエンターテインメントを目的としたフィクションではなく、未来のプロトタイプなのですから。

ただし、できた未来ストーリーが、残念ながらプロトタイプとして活用できるほどの熟度に達していない場合は、議論の広がりが期待できませんので、ワークショップをやり直してつくり直したほうがいいでしょう。判断の目安のひとつは、読んだ人から「この未来、面白そう！」「こんな未来、めっちゃイヤ……」という両極の意見が出てくるかどうかです。好感あるいは嫌悪感を惹起したということは、ひとまず明確な世界観が示せているということなので、議論の出発点にできるのです。

「そもそも読んでもくれない」「まったく興味を持たれない」場合は残念ながら問題外ですが、読んだ全員が「ありそうだね」と納得してしまう場合も未完成と言わざるを得ません。誰もがふーんと受け流せるものであれば、残念ながら静かに消えてゆくでしょう。

というわけで、本章では、議論に値する未来ストーリーができたとして、その活用法を、実際の企業さんでの事例を参考にいくつか紹介しようと思います。SF思考は、基本的に「未来を変える」ために「未来をつくる」思考です。なので「何を変えたいか」という視点で、

5つに分けてご紹介したいと思います。

といっても、もちろん、活用法はこれだけではありません。こんなふうにも使えるよ！というアイデアがあればぜひ実践してください。というか、当方にもご一報ください！

「日々の業務に忙殺される状況を変えたい！」人の活用法

未来につながる仕事でやりがいを感じたい。未来につながる経験やスキルを身につけたい。なのに、現実では目の前の仕事に忙殺され、いつも時間に追われている。いつの間にか日が過ぎて、ふと、未来に対する不安がよぎる……。

多くのビジネスパーソンがそんな状況に陥っているのではないでしょうか。

そこで未来ストーリーを活用して、身近な職場環境に働きかけていきましょう。

未来ストーリーをネタに、社内で未来をディスカッションする

本来なら「未来ストーリーをつくるワークショップ」そのものを部課内でやりたいところですが、「SF的なストーリーをつくってみましょう」といきなり提案しても、だいたいの会社では「は?」と言われてしまうでしょう。まずは有志で未来ストーリーをつくってみて「こ

れをネタに、ちょっと未来を考えてみたい」という建て付けなら、定例ミーティングの議題にぶち込むハードルも低いはずです。

そして、STEP1～4で考えた「産業の未来」「人の未来」などの想定をもとに、自社の業務やオペレーションがどう変わるか、そうなれば自分たちの部課の業務はどうなるか、などをテーマに話し合うのです。すると、いまの業務が未来にどうつながるか、あるいはいまから準備しておくべきことはなにかが具体化します。

議論としては、以下のようなトピックが考えられます。

・未来の業界のバリューチェーン／ビジネスモデルの一般像（特にターゲットユーザーとそのニーズ）
・将来の4P関連（自社がバリューチェーン内で提供するサービス、その調達方式、PR戦略、価格）
・未来の組織（あるべき組織形態、生産ライン、職務別の働き方、資金調達方法、人事制度）

たとえば、さきほどの「孤独の犬」を題材に議論したとしたら、「孤独な老人は、動物介護型デイサービスを使う費用をどうやって捻出するのか。このビジネスモデルの損益計算書を作成してみたが、やはり地方自治体からの補助金が必要。ならば、いまの要介護度の基準のように、要つながり度などの指標が設定されるはずである（孤独予防の意味合い）。この未来に向けて、わが社の見守りシステムを改良して、リアルタイムで要つながり度を算出することができるのではないか……」という話になるかもしれません。

個人レベルのチャレンジ目標を決めるガイドラインにする

企業によっては、個人のチャレンジ目標が評価制度に組み込まれている場合があります。ここにぜひ、未来ストーリーからバックキャストした個人目標を掲げておきましょう。未来につながる目標が日々の仕事のなかに位置づけられることになるわけですから、コミットメントが高まります。

また、大事なことですが、未来ストーリーからバックキャストしてつくった個人目標が、これまでの個人目標と同じだったとしても全然よい、と思います。実際に、ある企業で行ったときも3割ぐらいの方は、もともと持っていた個人目標と同じものになりました。目標が同じなら、わざわざ未来ストーリーなんてつくる必要なかった？　いえいえ、それは違います。未来に一度思いを馳せたうえで、目標が変わらなかったのであれば「なぜ自分がこれにプライオリティを置くのか？」という問いに明確な理由と確信が与えられたということです。

ビジネスパーソンはただでさえ日常業務に流されがちですから、この確信があるだけで、未来は大きく変わってきます。

「時代を後追いする社風を変えたい！」人の活用法

どんな会社も、時代の変化に合わせて新しいサービスを生み出したり、既存のサービスをアップデートし続けなければ生き残ることはできません。そのため、多くの会社が「みずからブルーオーシャンに乗り出そう！」と言いますが、実際に新しいことを提案してみるとどうでしょう。こんな言葉がドドッと降ってくることが珍しくありません。

いわく「売れる保証はあるのか？（保証があったら、みんなやってますよ！）」「事例を持ってこい（事例があったら、新しくないってば）」「ウチがそんなにリスクをとれる社風じゃないって知らなかったの？（〝時代の先頭を走る〟ってＨＰのトップに書いてありますけど⁉）」「私がユーザーなら買わない（あなた全然ターゲットユーザーじゃないですって！）」……。

そして社内調整が泥沼化し、ようやく製品なりサービスなりを市場に投入できたときには、二番煎じどころかレッドオーシャン化していた、ということも珍しくありません。リソースがふんだんにある大企業なら、あえて2周目を狙っても勝てるかもしれませんが、そうでなければ、非常に厳しい。できればみずから市場を立ち上げ、ブルーオーシャンをのびのび泳いでみたい。そう思う読者も多いのではないでしょうか。

前記のような無理解は、多くが「想像力の欠如」と「未知と既知を結びつける思考の欠如」によって起きています。そこで、SF思考から生まれた未来ストーリーが力を発揮します。というのも、未来ストーリーは「未知のことを具体的にイメージさせる」ことが大得意だからです。

もちろん、ビジネス化を承認してもらうにはイメージだけでなく裏付けが重要です。そこで、未来ストーリーを「具体的な数字を盛り込んだビジネスモデルづくり」「変化が萌芽しているエビデンス探し」の両面で補強して説得材料をきっちりつくっていきましょう。

まず、未来ストーリーの背景となった情報を整理し直します。20年後とかの未来の市場を考えたのちに、逆に10年後、5年後とさかのぼり、段階を踏んで背景を示します。そして、新サービスは何年度に一気に伸びるのか？　なぜ伸びるのか？　を丁寧に考えるのです。きっかけとなるできごとや変化は未来年表として整理しましょう。

ここから、実際に論点となる5年後の市場規模を丁寧に検討します。顧客のニーズの深さ（ないと困るのか、あれば嬉しいぐらいなのか）、ニーズが生まれる背景、ニーズを持つ潜在ユーザーの人数（市場規模）、ライフタイムバリューなどの予測値を確認します。そして、新サービスの仮の収支計算書を作成してみます。ここまで具体的に考えられたら、未来のビジネスのバリューチェーンの姿が浮かび上がってきます。

しかし、これだけではまだ個人の妄想にすぎません。社内で具体的な検討に入るためには、小さくても確固としたエビデンスを用意することが大事です。「描いた未来につながる萌芽を探す旅」に出るのです。

自分が考えた未来の価値観やニーズを持っている（または、持ち始めた）人を見つけて、ぜひインタビューしましょう。そして、現状で彼らのニーズを満たしているビジネスは何か、それに足りないものは何か、新しいサービスを提供し始めている人や組織はあるかなども探ります。ささやかでも具体的な芽があれば、もうあなたひとりの妄想ではありません。それだけでサービス開発のGOサインが出るかどうかはわかりませんが、少なくとも動向をウオッチすることに関しては肯定してもらえるでしょう。実際に、ある企業でSF思考ワークショップをベースに、新事業案のコンペを行った際には、10チームのうち3チームが継続検討にGOサインが出ました。メンバーが「飛躍しすぎたかな」と心配していても、経営陣のほうから「もっと挑戦的なもので大丈夫」という話が出てきたりしていたのは意外で面白かったです。

「肌感を持ってビジョンを共有したい！」組織の活用法

コロナ禍で、テレワークが一気に浸透しました。これからもテレワークのような分散化した働き方が進んでいくでしょう。会社やプロジェクトのメンバーとリアルで顔を合わせる機会はどんどん減り、雑談も交わさず、プライベートにも一切関与せず……となると、組織としての一体感はどんどんなくなっていくでしょう。

もちろん、それはいいことでもあります。でも「この会社に所属している必要あったっけ？」「社内の様子がよくわかんないし、自分の仕事だけやっときゃいいか」みたいに考える人が増えると、新しい事業に取り組もうにも、組織としてのパワーが十分に生かせず、つまりは面白い仕事、面白い未来をつくるチャンスから遠ざかってしまうことにもなりかねません。

いまは、同じ会社にいるだけで自然に一体感が生まれる時代ではありません。だからこそ組織のビジョンとしての未来ストーリーがあること、それに対して社員が共感していること、さらには、その実現のためのそれぞれの役割が見える化されていることが重要になります。

社員の一体感のよりどころとなる会社全体のビジョンをしっかり構築するなら、第6章で説明するように、プロのSF作家さんとの協業による未来ストーリーづくりにぜひ取り組んではしいと思います。また、未来ストーリーを一歩踏み込んで活用するためのブラッシュアップも重要です。

そのためには自社の未来を決定づける可能性のある事件やトレンドの変化の可能性は、できる限り詳しく洗い出しておきましょう。これらは未来への分岐点になるものです。そこから「あり得る未来」をシナリオプランニング的に何パターンかに落とし込み、新たな未来年表や未来ストーリーを作成してもいいでしょう。そして、それをお題目として掲げるだけでなく、下記のように具体的に日々の業務のなかで活用していくのです。

指南書として横に置いておく

中期経営計画、CSR報告書、部課の目標設定など、経営やマネジメントの方向性に関わる目標や計画を策定するタイミングで、定期的に読み返し、いま取り組んでいることや達成したこととのギャップを確認し、新たな方向性を考えるきっかけにします。

リスク意識の共有

自然災害などによる大損害、倒産の危機、大量離職者の発生など、大きな危機に直面した未来も想定しておき、起こり得るリスクに対する意識の共有に活用します。

企業のパブリック・リレーションに活用（コミュニケーション戦略）

顧客、投資家、地域住民など、社外のステークホルダーに対して、自社がめざす未来イメージを伝えることで、強いファンになってもらうきっかけにします。

リクルーティング活動に活用（コミュニケーション戦略）

学生や転職候補者に、自社がめざす未来イメージや社風を伝えることで、働く場としての魅力を訴求します。

新人研修の際「未来ストーリーの所感プレゼン」を恒例化

未来を考え続けることの大事さは誰もが理解しています。しかし、つい日常業務に流されてしまうのが人間の常。そこで、自然と意識し行動するためのナッジのような仕組みを社内に構築しておくのは一案です。具体的には、新人配属の際、未来ストーリーに新人目線で自分なりの意見（違和感や共感、やってみたいことなど）をプレゼンする場を設けてディスカッションする行事を恒例化してみるのはいかがでしょうか。

常に未来を考える仕組みとして「SF思考コンテスト」を実施

未来ストーリーは1回つくって終わりではなく、常にアップデートされ、議論し続ける姿が望ましいといえます。「SF思考コンテスト」を年1回の定例行事とし、常に未来について考える時間を設けます。

「やりたいけど、ここまでなかなかできない」というご相談をいただくこともありました。そんなときには、「2040年の貴社の社員である〇〇さん（架空）がOB訪問を受けたら、どのような会社だと説明しているでしょうか？」など、SF思考ワークショップのエッセンス（キャラクターに語らせる）を用いたグループ会議を行ってみてはどうでしょうかと提案しています。皆さまもぜひお試しください。

「社内の価値観をアップデートしたい！」人の活用法

歴史の長い会社ほど、社内に澱《おり》のようにたまっていく古い価値観を刷新するタイミングを見失いがちです。これからは多様性に対する理解や、ビジネス倫理などがますます重要になっていく時代。カルチャーをアップデートすることができず、どんどん時代遅れになってしまっては、会社の存続にも関わります。

そこで、未来ストーリーのうち、特に「社会の価値観の変化」や「人のライフスタイルの変化」に着目して「未来の価値観ワークショップ」を開催してみてはいかがでしょうか。ここで「価値観の変化に乗り遅れた会社や人は未来社会でどうなるのか？」といった議論を深めれば、自社が抱えるさまざまな問題点が明らかになり、問題行動や問題発言についての自覚や改善のきっかけにもなります。

「ふつうのコンプラディスカッションでもいいじゃないか」と思われるかもしれませんが、リアルな現実を起点にすると、意外と冷静な議論が難しいのがこの領域です。よかれと思ってやっていることを「ハラスメント」だとか「時代遅れ」とか指摘されて冷静でいられる人はあまりいません。しかし「未来ストーリー」というある種の虚構で提示されれば冷静に受け止められますし、問題のある行動も、個人の主観に矮小化することなく社会構造的な問題として理解することができます。

併せて、未来社会では誰が弱者になるだろうか？　どんな条件があれば活躍できそうだろうか？　誰がイキイキしていて、誰が生きづらそうか？　といった、人にフォーカスした議論もしてみてください。こうした議論をすることで、目の前の現実においても価値観は多様であり、自分の価値観は決して全員と共通ではないことがお互いに認識でき、価値観のアップデートの第一歩となるでしょう。

「自分の未来を、自分で決めたい！」人の活用法

自分のキャリアを会社任せにせず、自分で決めていく。人生100年時代といわれ、終身雇用が崩壊しつつあるいま、会社任せの人生にはリスクしかないのです。自分の未来やキャリアは、自分で決めていくのが当たり前の時代に入っていきます。

未来ストーリーは自分の未来を自分で決めるために活用できます。未来ストーリーのなかに生きる未来の自分を、働き方、趣味、すみか、家族など、さまざまな観点からイメージしてみるのです。会社でつくった未来ストーリーを、家族や友人に読んでもらい、感想やコメントを求めるのもいいですね。未来ストーリーのなかの自分を、あえて友人に語ってもらうのもいいでしょう。自分のことをよく知る人から、自分が気づいていない一面を教えられることで、目指すべき方向がより鮮やかになることがよくあるからです。

会社でつくった未来ストーリーに違和感がある場合は、自分だけの未来ストーリーをつくるのもおすすめです。そして、未来ストーリーからバックキャストでいまを考えて「自分の

キャリアの指南書」とすることで、キャリアという観点でいまの仕事を見直すことを習慣にしてしまいましょう。

Column04

アリゾナ州立大学のＳＦプロトタイピング

藤本敦也

アメリカのアリゾナ州立大学の科学と想像力センター（ＣＳＩ）では、ＳＦを未来づくりに生かす試みとして「ＳＦ×未来社会構想」の研究と実践が行われています。この現場を実際に視察、議論させていただいた経験は、本書にまとめたＳＦ思考の開発に際して大いに参考になりました。

ＳＦを活用して、いろいろな人を巻き込めるワークショップ形式で未来を共創していこう――。こうした基本姿勢は、ＣＳＩの取り組みと、本書で紹介する「ＳＦ思考」に共通するものです。そしてＣＳＩでは、一般市民を含む実に多様な参加者を巻き込んでＳＦプ

右から3人目が宮本さん、4人目が大澤先生、左から2人目が関根、左端が私（藤本）

ロトタイピングが実践されていました。

　ワークショップは、多様な目的、多様なテーマで実践されており、チーム構成も、SF作家、編集者、リサーチャー、エンジニア、研究者といった専門家ばかりというケースもあれば、SFには縁のない一般参加者ばかりというケースもあります。難しいのは後者のケースで、SFになじみのない人たちを、いかにSF的な思考に引っ張っていくか、非連続な未来にジャンプしてもらうかが大きな課題になります。そこでCSIでは、ゲーム的な要素を取り入れたり、事務局がさりげなくサポートしたりして、誰もが自然にSF的な思考ができるよう工夫されていました。

　たとえば、一般の方が中心のワークショップでは、これからつくっていく「未来年表」に、あらかじめ目標年とゴールが明記されています。さらに、そのゴールに大きな影響を与えるであろうできごとを、事務局があらかじめピックアップし、付箋に書き込んで用意しておくのです。参加者はサイコロを振ってランダムに付箋を選び、チームで相談しながら年表に貼っていきます。この作業を通じて「Aというできごとが起きたから、Bが実現する」「Cの技術を基盤にDが生まれる」という因果関係が自然に構造化されていきます。

それが終わると、次は参加者がみずから重要と考えるできごとを付箋に書いて貼っていきます。そして、他のチームの年表とも見比べ、修正しつつ完成させていくのです。さらに「もしAがなかったら世界はどうなる?」「もしBが実現しなかったら、他のできごとにはどんな影響がある?」といった仮説を検討しながら、徐々に「SF度」の高い議論へと踏み込んでいきます。

いきなり突拍子もないことを考えるのではなく、いったん現実に近い未来を考えた後、それをフィクション化するというステップを踏むことで、発想を飛躍させられるようになっているのです。

やり方は違うものの、考え方としては、私たちのSF思考のメソッドとかなり共通していました。互いに情報交換できたことは、とても有意義な時間でした。

いま、さまざまな領域でどんどん専門化、細分化が進み、分野をまたいだ議論が難しく

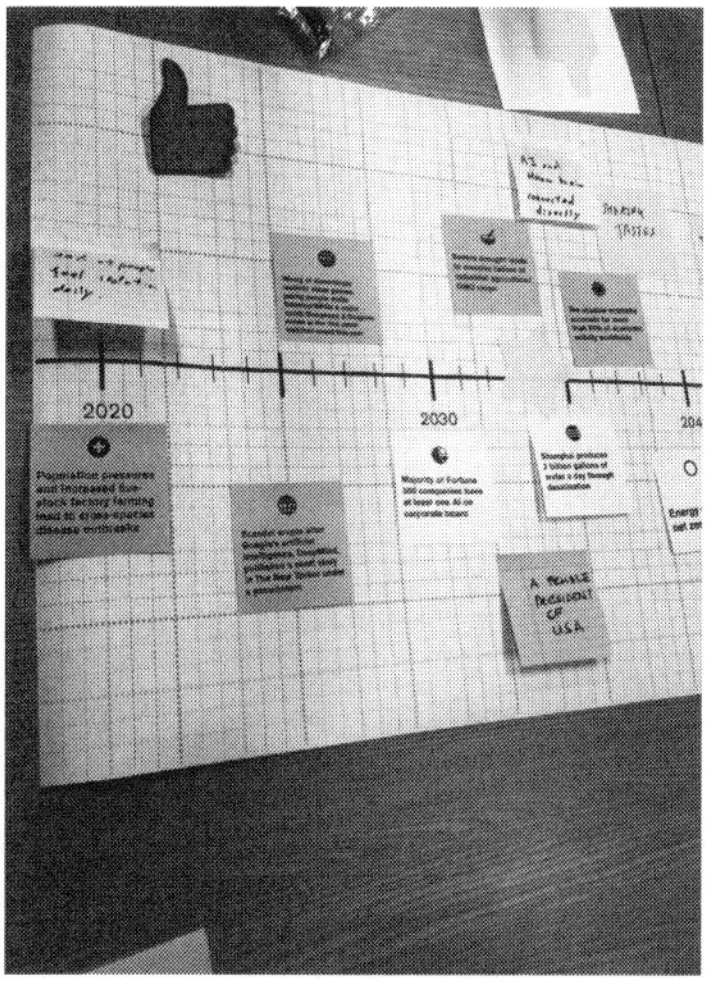

ワークショップでは、未来の年表の「起こり得る変化」に「起きてほしい変化」を加え、未来像を具現化していく

なっています。「ある技術が社会実装されたら、世の中はどう変わるか」といったテーマを、専門家と一般人がフラットに議論するのが非常に難しくなっているのです。

　アリゾナ州立大学での取り組みは、この課題に対する大きなヒントだと思います。ＳＦは、未来の姿を物語として、誰もが理解できるかたちで表現できることに大きな利点があります。キャラクターが困ったり、喜んだり、奮闘したりする姿に感情移入をしながら、私たち人間が進むべき方向性や課題について、誰もが主体的に議論できるのです。

第6章　ＳＦ作家×企業でつくる未来ストーリー

藤本敦也

ここまでの章で、なぜいまＳＦ思考が必要なのか、ＳＦ思考を活用してどうやって未来ストーリーをつくっていくのか、そして、できた未来ストーリーをどう活用すればいいのかをご説明してきました。

ＳＦ思考を使いこなすためには、ぜひ第4章と第5章の内容をできる限り繰り返して実践してほしいと思います。最初はパッとしない結果に終わっても、何度もやっていくうちに徐々にコツがわかってきます。

さて、この第6章は、ＳＦ思考を全社的に活用するために、プロのＳＦ作家さんを加えてワークショップ形式で未来ストーリーづくりを進める手順を説明したいと思います。

プロの作家さんを使うなんてハードルが高い！　と思われるかもしれませんが、ここで生み出すＳＦ作品は、会社などの組織内部で使うだけでなく、対外的に未来像を発信する役割も担うものです。つまり、未来の社会像を広く共有するコミュニケーションツールとして大きな役割を果たすものとして想定しています。ＳＦ思考は「ふつうの人」だけでできるものですが、つくり上げたストーリーが対外的にも大きな影響力を発揮するためには、やはりプロの書き手の力を借りたほうがよいのです。

また、全社で活用するクオリティにするためには、ＳＦ作家さんとワークショップを行うだけでは、情報やエビデンスが圧倒的に足りません。よって関連する技術や市場、制度に関

①設計	テーマやスケジュールをざっくり決める
▼	
②オファー	作家さんにコンタクトする
▼	
③仕込み	作家さんと情報を共有する
▼	
④1stワークショップ（約3時間）	作品世界を豊かに広げる　STEP1〜3
▼	
⑤2ndワークショップ（約3時間）	作品の骨格を決める　STEP4〜5
▼	
⑥3rdワークショップ（約3時間）	プロットに肉付けする
▼	
⑦完成	未来がかたちになる

図表6-1　未来ストーリーをプロの書き手に依頼する場合のプロセス

する事前リサーチはもとより、作成した未来ストーリーに至る道筋の詳細（技術ロードマップを含んだ未来年表）のつくり込みが重要になります（このあたりは第7章で詳しく説明します）。

そこで、本章で説明する手順では、プロのクリエイター、なかでもＳＦ小説を書くスキルを持つ書き手（小説家あるいはライター）にオファーすることを前提としています。もちろん、ＳＦには小説以外にも、マンガ、アニメ、短篇映像などさまざまな形式があります。しかし「ＳＦで未来をプロトタイピング（試作）する」という目的を考えれば、小説がもっともふさわしいといえます。なぜなら、文章なら、複雑な設定でも描写しやすく修正もしやすいからです。そのうえで「もっと気軽に読まれる（見られる）ものにしたい！」というなら、小説としていったん固めた未来像を、あ

①設計　テーマやスケジュールをざっくり決める
▼
②オファー　作家さんにコンタクトする
▼
③仕込み　作家さんと情報を共有する
▼
④1stワークショップ（約3時間）　作品世界を豊かに広げる　STEP1〜3
▼
⑤2ndワークショップ（約3時間）　作品の骨格を決める　STEP4〜5

調整ミーティング（約1時間）　複数の作家さんで調整する！
▼
⑥3rdワークショップ（約3時間）　プロットに肉付けする
▼
⑦完成　未来がかたちになる

図表6-2　未来ストーリーをプロの書き手（複数）に依頼する場合のプロセス

らためてマンガやアニメ、短篇映像などにアレンジしたほうが手戻りも少なく、順序としてはスムーズだと思います。

SF思考で生み出したストーリーを、プロの書き手の力を借りて小説に着地させるための基本的なフローは、図表6-1の通りです。当然ですが、第4章で説明した、SF思考で未来をつくるSTEP1〜5はフローに含まれています。

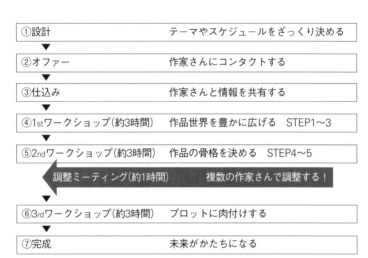

ただし、執筆を複数の作家さんに依頼するケースでは、上記のフローに、ひとつプロセスが増えます（図表6-2）。主人公の属性や、世界観の設定の矛盾や重複を避けるために、作家さんの間での調整が必要になるからです。

執筆はプロに依頼するのが望ましい、といった舌の根も乾かないうちに恐縮ですが、「執筆も含めて自分たちだけで全部やる！」という選択肢も、もちろんアリです。繰り返しになりますが、本来、ＳＦ思考は誰にでもできるものです。職業的な作家さんだけにその能力がある、というわけではないのです。もちろんプロはＳＦ思考に慣れていますし、ライティングもうまい。活用できるなら、それに越したことはありません。しかし、それはそれとして、いまこれを読んでいるあなたが同じことにチャレンジしてはいけない理由は何もありません。ただし、やる以上は照れたり恥ずかしがったりせず（つまり、言い訳をせず）、ひとりの作家として堂々とこのフローに参加することが重要です。とにかく書く以上は「自分は作家だ！」と信じて書くのです！

このフローでは、ワークショップを3回想定しています。それぞれ3時間、計9時間です。ワークショップは、オンラインでもオフラインでも構いませんが、私は「オンライン向きだ！」と思っています。「いや、イノベーティブなものを生み出すワークショップって、実際にリアルに顔を合わせてワイワイやったほうがいいよね？」というイメージがあるかもしれませんが、そんなことはありません。経験から言うと、会社のように、ある程度の相互理解があるものの、どこかで相手の役職や年次を気にしてしまうコミュニティの場合は、むしろ「ワークショップは完全オンライン！」と決めてしまったほうが、うまくいくのです。実際に、私たちはほとんどのＳＦワークショップをMicrosoft TeamsやZoomで実施してきました。

うまくいった理由は、大きく以下の２つです。

オンラインだと、社内の序列に引っ張られにくい！

対面ミーティングの場合、どうしても上司や年長の社員の発言が重視されがちです。すると、場の空気も彼らの発言に流れやすくなり、結果、若年層から賛同されにくい未来ストーリーができ上がってしまうことがあります。その点、オンラインなら上司や年長者からの圧が弱まり、純粋に中身のよしあしだけで、意見を検討しやすくなるのです。

オンラインだと、チャットで議論が2倍になる！

発言だけでなく、チャットも活用できるのがオンラインの強みです。発言している人以外も、思いつきをすぐにチャット欄で共有できますから、議論の量は単純に倍になります。しかも自動的に記録も残せます。何かを生み出すことを目的とするワークショップの場合、とにかくたくさん意見が出ることは重要です。ここにオンラインのメリットがあるのです。

前置きが長くなりました。ここからは、各プロセスの詳しい内容を見ていきましょう。

①設計――テーマやスケジュールをざっくり決める

作家さんとの共創を始めるための、大切な下準備がこのプロセスです。

まず、テーマを決めましょう。たとえば、あなたの会社が不動産デベロッパーや建設会社、あるいは交通インフラ会社のように、まちづくりに関連する会社だとしましょう。すると、テーマは必然的に、未来の街がどうなっているか、人々はどんなオフィスで働いているか、どんな手段で移動しているか、どんな住宅で暮らしているか、というあたりからピックアップすることになるでしょう。

方向性はそれで大丈夫です。ただし「大きすぎるテーマを選ばない」ように注意しなくてはなりません。議論をぼんやりさせないためにも、ある程度の粒感に絞ったテーマを選ぶことが大事なのです。たとえば「未来の街」だと、ちょっと大きすぎます。「未来の駅」「未来の病院」あたりまで絞れたら、おそらくＯＫです。だいたいのイメージはわかっていただけますか？

社内ですでに、ビジネスとして開発したい技術、研究したいテーマが決まっている、ということもあるでしょう。その場合でも、ビジネスの文脈で使っている言葉はそのまま使わず、分解したり、別の言葉と組み合わせたりして発想を広げ、作品のテーマにふさわしい言葉、ふさわしい粒感を探ったほうがいいでしょう。というのも、技術や研究テーマを表現する言葉はたいてい抽象的で「で、結局エンドユーザーのメリットは何？」ということがリアルにイメージしづらいのです。

たとえば、「ゲーム性のあるヘルスケア機器ビジネス」「製造工程のデジタル化」なんていわれても、ピンときませんよね？（そもそもビジネスの現場でエンドユーザーにまできっちり伝わる具体的な未来像を示すことができているなら、SF思考に頼る必要なんてないわけですから！）

こういう言葉は、作品のテーマにするより、ワークショップで発想を刺激する言葉のもととして使ったほうが生産的だと思います。ですので、後の工程に備えて、ひとまずとっておいてください。

次に、作品の分量をだいたい決めましょう。社内外に広く発信することを考えれば、サラッと読めるボリュームが望ましいでしょう。おおよその目安として、1テーマあたり3000字ぐらいで数編つくる、というあたりが妥当ではないでしょうか。「未来像をクリアにするために世界観をじっくり描きたい」ということなら、1万字程度の作品に仕上げるという選択肢もあります。またはひとつのプロジェクトを、顧客の立場、自社の立場、エンドユーザーの立場からそれぞれ描き、3000字程度×3編にするというのもよいでしょう。いずれも「短篇小説」のカテゴリーに収まるボリュームです。

テーマと分量が決まったら、仮のスケジュールを立ててみましょう。執筆を依頼する作家さんのスケジュールの空き状況にもよりますが、最低でも4カ月はみておいたほうがよいでしょう。内訳はこうです。ワークショップは3回予定していますが、1回目と2回目の間隔は3日もあれば十分です。ただし、最後のワークショップでは、作家さんからプロット案を出してもらうことになりますから、1カ月ぐらいのインターバルが必要です。ワークショップが終わった後の作品執筆にも、最低1カ月は必要です。上がってきた草稿はいったん預かり、気になる部分があれば修正を依頼します。この修正作業にも最低2週間はみておきたいところです。これらの工程を合算したうえで、事前準備と、少々の余裕を加えれば、約4カ月になります。

もちろん、スケジュールが埋まっている多忙な作家さんにお願いするなら、もっと余裕が必要です。スケジュールで無理をして質を犠牲にすることのないように、執筆期間はしっかり確保したいところです。

ところで、このフローにおける1stワークショップ、2ndワークショップは、第4章で説明したSTEP1～5にあたります。どちらも同じメンバーで議論するのに、わざわざ2日に分けるのはどうして？　と疑問に思われたかもしれませんね。2つのワークショップは、それぞれ3時間を予定していますが、それらを合体させて一気に6時間となると、メンバーが疲労困憊して頭が回らなくなってしまう……というのも理由のひとつですが、もっと大事な理由は別にあります。

第4章で、ＳＴＥＰ１〜３は発散フェーズ、ＳＴＥＰ４〜５は収束フェーズと説明しました。この２つのフェーズをはっきり分けることが、ワークショップを成功させるために非常に重要です。

せっかくワークショップを開催したのに、期待したような面白いアイデアにたどりつけなかった、という失敗例は、残念ながら少なくありません。そして、それらの失敗例には共通するパターンがあります。よいアウトプットを出そうとしてがんばればがんばるほど、つい落としどころを求めてしまい、結果的によいアイデアが出なくなるのです！ この罠には、仕事ができる人、ワークショップに慣れている人ほどはまりやすいという皮肉な事実もあります。

場の空気を読み、落としどころを見据え、ほどよく発言し、意見をまとめていく……。こうした能力は、ふつうの会議や研修の場では非常に有用です。しかし、ことＳＦ思考ワークショップでは、邪魔になってしまうことがあるのです。

発散フェーズと収束フェーズを明確に分けると、この罠を回避しやすくなります。「あとで収束フェーズがあるから、安心して発散できる」とメンバーに思ってもらえれば、「落としどころは後で考えればいいか」「先が見えなくても、ワクワクする未来を考えることを優先しよう！」という空気が醸成され、自由な発言が出やすくなります。単に分割するだけでなく、開催日を分ければより有効で、「今日は発散フェーズだ！」と割り切れるのです。

「言いたい放題でお願いします」と言葉で言うのは簡単です。しかし、言葉だけでは人の心理的なストッパーを外すことはできません（会社の飲み会で「今日は無礼講」と言ったところで、社長にタメ口で文句を言う人はいませんよね。いたら、すごいですが……）。「言いたい放題」を本気で引き出したいなら、それ相応の仕掛けが必要なのです。

テーマ、分量、スケジュールが決まったら、作家さんとの契約の素案を考えましょう。執筆の報酬は、文字数と打ち合わせ日程、そして拘束時間をもとに考えるのが基本です。著作権の扱いも決めておく必要があります。ＳＦ思考ワークショップのような案件の場合、著作権は著者に帰属させたまま、一定範囲で利用権（会社ホームページや社内情報共有サイトへの掲載など）を行使できる契約を交わすのが一般的だと思います。著作権の買い取りには相応の金額が発生しますし、作家側にも拒否する権利があります。事前に法務部門とも相談し、社外秘情報の守秘義務なども考慮したうえで、契約書の案を作成しておきましょう。

②オファー――作家さんにコンタクトする

ざっくりとしたアウトラインが決定したら、次は作家さんへのオファーです。誰を選定するかについては「作品の世界観や作風がテーマに合うかどうか」も大事ですが、できれば企業とのワークショップに慣れている作家さんのほうがいいですね。

といっても、誰が慣れているかなんて、ふつうはわかりません。というか、そもそもSF作家にどうコンタクトすればいいかもわからないと思います。とりあえずおすすめできる方法としては、多くのSF作家や評論家が所属する「日本SF作家クラブ（SFWJ）」に相談してみることです。本書の監修者である大澤先生もSF作家クラブの理事（2021年7月現在）ですし、この本の共編著者の宮本道人さんもSF作家クラブの渉外担当（2021年7月現在）です。

また、必ずしもSF作家に執筆を依頼しなければならないわけではありません。自社の広告活動やマーケティング活動でつきあいのあるクリエイターや、サイエンスやテック方面の知識や経験のあるライター、SF以外のジャンルのアーティストさんのなかにも、一定の条件のもとでSF執筆スキルを発揮できる人はいると思います。文章だけでなく、漫画やイラストと組み合わせるという方法もあります。

③仕込み――作家さんと情報を共有する

作家さんが決まれば、ワークショップを始める前に情報を共有しておく必要があります。とりわけ、最終的に小説に「入れてほしい内容」と、小説世界から「外してほしい事柄」を伝えておくことは必須です。以下に少々の具体例を示します。ただしこれらは、何を目的として、どんなＳＦ小説に仕上げるかによって変わります。それぞれ個別のパターンに応じて検討してみてください。

「入れてほしい内容」の例

・舞台は２０４０年頃の日本であること
・自社の社員、顧客企業の社員のやり取り、働き方、生き方が何らかのかたちで描かれること
・２０４０年頃の街や建物をベースに提供されるサービスと利用シーン、ユーザーの感想を含む
・最終的に、何かしらの希望が持てる結末にしたい

「外してほしい事柄」の例

・犯罪を肯定的に描くこと
・殺人事件、性犯罪事件、麻薬関連の事件
・現代においても古い価値観、多様性のなさ（登場人物が男性ばかりなど）
・下ネタ（未来のトイレや風呂の話などを真面目に扱う場合は除く）

さらに、執筆テーマに深く関わる「業界ならではの知見」を、事前にできるだけ詳しく共有しておくことも大事です。たとえば「未来の住居をテーマに、建設会社の社員の未来の生活を描いてもらいたい」としましょう。そのために必要な情報――たとえば、建築業界の業界構造や業務フロー（誰が、誰に対して、誰と、どんな仕事をするのか）、登場人物に近いキャラクター（建設会社の営業社員や現場社員）の業務ルーティン、業界に浸透している慣習や用語、よくあるピンチ（クレームにつながりやすいトラブルとその解決方法、業界の伝説になっている失敗例など）といった情報は、ワークショップに入る前にできるだけ詳しく伝えておいたほうがいいでしょう。

ユーザー目線で未来を想像するぐらいなら部外者でもある程度は可能ですが、業界特有のお約束ごとは、さすがに業界内の人からレクチャーされなければわかりません。就職活動中の学生さんに自社や業界について紹介するぐらいの丁寧さで、作家さんに説明する機会を設けるのが望ましいと思います。

自社で未来予測をすでにつくっている場合は、とてもよい資料になります。出来栄えがいまひとつ、と思っていても気にせず提供してください。現状を確認することは、それを前進させるためにも、新たな方向性を模索するためにも、とても大きなヒントになります。型を知らないと、型破りはできないのです。ただし、それによって作家さんの発想を特定の方向に誘導するのはよくありません。インプットを最大化しつつ、方向性を制限しないことが、予想外の未来ストーリーを生むカギなのです。

④1stワークショップ（約3時間）――作品世界を豊かに広げる

前記のような事前準備を経て、いよいよ1回目のワークショップの日を迎えます。ワークショップの進め方そのものは、第４章で示したＳＴＥＰ1～3の通りですので、ここでは「作家さんと共創する」という観点で、特に留意しておきたいポイントだけを解説したいと思います。

特に意識しておきたいことは「作家さんは情報をつなぎ合わせてテキストに昇華させるプ

【未来のニーズと会社の強み】

・新しいニーズに対して、自社の強み（得意領域など）をどう広げて生かせるでしょうか？（今後つくる強みも含む）

作業時間10分

【未来のニーズと会社の強み】

新しいニーズ	ニーズを満たすための必要要素（技術など）	特に、自社の得意領域や強みをどう広げて生かすか
例）紫外線の量を地球の農作地とリアルタイムに合わせられる建築		

図表6-3　会社の強みや未来のニーズのスライド

【次回に向けて、考えていただきたい点】

①ガジェットAやガジェットBなどがもたらす、利用シーンごとの具体的なイメージ

Q1：場所ごとの導入方法や、ユーザーにとっての価値は何でしょう？
Q2：実現する際に必要な技術や、その横展開は何が考えられますか？

②既存産業の変化

Q1：①で検討した未来が一般的になった際、既存産業にどのような変化があるでしょうか？
Q2：①で検討した未来が一般的になった際、競合他社が強みを発揮する点と、自社が強みを発揮できる点はそれぞれどこでしょうか？

図表6-4　宿題スライド

ロですが、表現すべきテーマに関してはアマチュアである」ということです。特に初回のワークショップの段階では、参加メンバーのなかで、もっとも業界内の慣習や常識について不案内な存在が作家さんである、と考えていいでしょう。きちんと理解しておいてほしい自社の強みなどについて話す場合は、予備知識ゼロの人でも理解できるように話すことを常に意識しておく必要があります。

　ワークショップで未来社会を考えるにあたっても、「業界はどう変わっていくのか？」「未来のユーザーニーズはどう変わるのか？」「その新しいニーズにどうやって応えていくのか？」といった問いに対して、もっとも突っ込んだ考えを示すことができるのは、いまその業界にいて、現実的な課題を共有している人だけです。ここで密度の濃い情報をいかに出せるかが、これからつくろうとしている作品の質を大きく左右します。責任重大なのです！　作家さんにプレゼンテーションをするつもりで、どんどん発言してほしいと思います。

余談ですが、とあるワークショップで、「未来像」を話している間はとても盛り上がって、どんどん話が広がったのに、「自社の強み」に話題が移ると、ガクッと勢いが鈍ってしまったことがありました。せっかく想定した未来像に自社の居場所がない、ということが、図らずも明らかになったわけです。ちょっとガックリしますが、そのおかげで「いま、変わらなければ会社がなくなってしまう」という危機感を共有できたと思えば大きなチャンスです。

さて、次の2ndワークショップでは、具体的なサービス／事業を取り上げて、それにまつわるプロジェクトや、そこで発生するトラブルなどを考えていくことになります。そのためには、事業の具体的な内容や、自社がそのために何に取り組み、どんなパートナーと組んでいるのか、といったイメージを事前にある程度明らかにしておかなければなりません。

1回目のワークショップで、このあたりまでたどりつけていればいいのですが、時間内では、せいぜい未来のニーズやサービスの姿が見えてくる程度で、そこで自社がどんな役割を担うか、強みをどう生かしていくか、といったところまで明確にするのは難しいのではないでしょうか。こうした積み残しの部分は「宿題」として、次回までに考えてもらうようにしましょう。例として、私が出したことのある宿題を図表６‐４に示しておきます。

⑤2ndワークショップ（約3時間）――作品の骨格を決める

２回目のワークショップも、進め方そのものは、第４章で示したＳＴＥＰ４～５の通りです。

前回のワークショップの議論を踏まえて、それぞれが持ち寄った宿題を共有し、まずは今回検討すべき未来のサービス／事業を明確にしておきましょう。それをもとに、キャラクター像や、未来で起きそうなトラブルについて具体的に考えていきます。

このワークショップで検討する内容は、作家さんが小説をイキイキと描写するために必要不可欠な要素です。できるだけ具体的にイメージをふくらませてもらえそうな材料をどんどん場に出していきましょう。たとえばキャラクターなら、いかにも業界にいそうな人を思い浮かべつつ、しぐさ、口癖、服装、習慣などまで具体的にイメージしながら口に出してみてください。また、未来社会で起きそうなトラブルについても、現実において実際に直面したトラブルの体験はもちろん、どんな条件が揃えば、それがもっと深刻な事態に陥っていたかなどについて想像をふくらませてみてください。

このワークショップ後に、作品の骨組みをしっかり決めていきます。オファーの段階で、2人の作家さんにそれぞれ約1万字の執筆をお願いしているとして、それぞれ1万字でひとつの作品をまとめてもらうのか、あるいは、３０００字程度で3編書いてもらうのか、それぞれの作品は同じ世界観を共有するのか、しないのか……といったことです。できるだけさまざまな未来像が欲しいなら作品数を増やす方向で検討すべきですし、ひとつの未来像を掘り下げたいなら、1編の文字数を増やし、しかも複数の作家さんが同じ世界観を共有する「シェアード・ワールド方式」のほうがいいでしょう。

作品数を増やすパターンにもいろいろあります。たとえば、以下のようなものです。

・ひとつのプロジェクトを、エンドユーザー、クライアント、会社員（プロジェクトメンバー）という3つの視点からそれぞれ描く。
・10年後、20年後、30年後など、異なる時代に起きることをそれぞれ描く。
・あるできごとが「起きた未来」と「起こらなかった未来」の2つのパターンをそれぞれ描く。
・同じ世界の「平常時」と「災害などの非常時」の2つの姿をそれぞれ描く。
・同じ製品の、異なる利用シーンを複数の作品で描き分ける。

このように、複数の未来像を描くことには大きな意義があります。もし２０２０年にコロナ禍が広がっていなければ、いま私たちが見ている現実は、まったく違ったものになっていましたよね。ひとつの未来像だけで思考をロックしてしまうより、複数の可能性に開いておいたほうが、予期せぬ事象にも適切に対応できる可能性が高まります。

また、特定のシチュエーションだからこそ、クローズアップされる人、組織、立場というものがあります。複数の未来像を想定していたほうが、多様な視点を取りこぼすことなく拾えるわけです。コロナ禍に見舞われた現実においても、在宅ワークでスムーズに兼業体制に移行してかえって収入が増えた人と、感染リスクを背負いながら対人業務に携わっている人では、まったくものごとの見え方は異なります。

未来予想の多くは「なにかが起きた後、どうなるか」という視点のものが多くなりがちです。しかし、実は「何かが起きている真っ最中」を考えることはとても重要です。しかし、それはかなり特殊な状況ですから、正確に記述するのが難しいのは確かです。そこで、パターン分けをうまく活用して複数の状況に思いを馳せてみる思考法が力を発揮するのです。

【主要設定一覧表】

分類	詳細	調整案
時期		
場所		
登場人物		
事件		
ガジェット		

図表6-5　主要設定一覧表

調整ミーティング（約1時間）——複数の世界観を調整する

複数の作家さんとともに作品づくりを進めている場合は、ストーリー間の矛盾や重複を調整するためのミーティングが必要になります。プロットの素案ができたら共有し、作家さんたちが一堂に会する機会を設けて、「互いの世界観に矛盾がないか」「主人公、時期、場所などがかぶりすぎていないか」をチェックしましょう。

このとき、主人公の属性（年齢、性別、職業など）や、小説の舞台となる場所や時期など、主要な設定を一覧できるよう表に整理しておくとスムーズです（図表6‐5）。

また、主要設定以外にも、プロットを見比べると、世界観の違いが見つかることがあります。

たとえば、時代設定が同じなのに、小説Aでは小学生が徒歩通学をしていて、小説Bでは小学生も空飛ぶクルマで学校に通っていたら変ですよね。技術ロードマップなどを参照しながら、どちらかに統一していきましょう。

迷ったときは、ぜひ身近にいる専門家の意見も聞いてみましょう。私自身の例では、50年後の未来を扱う小説に、夏休みの小学生を登場させようという話になった際、「50年後にも夏休みってありますか？」と作家さんに問われて答えに詰まったことがあります。このときは、文部科学省出身の同僚に相談しました。

⑥3rdワークショップ（約3時間）——プロットに肉づけする

作家さんからプロット案が出てきたら、それをもとに3回目のワークショップを開きます。あともう少しです！

このワークショップでは、主に世界観を詰めていきます。大切なことは、「この設定、このサービス、この技術を、小説のなかにぜひ組み込んでほしい！」という要望や思いをすべて出し切ることです。

もちろん、要望したからといって、小説という形式にそれらをすべて無理なく組み込めるとは限りません。しかし、どこに強い思い入れがあるかを作家さんにアピールしておくことは重要です。そして、作家さんに要望できるのも、このワークショップが最後です。執筆が始まってしまうと、何か要素を追加したり、あるいは削除したりという変更は、世界観全体のバランスに影響を与え、無限の微調整を要求することになってしまいます。ひとたびかたちになったものを無理に変えようとすると、作家さんをめちゃくちゃ苦しめてしまう、ということは肝に銘じておきましょう（サービスやプロダクトをつくるプロセスでもそうですよね。軽い調子で仕様変更を命じてくる、困ったクライアントや上司みたいな存在にはなりたくないものです……）。

とはいえ、このワークショップが終わった後も、作家さんとのやり取りは続きます。こちらからの要望を伝えるためでなく、作家さんからの質問に答えるためです。いくら事前に設定を決めておいても、執筆作業が進めば、新たな疑問はどんどん出てきてしまうので、作家さんとのやり取りはここからが本番といってもいいぐらいです。

テーマと関連する質問はもとより、テーマと直接は関連しないことでも、小説で具体的に描写するために考え、決めておかなくてはいけない事項は山のようにあります。想定外の方向からも質問がどんどんやってきますので、がんばって答えていきましょう！

大変な作業ですが、実は、このやり取りで未来社会の世界観がぐっと鮮明になっていくのです。参考までに、私がいままでいただいた質問のうち、印象的だったものをいくつか記します。移動手段やコミュニケーション手段は、どんな設定のＳＦ小説でも重要な要素になりやすいので、質問されることが多いと思います。

Ｑ：２０７０年の東京の１ＬＤＫって、どんな広さが標準？
Ｑ：２０７０年の空飛ぶクルマの運賃はいくらぐらい？
Ｑ：２０７０年の移動手段はどうなっているの？
Ｑ：30年後に世界で影響力を持っている国はどこ？
Ｑ：認知症はいつ、特効薬ができるの？
Ｑ：30年後のコミュニケーション手段はどうなってるの？

⑦完成――未来がかたちになる

ようやくこのときを迎えました。作品の完成です！　数カ月にわたってつくり上げてきたストーリーが、小説というかたちになったときの喜びはひとしおです。思う存分、楽しんでください。

いったん納品、となってからも、誤字・脱字などの小さな修正は出てくる可能性がありますが、作業はここで一区切りです。そもそも、この作品は未来社会を議論するための材料として生み出したものなのですから、活用しなくては意味がありません。ぜひ、社内外を問わず、いろいろな人にストーリーをぶつけてみてください。そして、議論を巻き起こしてほしいと思います。きっと、さまざまな意見が出てくるでしょう。また、あなた自身にも「こう変えたいな」という思いが湧いてくるかもしれません。その場合は、作家さんと改めて契約を交わし、新バージョンへの練り上げにチャレンジしてもいいでしょう。

待ちに待った作品が、かたちになって届く。私は何度もこの瞬間を経験しましたが、毎回、いてもたってもいられなくなって、グイグイ読んでしまいます。深く、広く、何度も、いろいろな方向から、さまざまな思いをめぐらせた未来の姿が、小説としてイキイキと躍動しているのを見たときの感動！　ぜひ、皆さんにも味わってもらいたいと思います。

第7章　ＳＦ思考から生まれた5つの未来

藤本敦也

前章では、ＳＦ作家さんとタッグを組んで未来ストーリーをＳＦ小説に仕立てる方法を解説しました。

ただ、読者のなかには、「で、結局どんな作品ができるの？　それがイメージできないと上司を説得するのも、チームを結成するのも難しいな」なんて思った人もいるのではないでしょうか。

ですよね！　わかります！　そこで本章では、実際の作品例を読んでいただきたいと思います。

いまから紹介するのは、三菱総合研究所で２０２０年に実施した「２０７０年のＳＦ思考ワークショップ」から生まれた５つの短篇ＳＦ小説です。ストーリーのつくり方にはさまざまなパターンがありますが、この５編は、「複数の作家さんにお願いして、世界観を統一して書いている」「そこそこ遠い未来を想定している」「これから重要性が増すテーマ（環境問題やヘルスケアなど）を扱っている」という特徴があり、さまざまな企業で応用しやすい事例といえると思います。

ワークショップは「50周年記念研究」の一環として開催したものです。三菱総合研究所は２０２０年でちょうど創業50周年。これを機に、50年後（２０７０年）をターゲットとした未来社会のあり方を考え、その成果を広く発信していこう――。そんな目標を掲げて始まった研究です。私も研究チームの一員でした。

……なんて紹介すると、いかにも堅苦しく聞こえますよね。しかし、私たちはこの研究を「難しい顔をして、未来予測を上から目線で語る」ものにはしたくありませんでした。そうではなく、実感のこもった〝刺さる未来像〟にしたかったのです。そして、その切り札として「ＳＦ思考」を活用したというわけです。

小説が５つあるのは、研究分野が大きく５つあったからです。本章では、実際に完成した５作品とともに、それぞれのストーリーがどんな経緯で生まれたか、どんな思いが込められたかを併せて解説します。実際にＳＦ思考に取り組む際のヒントにしていただきたいと思います。

そして、作品紹介に入る前に、そもそもの研究の概略や、ＳＦ思考を活用することになった経緯、ワークショップの流れなどもご説明しなくてはなりません。少々前置きが長くなりますが、おつきあいください。

50年後を展望する、未来の研究

まず、50周年記念研究について簡単にご紹介しておきましょう。

研究のタイトルは、『「１００億人・１００歳時代」の豊かで持続可能な社会の実現』です。いまが激動の時代であることは、きっと誰もが感じていることでしょう。これからの50年、世界人口は１００億人に達するといわれています。また、日本を含む先進国を中心に、１００歳以上の超高齢者も増えていきます。人類が経験したことのない、人口拡大と高齢化の時代へ向かうのです。おまけに、気候変動、資源の枯渇、格差や分断……といった地球規模の深刻な課題もたくさん抱えています。

たったひとつの地球で暮らす、１００億人もの大所帯。このすべてが豊かさを実感できる未来社会のために、私たちは、目の前に立ちはだかる難問とどう向き合っていくべきでしょうか。

この研究は、そんな課題意識から始まりました。そして、私たちが掲げたのが、図表７-１に示した「5つの目標」です。それぞれが、ヘルスケア、つながり、働き方・活動、防災、環境という5つの研究領域とひもづいています。本研究の成果は、研究レポートとして三菱総合研究所のサイトで公開[1]しているほか、書籍『３X-革新的なテクノロジーとコミュニティがもたらす未来』（ダイヤモンド社）にもまとめています。ご関心のある方は、ぜひご一読ください。

日本が目指す「5つの目標」		日本特有の背景
健康 健康維持・心身の潜在能力発揮	「守りの健康」から「攻めの健康」へ。誰もが潜在能力を発揮し、Well-beingな人生を生きる社会	•100歳時代の到来と現役世代の減少 •医療・介護保険制度の2040年問題の乗り越え
つながり 多様性の尊重とつながりの確保	現実×仮想の多様なコミュニティで新たなつながりや経験を得て、豊かな人生を満喫できる社会	•核家族化、地域社会の弱体化、組織の変化 •「緩やかなつながり」の比率の高まり
自己実現 新たな価値創出と自己実現	個人・コミュニティが価値創出の主役となり、自己実現を実感できる共創・互恵社会	•続く生産年齢人口減少 •終身雇用を前提とした従来の働き方の転換
安全安心 安全・安心の担保	個人の自由と安心を両立し、平時・緊急時のモードチェンジが可能な社会	•気候変動に加え、巨大地震の発生確率大 •脆弱性の高い社会インフラの増加
持続可能性 地球の持続可能性の確保	技術活用と人の価値観・行動変革で脱化石資源・ロスゼロを実現する社会	•気候変動による持続可能性に対する影響大 •食料・資源供給基盤の安定供給力の低下

日本人の価値観や特性を踏まえた豊かさと持続可能性の実現

図表7-1　50周年記念研究の５つの目標
出所:三菱総合研究所作成

マクロトレンド関連資料
•統計・予測データ（人口動態、平均寿命の推移、GDPの推移、医療・介護費の推移、国・地方の基礎的財政収支、ライフスタイル動向など） •各種白書（エネルギー白書など） •省庁、研究機関、大学等が作成している未来社会像に関するレポート・論文、研究書
各種技術のロードマップ
医療技術、ロボティクス技術、VR技術、通信技術、環境技術など（当社調査・分析結果も含む）

図表7-2　参照した資料例

情報収集が研究のスタートライン

こうした研究は、まず膨大な資料を読みあさることから始まります。

50周年記念研究では、主に図表7-2のような資料にあたって、現状を把握するとともに、未来に起こりそうなことを整理・分析しました。そのうえで、私たち人類が、ただ時の流れに身を任せていたら、どんな未来を迎えることになるか？　をシミュレーションした「なりゆきの未来」について考えました。

当然ですが、「なりゆきの未来」では、さまざまな社会課題が発生します。それらを整理・分析したうえで、どう解決していくかを考えるのが、研究の肝といえます。

こうした静的な情報だけでなく、人をソースとする動的な情報を集めることも重要です。そこで、さまざまな分野の有識者とのディスカッションも精力的に行いました。幸い三菱総合研究所内にも各分野の専門家がいますので、まずは社内で議論を交わし、そこから数珠つなぎ的に社外の有識者につながっていきました（わらしべ長者スタイルです！）。もちろん、研究メンバーも独自にリサーチし、「ぜひ、この人の意見が聞きたい！」という人には、どんどんアプローチしていきました。たとえば、以下のような方々です。

・各領域でビジネスを展開するベンチャー企業の経営者
・各領域に関するセミナー、有識者会議などの発言者、著書のある研究者
・自分ごととして未来を捉え変革しようとしているオピニオンリーダー

学術的に研究されている方々の専門知からさまざまなことを学べたのはもちろん、その領域で新たなビジネスを立ち上げようとしているベンチャー企業の方々の未来像は、課題認識と目的が明確な実践知として、とても刺激になりました。

各分野のセミナー・学会・研究会も重要な情報源でした。交流会などで登壇者とご縁ができ、あらためてディスカッションの機会をいただいたり、アドバイザーとして関わっていただいた方もいます。この研究を通じて、今後に生かせる貴重なつながりが数多く生まれたことへの感謝の気持ちでいっぱいです。

情報はさまざまなところにあります。特に「人」が持つ情報は、深く、豊かです。話を聞いてみたい、と思った人が、すごい肩書きの雲の上のような人だと、ちょっと気後れしてしまいますが、こちらの熱意が伝われば、意外なほど快く応対してくださることが多いもの。真剣に未来像を考えたい！　そのために情報を集めたい！　と思っている人は、ダメもと精神で、ぜひいろいろな人にあたってみてほしいと思います。

研究にいのちを吹き込む「SF思考」の力

こうした情報収集、考察、課題の洗い出しやディスカッションを経て、だんだん未来社会像が見えてきて、論点も出そろってきたのが、研究のスタートから1年近く経った頃のことです。しかし、「本当にこれでいいんだろうか？」「この未来って、本当に幸せ？」「なんだか、ちょっとワクワクしないかも……」というモヤモヤは消えませんでした。

その大きな理由のひとつが、肝心の未来社会像を、メンバー全員で共有できているようで、実はできていなかったことです。分析や調査は山のようにしたものの、どれだけデータを追っても、どうしても机上の空論感がぬぐえません。マクロトレンドや、技術の動向をどれだけ把握しても、それらが複合したとき、実際にどんな風景が目の前に広がるのか。そこで人々が何を感じ、どんな日々を過ごすのか……というイメージは、やはりぼんやりしたままだったのです。

50年後といえば、ビジネス的には超長期の未来です。これだけ時間軸が長いと、当然ながら確固たるエビデンスなんてありません。そのこと自体は仕方ありませんが、やはり概念だけでは地に足のついた議論になりにくい。言葉をこねくりまわして、想念だけを戦わせる空中戦みたいになってしまうのです。

同じ言葉でも、世代や属性によって捉え方にギャップがあるため、メンバー間の意見のすり合わせにも苦労しました。たとえば、誰かがある未来像を主張したとします。しかし、それに違和感を持つ人も当然います。ただし、主張する側も反論する側も、強いエビデンスを持っているわけではありません。そうなると、なんとなく反論しにくい空気のまま、立場が上の役職者や年長者の意見に流されてしまう、ということが起きがちです。

未来の家族を考えていたときもそうでした。若いメンバーからは、「結婚制度が形骸化して、事実婚が主流になる」「他人同士のハウスシェア、ルームシェアが当たり前になる」「子育ても、家族よりコミュニティで担うようになる」というような意見が出ました。すると、郊外の持ち家で家族と暮らす年長者から「家族がバラバラになるのはよくない」というような意見が出てきます。どちらも間違っているわけではないので、真っ向から反論するのがためらわれます。それに、反論すると価値観の否定になりかねない微妙な面もあります。こうした忖度と遠慮が重なって、結果的に議論のテンションが下がってしまうのです。

こうしたジレンマを打破してくれたのがＳＦ思考でした。

堂々めぐりを続けて停滞するぐらいなら、ひとまず、現状の未来像をもとにＳＦ小説をつくってみよう！　そして、２０７０年の未来を可視化してみよう！　議論はそれからだ！　というわけです。

やってみてどうだったか……というと、本当にやってよかったです。「これは従来型の研究ではない！　主観をベースに、創造力や妄想力を発揮するSF思考なのだ！」という前提を置くと、それまで遠慮していた若手からもどんどん意見が出てきます。ストーリーをつくるプロセスで未来像が一気に具体化したことで、未来に対するワクワク感も高まりました。頭だけでなく心で理解できるようになったのです。研究メンバーは、年齢や性別などの属性がある程度バラけていたのもよかったと思います。

つくった5編は作品として独立しており、登場人物も重複していません。しかし、時代設定はすべて2070年に統一し、同じ世界観は共有するという「シェアード・ワールド方式」で作成しました。未来を多様な視点で描き出すためにはそれがふさわしいと考えたからです。

このSF思考プロジェクトは、キックオフから完成まで約4カ月かかりました。その経緯を、ここで簡単に振り返っておきましょう。

キックオフ――怒濤の資料共有

5人のSF作家さんに参加のご快諾をいただいた後、ご本人の興味関心や意向も考慮して、5つのテーマを振り分けさせてもらいました。そして、作品に「入れてほしい内容」と、「外してほしい事柄」について、最初にお伝えしました。

50周年記念研究のターゲットが「２０７０年の日本」なので、２０７０年という時代設定は外せません。また、研究の性格上、公序良俗に反する内容は入れたくありません。加えて、この研究をよりよい未来社会実現ためのエネルギーにしたい、ポジティブなメッセージを発信したいという思いが強かったため、小説でもポジティブな未来観を提示したいと考えました。そこで、具体的にお願いしたのは、以下のような内容です。

「入れてほしい内容」

・舞台は２０７０年の未来の日本であること
・「ふつうの人」の生き方がどこかに描かれること
・最後は、何かしらの希望が持てるようにしてほしい

「外してほしい事柄」

・犯罪（殺人・麻薬・強盗・性犯罪等）
・登場人物が画一的で多様性がない
・現代においてもすでに古い価値観や下ネタ

また、事前資料として、これまでの研究内容と関連資料一式を提供し、ワークショップに入る前に目を通していただきました。送った私がびっくりするぐらいの量だったので、読むだけでも大変だったと思います。

1stワークショップ――未来がリアルに動き出す

オンラインミーティングで顔合わせをした後、それぞれのテーマで、1回目のワークショップを開催しました。検討したのは、主に下記の項目です。

・2070年の未来で普及している新技術、新製品や新サービス（STEP1～2に対応）
・2070年のライフスタイル（STEP3に対応）
・2070年までの社会変化のポイントになったできごとや事件（STEP3に対応）
・2070年の産業構造や社会制度、新しい職業（STEP4に対応）
・2070年にイキイキしている人、辛そうな人（STEP4に対応）
・2070年のトラブル（STEP5に対応）

このワークショップで、特に印象に残ったパートが2つあります。

ひとつは「２０７０年に辛そうな人」を考えたパートです。いうまでもありませんが、未来はユートピアではありません。それがどんなに便利で豊かな社会でも、生きづらい人は出てくるでしょう。では、それはどんな人たちなのか？　この問いからは、リアリティのあるさまざまな声が出てきました。メンバーにも、これまで語りきれなかった未来像への違和感、不安、不満などがモヤモヤとたまっていたのでしょう。そうした思いが「未来の人に代弁させる」というかたちで一気に語られたのだと思います。

もうひとつは、「２０７０年までの社会変化のポイントになったできごとや事件」を考えたパートです。これは、主に以下のような論点で検討しました。いわゆるピンチや危機です。

・いままでの制度が持たなくなるのでは？　(例) 高齢化で社会保障制度が崩壊、既存の家族制度の崩壊
・予期せぬ災害が起きるのでは？　(例) 台風予知が外れて大型台風が襲ってくる
・価値観がガラッと変わるのでは？　(例) ＡＩやロボティクスの進展、ベーシックインカムの導入、働く意味の変化

こうした大きな変化を想定すると、未来像はぐっとリアルになります。新規事業を企画するときも、新たな事業やサービスのアウトラインができたところで、「これが失敗する場合、理由は何か？」という問いを立て、先回りしてリスクを洗い出し、計画のブラッシュアップをすることがありますよね。あえてネガティブな部分にスポットを当てることは、構想に深みとリアリティを加えるうえで欠かせないものだと思います。

宿題と調整ミーティング——舞台設定が整っていく

1回目のワークショップの後、次回のワークショップまでに、以下の宿題を課しました。

・三菱総合研究所　↓　新産業や新サービスの詳細を設定する（損益計算書の作成、価格感の設定など）。技術や制度の詳細を設定する
・作家さん　↓　数百字のプロット案を作成する

そして、5つのプロット案が出揃ったところで、5人の作家さんに集まってもらい、ネタがかぶっていないか、世界観として統一しておくべき部分はないか、といった確認を行いま

ガジェット名	説明	確実度
経験共有システム（エンパシー形成システム）	・経験そのもの（周囲の環境、視覚情報、聴覚情報、触覚情報）といったデジタル情報が収集され、自分ごととして経験できるようになる。 ・経験のマーケットができている（YouTubeのようなイメージ）。 ・簡易HMDと手袋などで、ある程度経験共有ができるようになっている。	△~○
複合人格システム	・個々人のデジタルコピーの人格を重ね合わせて、新しい人格をつくる。 ・その人格はデジタル世界だけでなく、ロボット等を通じてオフラインの世界でも活動できる。 ・新しい人格により、新しい発想が生まれやすくなったり、新しい人格の人生を楽しむようになる。	△~○
味覚など感覚共有	・味覚の感覚共有を実現するには、直接舌に電気刺激を与える方法、脳に電気刺激等を与える方法、クロスモーダル（錯覚）を利用する方法、の３種類が考えられる。 ・脳への電気刺激は侵襲度が高いので、そこまでしないと思うと、舌への電気刺激、または視覚・聴覚・触覚を混ぜたクロスモーダル情報提示技術になるかと思う。 ・マウスピース型の何かを少し噛んでおくか、ガムタイプの使い捨ての何かを使うイメージ。	△~○
通信機能付き人工関節	・肘やひざの人工関節だが、通信機能がついていて、体の稼働状況や、人工関節のメンテナンスの必要性などを検知して常にサーバにデータを送る。 ・人工関節化した人の動きや行動が、集中管理されるサーバ上で株式会社によってモニタリングされるようになる。義手・義足などの身体拡張ロボットパーツも同様。	○~◎

図表7-3　ガジェット一覧表（一部抜粋）

	2030年	2040年	2050年
ヘルスケア	・2035年、医療翻訳AIが実装化される（医療の高度専門用語に加え、自分の遺伝子情報や行動履歴などパーソナルな情報と組み合わせて、適切な判断支援をしてくれるAIの実現）	・自宅での医療診断および薬の送付がほぼ実装されている ・通信機能付き人工関節が実用化（義肢を経由した触覚など感覚フィードバックが可能となる）	
孤立関連	・2040年問題を見据えて、共感庁設立(2035年頃) ・共感庁主導で、ワンちゃんやデジタルコピー人格を活用した、孤立対策が実施される（シニアから入る） ・共感機器がカウンセリングに活用され、社会保障費から補助が出る ・2035年に、共感カウンセラーの資格を設置	・孤立リスクマネジメントシステムが構築され、運用開始	・年一度のつながり診断が義務化される ・2055年、増加する失業者対策もかねて、コミュニティ・インターンシップ制度（半年間／3年間）が30代〜60代で義務化
コミュニティ・家族関連		・介護問題が大きくなりすぎて、民法877条が改正（2045年頃）。介護の義務が緩和され、それに伴い、家族のあり方が緩和される	・日本で初めて「デジタル移住」が認められる ・コミュニティポートフォリオの分散運用が一般化
つながり	・この頃に、単純作業の人格のデジタルコピー化に成功 ・この頃に、経験や単純な感情をフィードバックする技術が進展する	・この頃に定型的な仕事をこなせるデジタル人格の開発に成功（事務作業） ・この頃に他人の経験を全身で感じることができる技術を開発 ・2045年頃に、他種（犬猫など）との経験や感情を感じる技術が一般化する	・企画やディスカッションの対応ができるデジタル人格が登場 ・この頃、イヤリングや眼鏡型など違和感のないウェアラブルな脳波計により、相手や自分の感情が見える化(意識的な感情に限る)
エンタメ		・2045年頃に、初期の共感デバイス(触覚スーツなど）を活用したヲタ芸の大会が開かれる	

図表7-4　未来年表例（一部）

した。このときの主な議題は以下のようなものです。

・２０７０年、認知症の治療法はどうなっていて、患者はどう暮らしている？
・２０７０年にベーシックインカムは実現している？
・２０７０年のコミュニケーション機器（スマホやパーソナル端末）はどんなもの？
・２０７０年の初等教育ってどんな感じ？
・２０７０年の日本の気候はどう変化している？　天気予報は当たる？　温暖化の影響は？

また、ワークショップの議論をより深めたガジェットの一覧表（図表７‐３）や、背景として設定する未来年表（図表７‐４）などは、三菱総合研究所で、追加で作成することになりました。

2ndワークショップ――小道具まで詰めていく

こうした調整を経てプロットを確定し、２回目のワークショップに臨みました。ここでの主な目的は、執筆にあたって詰めておくべき世界観や、描写するガジェットなどの認識をす

【候補の整理】

分類	
時期	・大きな大会のある時期（2070年の秋）：祭りのお話
場所	・各地をつなぐ ・伝説の舞踊師匠（北海道〜青森） ・主人公（沖縄）
人物	・伝説的な舞踊（ヲタ芸）：40歳前後、（70歳）レジェンドが100歳：男性 ・主人公：60代後半：男性 ・レジェンド（100歳）：男性　デジタルコピーとして登場
事件	・デジタルコピーがなぜ使われるようになるか（生産性の向上など） ・共感ジェル（2040年問題を見据えて、開発。最初は別の何かが2030年） ・アイドルはいるのか（次の感染症がきっかけで、アイドルとヲタ芸が分断した）
ガジェット	・共感ジェル（手首または肩）：ずっと使い続けているわけではない。化粧品感覚で使う。ナノマシン。香水に近い。伝統芸能、チームビルディング（面接、採用）、家で使う ・デジタルコピー ・サイリウム（AR）

図表7-5　候補の整理

【最終確認事項】

三菱総合研究所から読者にアピールしたいこと（50周年記念研究で新しく発見したこと／用語／独自性）（※　差し支えなければ作中に入れていただきたいもの）

・孤立リスクマネジメントシステム（コミュニティ分散運用）
・共感庁（厚生労働省の枠組みの中。つながりカウンセラー）
・海、木に加え、無機物（車）との共感による、人生の楽しみ方
・経験保証機関（仮:エンピリア社）、経験共感人格プラットフォーム（仮:トコワカ社）
・複数ライフを楽しめる（ヲタ芸）。
・準家族も一般化している（通常の家族も残っている）
・性年齢に縛られないような生き方をする
・与信（信頼性を与えられるのか）が必要になる：経済的な面、弟子入り、などなど相手が信用できるか（経験、コミュニティ・ポートフォリオから算出）

作家さんから、三菱総合研究所に確認しておきたいこと（優先順位、新事業PL、新省庁など）（※　三菱総合研究所×SFプロトタイピングならではの作品にするために必要なこと）

・経験保証機関の設定（架空の存在でもいい）
・経験共感人格プラットフォーム（仮:トコワカ社）サジェスチョンする方:なぜこの人にヲタ芸をマッチングするシステムになっているのか？　フィルターバブルの回避など。お金の流れは見たい。所轄官庁と免許制度。アイドル居酒屋からの発展。（ここの深掘り）
・2070年のお祭り、人口が移動しているのか？

図表7-6　最終確認事項

り合わせることです。作品間での調整も再度必要になる可能性があるので、小説内で描写する要素を挙げてもらって整理しました。

また、三菱総合研究所側からあらためて読者に伝えたいことをお話しすると同時に、作家さんの意向についても最終確認を行いました。

以上、大まかな流れをご説明しました。

もちろん、これ以外にも、作家さんからの質問に答えたり、資料を提供したり、というやり取りはありましたが、話を引っ張りすぎてもいけませんので、そろそろ実際の作品紹介に入ります。いずれの作品も自信作ですので、ぜひ楽しんでください！

［作品①］健康は自分でつくる！　ヘルスケアの未来

「ヘルスケア」分野の小説執筆をお願いしたのは、高橋文樹先生です。

高橋先生は、短篇「ｐとｑには気をつけて」などの著作をお持ちの、予想外のＳＦ的設定を叙情的に描く作家さんです。オンライン文芸誌の「破滅派」を主宰・法人化したり、千葉市ＳＦ作家の会 Dead Channel JP を主宰し、地域とＳＦを結びつける活動を行うなど、新しい文芸のあり方を提案していらっしゃるため、本プロジェクトに新鮮な視点を持ち込んでくださるのではないかと考え、ご依頼させていただきました。

ヘルスケアの研究チームでは、「未来社会では健康という概念が大きく変わる」と考えていました。健康とは、単に「病気がない状態」ではなく、心身の潜在能力を発揮し、自分が望む生き方を選び取れる状態、つまり「一人ひとりのウェルビーイングのために心身をマネジメントできる状態」を指すようになると考えたのです。病気から身を守る「守りの健康」から、能力をめいっぱい発揮できる「攻めの健康」へシフトする、といってもいいですね。

そこで、高橋先生には最初に「２０７０年に、人はどのように自分の心身と向き合い、能力を発揮しようとしているかを表現したい」と伝えました。そして、医療にまつわるテクノロジーだけでなく、人間の能力全般を拡張する技術全般について、高橋先生と情報を共有しました。それは認知症やがんの治療技術、ＡＩカウンセリング、人体とロボットの同一化技術など、本当に広いジャンルにわたります。

こうした情報を下敷きに、ワークショップでは、２０７０年にあり得る新サービスとして、「ロボット接ぎ木」（木と神経を接続して環境のモニタリングができるテクノロジー）、「限界コストゼロ医療インフラ」（予防医療を中心としたオンラインかつＡＩ医師による無料医療センター）などのアイデアが出てきました。

こうしたサービスが実現すれば、身体拡張パーツを管理する会社が生まれるかもしれませ

【ヘルスケア領域のガジェット案の一例】

新製品・新サービス	一言説明	どんな価値を提供しているでしょうか?
ロボット接ぎ木	・木と神経を接続して、環境モニタリングを行う	・環境のモニタリング
限界コストゼロ医療インフラ	・シェアード医療センター ・オンラインでの自宅診断 ・AIがすべて診断を行うため、そこは無料 ・予防医療がメイン	・薬も自動で自宅に送られ、いっそうの予防が可能となる
ゲノムメイト	・自分のゲノム情報を用いて、役に立たない遺伝子（耳垢など）グルーピングがなされ、仲良くなるきっかけができる	・コミュニティができてくる ・スクリーニングに使われる（病気の遺伝子）

図表7-7　ヘルスケア領域のガジェット案

ん。また、ＤＩＹ医療にまつわるビジネスも誕生するでしょう。人間にできることの限界が大きく広がるので、「なりたい自分」がはっきりしている人はイキイキと暮らせそうです。一方、自分の限界を自覚して、生きる目的を見失ってしまった人は辛い思いをするかもしれません。

「攻めの健康」が実現すれば、年齢を重ねてもさまざまなチャレンジが可能になります。生活習慣病の予防が当たり前になれば肥満も珍しくなっているでしょう。しかし、あえての肥満も個人の選択として尊重されているかもしれない……。そんな意見も出てきました。

ところで、未来の日本は社会保障制度の危機をどう乗り越えたのでしょう？　そんな問いには「基本は予防で何とかなっている」「病気の超早期発見や予防医療が進化し、がんや生活習慣病は克服されている」という未来像も出てきました。

参考までに、高橋先生から受けた質問と、回答の例をひとつご紹介します。

Q　2070年のロボット犬は、砂場などの見回りやごみ収集などまでできるでしょうか？

未来社会で、人とロボットはどう役割分担をして仕事や活動をしているのかを具体的に考えるための質問です。現在の犬型ロボットの機能や価格も参考にしつつ、主に技術開発の観点から以下のように答えました。

A　程度にもよりますが、ニーズがあれば実現に50年もかからないと思います。ただし、メンテナンスを含めたコスト面のハードルはあります。特に砂場のように足場が不安定な場所での移動は、キャタピラーのほうが向いているかもしれません。段差や階段など、人体に適した構造物がある場所は犬のように足のあるロボットは役立つでしょう。

こうした議論を経て生まれたのが、80代の女性サーファーが意外な活躍を見せる、静かな、しかし力強い物語です。

健康維持・心身の潜在能力発揮

「海の感情」

著者　高橋文樹

海面のゆるやかなスウェル《うねり》が規則正しく身体を揺らしている。波数は少なく、岸の近くでは海水が白く泡立って、朝陽に照らされている。波待ちをしている人は他にいない。もう三十分もすれば、ローカルの若いのが群がってくるだろう。ティン、という通知音でウォッチに目をやる。ピークファインダーが波の到達を知らせていた。三十秒後、二メートルほど沖に出て三つ目のうねりだ。この距離ならブーストはなくてもパドリングだけで行けるだろう。

水面がゆっくりと立ち上がってくるのにあわせてボードを岸の方へ翻す。押してくる波の力が徐々に強まっていくのにあわせてパドルを左右で八回。顎を少し前に出し、体重を水面に預ける。すっと浮くような感覚でボードが前に滑り出していく。この浮遊感をいままで何度味わっただろう。滑り出すボードの上に立ち上がってテイクオフ完了。少し高い場所から海を眺める。初夏の暖かい光が降り注ぐ青い水面の輝きは、波乗りだけに許された宝石のような光景だ。

十本ぐらい乗っただろうか、そろそろ疲れたしブーストのモードを強に――とウォッチに目をやったが、鋭く光る赤地に白文字の警告が特権の終わりを示していた。

――おつかれさまでした。ワークアウトを終えて海から上がってください。

丁寧な言葉遣いとは裏腹に、警戒色で強く主張してくる。それでも、ウォッチの指示が間違えることはない。リスク因子として小さな文字で並んでいるのは、運動負荷の増大、次回以降のモチベーション低下、波のコンディション悪化などなど。

若い頃なら肩が回らなくなるまでやっていたが、それはきっとサーフアシスタントがなかったからという、それだけの理由なのだろう。

岸に上がり、駐車場に戻る。防砂林を歩く数分のあいだにドローンを戻しておこうとウォッチに指示を出した。黒松に覆われた細い砂道を踏みしだきながら、今日のライディングを反芻する。三本目は良かった。面の綺麗な波によく食らいつけたし、テイクオフも早かった。アクションはほとんど決められなかったけど、この歳であんなに綺麗なカットバックを決められるのは関東で私ぐらいだ！

防砂林を抜け、五月の重たく白い日光に照らされながら、ドローンの到着を待った。歩道の幅の問題かな、と確認してみたがそんなことはない。ウォッチの表示だと、防砂林の向こう側に降りているようで、レスキューモードになっている。はあ、とため息が漏れる。このレスキューモードという名前はふざけている。助けが必要なのは私じゃなくて、ドローンなんだから。

ボードを歩道の脇に置いて、来た道を戻る。十分の道のりというのはそんなに近くない。ビーチサンダルの中で砂が厚くなっている。

「古川のおばあちゃん、忘れ物！」

目をあげると、視線の先には黒いビキニを着た女の子がいた。片手にドローンを持っている。もう片方の手には白いショートボードで、ステッカーが隙間なく貼られている。ＤＯＮＮＹという文字は有名な会社のロゴだったような。少女のことは見たことがあるような気もするが、思い出せない。中学生ぐらいだが、そんな知り合いはいただろうか。

「はい、こないだも忘れてたよ。ウチがリマインダー設定しといてあげようか？」

「ううん、大丈夫。なんか帰ってこなかったの」

少女は困ったように笑うと、「だから松林の前でピックアップしないとダメだよ」とドローンを差し出した。そうだった。マリンスポーツ用サポートドローン「シーガル」は飛び立った浜辺より内側を飛行することを法律で許されていない。

「ありがとね。次から気をつけるよ」

礼をいって受け取ると、少女はじっとこちらを見つめて「やっぱりリマインダー必要じゃない？前も忘れてたよ。私がやってあげるし」といった。そういえば、と思いだす。この黒いビキニの子は、たしかプロになったかもうすぐプロになるか、とにかくそれぐらい将来を期待されているサーファーだった。

「私、もしかして前も忘れてた？」

「そうだよ。前もウチが届けてあげたんだから。リマインダー設定しといてあげるから、そしたら忘れないよ」

あまり心配かけても悪いと思い、設定してもらった。海辺を去るときにドローンを戻す指示が出るらしい。レイカと名乗った少女は後ろ手を振ると、軽やかに松林を歩み去っていった。聞き覚えはなかったが、はじめて聞く名ではないのだろう。

ドローンをしっかりと抱えて駐車場へ向かう。松林を抜け、車に戻ってトランクを開けたところでボードがないことに気づいた。あるのはサーフボードに塗るワックスのココナッツの匂いだけ。どこにやっただろうか。いま、ドローンは手に持っている。ビーチに戻ろうと思ったが、八時半には出勤だから、往復二十分もしていたら間に合わない。じっと松林の入り口を眺めていると見慣れたオレンジ色が目に入った。あれは私のボードだ。テッド・ムラタがシェイプした十三万円のミッドレングス。

防砂林に向けて走り出すと片側二車線の道路を走っていた車がすっと止まった。ペコリと頭を下げるが、ドライバーはこちらを見もしない。道路に飛び出して怒鳴られた記憶ははるか昔だが、いまでもそのときの恐怖は抜けないままだ。

車にボードを積んで着替えを済ませると、家には寄らずに出社した。作業着に着替え、サポートスーツを身に着ける。プシュッという吸気音がして、サーフィン用とはまったく違う圧力で体が締め付けられると、その日の仕事が始まる。

古川音夢《ねむ》はビーチコーマーとして働いている。リゾートビーチの整備ほか公営海水浴場などを整備する海岸清掃員だ。この仕事をするようになってもう二十年になる。だいぶ歳はとったが、仲間も増えた。駐車場の清掃は移動の清掃車がやってくれるようになったし、ビーチのピックアップドローンの位置修正も遠隔《リモート》に対応している。前は位置を見失ったら海岸をトボトボ歩いて、ビーチサンダルの擦れが痛くて、という具合だったが、いまは見守るだけだ。沖縄のリゾートではドローンの管理も犬型ロボット《フォーレッグス》が行っているというが、南房総のリゾートはロシア資本だ。車一台の値段を出すぐらいなら人間に歩かせる。

小さい頃見た第二次世界大戦の映画を思い出す。ソビエト連邦の兵士二人組で海岸を上がる。銃は一丁しかない。銃を持っていない兵士は、相棒が死ぬとその銃を拾って闘う。自分の仕事はほとんど似たようなものだと音夢は思う。百年以上経っても人はそれほど変わらない――百年といえば、あと十六年だ。音夢が生まれてからもうすぐ百年になる。


砂浜を踏みしだきながら、ドローンが拾い上げるゴミの行方を見守る。魚網やブイ、プラスチックというものが大半だ。清掃用にカスタマイズされた「ハチドリ」というコードネームのドローンは、連携ホバリングができるので、魚網のように複雑で大型のゴミも複数台でさっと持ち上げてしまう。砂を落とす動作がまた軽妙で、各機がタイミングをずらして細波《さざなみ》を立てるように高さを変える。その姿を見ているとついつい物言わぬハチドリたちに「よいしょ、よいしょ」とアテレコしてしまう。太陽が砂浜に朝陽を投げかけハチドリたちの影を落とし、その淡い影がふわふわと浮いている。

端的に言えば、音夢のやるべきことは少なかった。それでも、最終的にこの愛らしいハチドリたちが仕事を無事終えられるかどうかの責任を誰かが取らねばならない。その責任こそがビーチコーマーの仕事だった。時折、懐かしいラベルのペットボトルを見つけることがある。音夢はそれを拾い上げると、ラベルを剥がしてバッグにしまう。ラベルのコレクションは二万を超えているが、コカ・コーラの赤いラベルだけは何枚余っても捨てられない。どの時代にも思い出がある。音夢の八十四年の人生を通じて存在し続けている飲み物はそう多くない。

ドローンにトラブルはなく、沿岸三十キロの清掃で一日が終わった。といっても、まだ午後三時、陽は高い。四トン車の運転席に座り、日報を記録する。海岸線異常なし《オールグリーン》。車内で送信を終え、千倉海岸にほど近い自宅に戻ると、寝支度もそこそこに布団にもぐった。一時間眠れば、潮が引き始める。ウォッチの運動限界はまだ七〇以下、起きたらもうワンセッションだ。

音夢のルーティーンはサーフィン、海岸清掃、サーフィンを基本に回っていた。西東京の出身だったが、中年の頃に出会ったサーフィンが人生を一変させた。医療崩壊直前の東京脱出ブームに乗って南房総に移り住んでから三十年。凪《なぎ》のような人生ではなかった。多くの人との出会いと別れがあり、ついには両親とも疎遠になったまま死別、生涯独身も確定だ。それでも、朝と夕方にいい波が来るのはどの日も変わらない。

夕方のワンセッションを終え、夕食を済ませてから薬を飲む。ホームドクターが送ってくる薬だ。二十年ぐらい前からは、指先を採血してドラッグストアに置いてあるスキャナーに読み込ませると、薬が箱に入って送られてくるようになった。以前は採血と面談のためにそれこそかかりつけ医《ホームドクター》に会いに行っていたが、ウォッチを使って人工知能のホームドクターと面談をすればいいから気楽なのだ。送られてくる薬は減ったり増えたりするが、いまは五種類ほど、あわせて十錠ぐらい飲んでいる。音夢の遺伝子に最適化された、癌や心臓病などの予防医療薬のはずだが、詳しいことは忘れてしまった。たしか、ホームドクターには運動負荷を上げたいという希望も伝えてあるので、関節炎や免疫改善の対策もされていたような気がする。なんにせよ、薬は保険がきくから安いものだし、飲んでおけば少なくとも父親のように癌になって苦しい晩年を過ごすことはない。薬を飲んだら筋力トレーニングと入念なストレッチを行い、プロテインを飲む。プロテインは保険適用外で安くないが、運動をする高齢者専用品だから、サーフィンのための必要経費と割り切っている。眠りにつくのは決まって夜の九時、朝三時に起きると波チェックを済ませる。音夢の一日はそうやって終わっていく。

台風スウェルの一発目が来るらしいですよ。ネムさん、どうすか――というメッセージがマーさんから午前二時半に届いていた。動ける高齢サーファークラブ「スロウシルバー」では貴重な六十代メンバーだ。湘南と平砂浦では南からのうねりが同じようにヒットするので、まめに連絡を取り合っている。同じ病気を抱える友人《メイト》ではあるのだが、まだ一度も会ったことがない。

予報では頭半からダブルサイズ、押し寄せる白泡《スープ》の連続で沖に出てラインナップすることも難しいだろう。四十年前なら見送っていた波だが、いまはフィンにブースターもついているし、問題ない。この歳で骨折などしたらサーフィン人生は終了、サポートスーツは少しキツ目の設定にしておこう。

　ポイント情報だと千歳海岸がオフショアになるらしい。となると、電気屋前だ。ローカル専用のシークレットポイントで、潰れたまま二十年ぐらい経っている電気屋の裏手を降りていくポイントだ。なぜ二十年間電気屋がそのままなのかはいまもわからない。

　音夢は道具のチェックをし、プロテインドリンクで薬を流し込んだ。朝食としては味気ないが、これから波乗りをするときに満腹というわけにはいかない。ワックスをこってり塗ったガンタイプのボードにリーシュコード、ドローンのシーガルはセットアップ済み、サポートスーツは「ホールド強」にして装着済み。車に乗って運転席で手首のストレッチなどをしながら、ふとウォッチに目を止めた。心拍数は一二〇、少し昂っているようだ。

　電気屋前のポイントへは私有地を抜けて急峻な石の階段を降りていく必要がある。石段は波乗りの予兆に浮ついたサーファーたちの重みを受け続けて丸みを帯び、安全とはいえない。慎重に歩を進めながらゆっくりと階段へと降りていく。このポイントはポイントブレイク、つまり岩礁が海底にあるために決まった波が立つ。普段は小ぶりなサイズだが、台風のスウェル《うねり》が炸裂したときなどはレフト方向に切れていく美しい波が立つ。ここならば憧れたグリーンルーム、つまりチューブライドで水の中に入ったまま走れるかもしれない。準備体操をしっかりと行い、ポイントを見つめる。波を見るために通りかかった若者が「お婆さん、すごいっす。この波に乗るんですか」と尋ねてきた。見たことがない顔だったのでビジターかと思ったが、電気屋前ポイントにローカル以外が入ることはない。たぶん忘れてしまったのだ。

　音夢はシーガルを飛ばし、ボードに寝そべってパドリングを始めた。波の力は強く、押し戻される。このままだと業務開始まで同じ場所でパドリングをし続ける羽目になりそうだ。音夢はウォッチをタップして、ブーストのスイッチを入れた。ボードのフィンについたスクリューが回り始め、前方にドライブするのを感じる。五分ほど、パドル力を温存したまま沖に出ることができた。シーガルからの推薦を待ったが、オススメする波はなし。こんなときに使えない！　シーガルはオフショアの風に揺られ、じっと浮遊している。

反復を繰り返しているように見える波も、一定の間隔で大きめの波がセットで押し寄せる。今日のセット間隔は十五分、うまく乗れればきっとグリーンルームに入れるはずだ。ほら来た、頭オーバーの美しく切れていく波だ。音夢はボードの先端を岸に向け、ブーストを起動するとともにパドルを開始した。サポートスーツが細かく伸縮しながらパドルをキープしてくれている。掘れ上がってきた波の斜面で頭を前に出し、重心をほんの少しだけ前に。板が波のパワーゾーンに乗って滑り出す。両掌を脇の下に寄せてボードを押す。右膝を少し前に出し、それから左足を胸につくほど引きつける。両手をボードから離したらレギュラースタンスでテイクオフ完了だ。左側の視界が開け、台風の近い曇り空から日光が矢のように地上へ降り立つ神のごとき光景が見えた。そして、それが音夢が最後に見た波乗りの景色だった。

目が覚めると音夢は病室にいた。それが病室だとすぐに気づいたのは、何度か入院したことがあるからだった。なんで入院したんだろう？　そう、確か病気の初期に遺伝子パターンを解明するとか、そんな理由で病院に来たことがあるような……。

「古川さん、おはよう、ございます」

寝ぼけ眼のまま仰向けになっていると、耳元で急に叫ばれた。驚いて横を向くと、フェイスシールドに覆われた若い男――といっても五十代ぐらいだ――の顔があった。咄嗟に軽口の一つでも叩こうと思ったが、声が出ない。口の中に何かが突っ込まれている。

「古川さん、あなたは、サーフィン中の、事故で、入院しています」と、医師はゆっくりと言葉を切りながら話を続けた。「いまから、症状を、説明しますので、しっかりと、受け止めて、ください」

シーガルが撮影した動画を見せられ、音夢は自分がどういった状況だったのかを理解した。最後に乗ろうとした波のサイズは身長の二倍《ダブル》、切り立った難しい波だった。パドルスピードが足りず、位置取りも悪かった。水の塊に天から殴られたくて波の前で待っていたようなものだ。掘れ上がった波にボードの後ろからひっくり返され、ボードと水の固まりが音夢の上に落ちてきた。二分ほどのあいだ音夢は浮かび上がらなかったので、洗濯機の中の汚れ物さながら水流に揉まれたのだろう。落水の衝撃ですでに失神していたのか、サポートスーツが浮き袋《インフレーター》モードになり、音夢は水面に浮上。シーガルは意識喪失と判断して牽引モードに入った。仰向けで気絶したまま海上をドローンに引っ張られている姿は、幼い頃に水族館で見たシャチショーのパフォーマーのようだ。やがて波打ち際まで辿り着き、砂の上を引きずられている。シーガルにこんな力があったとは驚きだ。ほどなくして海難救助隊が到着、音夢は救急車に乗せられた。その一部始終をシーガルははるかな高みから眺めていた。

症状は肋骨の骨折、右膝に入れていた人工関節《ジョイント》が神経との接続部分からごっそり折れていた。肺への浸水は完治するだろうし、クロステックのジョイントやテッド・ムラタのボードをまた買うのはキツかったが、節約すればなんとかなる。取り返しのつかないことはただ一つ、アルツハイマーを患っていた音夢は、この海難事故によって社会適応性が低減、アルツハイマーの進行が中期だと診断された。「中期」という烙印はサポートスーツおよび高運動性ジョイントの利用資格喪失を意味する。サポートスーツなしでは五分もパドルを続けられないし、ジョイントが使えなくなればテイクオフも不可能だ。要するに、もうサーフィンはできないということだった。

入院生活は一ヶ月ほどで在宅医療に切り替わったが、リハビリは長く続き、半年の間は計画外出として管理された。ビーチコーマーの仕事は雇用保険で空きが保たれ、戻るべき場所は残っていた。それでも、監察期間が開けた音夢には仕事を続けるつもりはなかった。年金以外の収入を求めたのは、サーフィンがあったからだ。もう新しいボードも、ドローンも、フィンも、スーツも買う必要がない。生きている理由も、ない。

しばらく経つと、早起きして海を見に行った。通い慣れたポイントはかつてと同じ表情をしていた。波のサイズや割れ方、水面の滑らかさなどを見ては、波の上を滑り出す感覚を反芻した。その日は平砂浦の砂浜に腰をおろして波を見ていた。南からのうねりが海面を揺らしている。半年しか経っていないのに、自分があの波に乗っていたことが信じられない。花を散らしたハマヒルガオの草むらから立ち上がると、安っぽいモーター音が膝から聞こえてきた。膝の新しいジョイントは保険適用の安いやつで、急に動かすと音が鳴るのだ。

「おはよう、古川のおばあちゃん。聞いたよ、大怪我したって」

振り向くと、フルジャージのウェットスーツに身を包んだ少女がいた。サーフボードにはステッカーがベタベタ貼られていて、DONNYというロゴには見覚えがある。そういうペットボトルを拾ったことがあるような……。

「ああ、そう、サーフィンで怪我したの。私、もうすぐ八十歳だから」

少女はふっと笑うと「おばあちゃん、もう八十五歳だよ」と否定した。そうだったか、とぼんやり考えてから、どうしてこの子は自分のことをこんなに知っているのか、不思議になった。

「あなた、私の孫かしら」

「違うよ、おばあちゃんには子供だっていないでしょ」

「そう……孫じゃなければ、なんだろうね」

少女は音夢との関係を繰り返し説明した。十年以上前、音夢は市のふれあいセンターで少女の面倒を見ていたらしい。学校が終わる時間になると、学童たちにサーフィンを教えていたそうだ。言われてみればそんなことをしていたような気もする。なぜ今はやっていないのか、どうしても思い出せない。

「私、プロになったんだよ。おばあちゃんの教え子で初めてでしょ」

「どうなんだろうね。覚えてないから。でも、その若さでプロになったのは凄いよ。十五歳ぐらいだろ」

「違うよ。もう十八歳だよ」

少女は笑っていたが、少し傷ついているように見えた。音夢には気づかいをする余裕がなかった。失われた記憶について、音夢の方がもっとずっと傷ついていたから。

その後、少女は将来についての話をしたが、音夢はそのほとんどを忘れてしまった。海外に行くとか、そんなことを言っていた気がする。そう、そうだ。日本のプロサーファーの多くはハワイやオーストラリアへ渡る。日本のポイントはビーチブレイクばかりで良質な大波を狙える場所は少ない。

かつての教え子だという少女は「またね」と会釈をすると、海へ向かって走り出した。小気味よく波を蹴立てながら、ボードの上に飛び乗ってパドリングを開始する。離岸流《カレント》に乗って波をかわしながら沖へ出ていく姿は、うねりの隙間に入ってしまって、そのうち見えなくなった。ときおり波に持ち上げられて浮かぶ人影も、それが少女のものかどうかははっきりしなかった。

入院中から担当してもらっていたケア・マネージャーは、面談をするたびに「認知症の進行を遅らせるためにも目標を見つけましょう」ということを言った。だが、目標というのはサーフィンだったのだから、目標はもうない。目標がなかったら生きていてはいけませんか——そんなことを言うと、ケア・マネージャーは顔を曇らせるのだった。ホームドクターはそんなうるさいことは言わない。もう激しい運動はしない、そう告げたら「今後の治療計画に反映させます」と淡白に答えるだけだ。

もう仕事は辞めていたが、ビーチコーマーとして長年働いた習慣から、朝起きると必ず海に向かった。シーガルを旋回させてペットボトルを探すのだ。ハチドリほどの台数はないので滅多に見つからなかったが、ウォッチに写った映像を見ながらペットボトルのラベルを求めて毎日二時間ほど海を歩くのが楽しかった。

ある朝、シーガルが見慣れないものを捉えた。十人ぐらいの集団が岩礁に機械を設置している。なにかの測量をしているのかと岩場の上から話しかけると、「珊瑚を増やしています」とウェットスーツを着た若い男性が答えた。

「役所の人ですか」

「いえ、NPOです。ICNという団体です。そちらのウォッチに送りましょうか」

ウォッチを差し出すと、近くにいた短パンの男がウォッチの上で指を弾いた。音夢のウォッチに情報が送られてくる。横文字が多くてよくわからなかったが、環境保護団体のようだ。

この三十年で世界の珊瑚礁はほとんどなくなったらしい。水温の上昇によって生きていけなくなった。南国の珊瑚礁は死に絶え、いまはかつての珊瑚にとっての北限でわずかに生息する程度。話を聞きながら、音夢はまるで自分のようだ、と思った。たとえば女に生まれたこと、一人で生きてきたこと、悲しみを共有する真の友《メイト》を持たなかったこと――これまで生きてきた苦しみをすべて「それが私だ」と吐き出してしまいたいのだけれども、刺になって喉の奥で引っかかってしまった。それが認知症に侵された頭のせいなのか、人生の度し難さがそうさせるのかはよくわからない。両方かもしれなかった。

言葉を失い、それでも何かを言おうとしている音夢のことをＩＣＮの人々はじっと待っていた。「珊瑚はもう滅んだようなもんです」しばらく経ってからショートパンツを履いた青年がそう呟いた。「珊瑚を少し戻しても意味がないかもしれません。それでも何かしたいとは思うんですよね」

そうじゃない、そういうことじゃない。私が言いたかったことは、珊瑚はまるで私のようだということで……そこまで言おうとしたが急に息が苦しくなった。若い頃、それも十代の頃にこうなったことを覚えている。世界が闇に包まれて、息の詰まるような切実な思いがあった頃。

立ちくらみがして座り込み、しばらくのあいだ介抱されていた。口に当てたビニール袋の中で吐息が水滴を編むほどの時間が経つと、奇妙な物体が目に飛び込んできた。小さな石のブロックの真ん中に紫紺や緑の突起が生えている。下からは透明のコードが伸び、少し大きめの機械に繋がっている。機械はよくある掃除ロボットのような丸っこい形だ。

「あれはなんだろうね」

音夢がそう尋ねると、ＩＣＮの一人が「珊瑚の苗ですよ」と答えた。音夢が話したことで警戒心を解いたのか、仕組みを説明してくれた。珊瑚の苗から伸びているコードは珊瑚虫の電流を伝える。電流はポッドと呼ばれる機械に伝わって珊瑚の感情として送信する。ぽかんと聞いていると、顔中が髭で覆われた白人風の青年が続けた。

「ポッドから伝わった電流は神経に接続することができます。ほら」

そういうと、青年はポッドにつながっているコードを抜いて、その接続面を見せた。六角形の細いコードが三本収まっていて、その細いコードをよく見ると繊維の集合体のようになっている。

「このコードは、人工関節《ジョイント》から神経につながっているものとまったく同じです。互換性があるんです。もちろん人間の神経系にも。コードのもう片方は珊瑚の骨格につながっていて、それぞれの珊瑚虫が発する電気信号を受け取っています」

青年はそういうと、シュウッと歯の隙間で音を鳴らしながら、珊瑚から伸びるコードの端から端までを指でなぞり、ちょんとポッドの上を叩くと、自分のこめかみに指をピタリと当てた。

「解釈は受け取った人次第ですが……その信号は珊瑚のなにかを表している。嬉しいとか、楽しいとか、割り切れるものじゃない。もしかしたら、何もわからないかもしれない。それでも、それが我々にとってはこの世界の感情です」

わかる気がした。波を待つあいだ、海はスウェル《うねり》を送り続けている。うねりにはそれぞれ表情があり、なにか違ったことを言っている……ような気がする。もちろん、それは音夢の単なる思い込みでしかないかもしれない。でも人間同士だってそうじゃない？　事実、音夢は一人ぼっちだ。波よりも慕わしい人間は人生で一人もいなかった。交わした言葉や重ねた肌、そのすべてが波に運ばれているどの瞬間にも及ばない。

「もしそうやって海と一つになれたら素敵よね」

そう言うと、ＩＣＮの人々は顔を輝かせた。彼らの試みはきっと意味があるものと見なされていないのだろう。でも私にはわかる。そういうことが。

三年の月日が流れ、古川音夢のアルツハイマーは徐々に進行した。もう後期に差し掛かってもおかしくない頃だった。医療が進んで多くの病気が克服されても、アルツハイマー型認知症は治すことができていない。せいぜい進行を遅らせる程度だ。古川音夢の身体能力は同世代の患者に比べて遥かに優れているが、それゆえに徘徊のリスクがある。

ケア・マネージャーをとりわけ困らせたのが、古川音夢が早朝に海に行くことだった。一人乗りのカートが朝四時半に動き出して自宅から二キロメートル以上離れると、すぐにアラームが鳴る。その度にケア・マネージャーはドローンから送られてくる映像をチェックする。大抵の担当者はその時点でもう一度眠りにつくが、担当したばかりのケア・マネージャーは慌てて海岸に駆けつける。そして、半年もすると別に行かなくてもいいということに気づく。古川音夢は海岸に座ってじっと波を数えているだけだからだ。

同じく新人のケア・マネージャーが勘違いしがちなのが、古川音夢の家を訪れる若者たちだ。白い巻きスカートや貝殻のネックレスという不思議な身なりをしていて、怪しげな集団が後見人詐欺でも働こうとしているのかと思ってしまう。質問すればすぐにわかるが、若者たちはＩＣＮというれっきとした環境保護団体のメンバーだ。なんでも、古川音夢にヒアリングをして研究に役立てているらしい。彼女の膝に埋め込まれたジョイントは珊瑚とつながっていて、その電気的な信号を感情として伝えてくれるそうだ。愛おしげに膝をさすりながら、この水は暑すぎるとか、最近体が大きくなってきているとか、そんなことを。認知症に典型的な譫妄だと新人は決めつけてしまうが、そうとも言い切れない穏やかさが口調に現れている。ＩＣＮのメンバーも意味ありげに肯きながら、様々な質問で珊瑚の感情について尋ねる。

この南房総では、珊瑚礁の復元プロジェクトが行われていて、古川音夢がその感情の通訳を務めているのは地元の人ならよく知る話だ。彼女は将来の夢について聞かれると、こう答える。あと五年もすれば、珊瑚礁が育って、リーフブレイクするようになる。うねり《スウェル》が珊瑚礁に当たって、山のような波が立つの。パイプラインやディーバーやチョープーみたいにロングライドできる切れた波が有名になって、ワールドツアーが開かれるようになる。世界に散って行った日本人の優秀なサーファーが南房総をホームにするようになって、オフ・ザ・リップをバシーンと決めたり、エアーで三回転する日がくる。なんていったっけ、ほら、あの子。私が教えた女の子で、いつも平砂浦に来ていて、私によく声をかけてくれたあの子。あの子なんかいいんじゃない。きっと日本人女子二人目のワールドチャンピオンになるよ。

話を聞いたケア・マネージャーは不思議な気分になる。将来といったって、そう長い時間は残されていない。食事を取るたびに窒息してもおかしくないぐらいの状態なのだ。それでも、穏やかに海を見つめる古川音夢を見ていると、そういう未来が訪れそうな予感がある。彼女はどうやら海の感情を知っているようだから。

いかがでしたか？　50年後の未来に、ヘルスケアの技術やサービスがどう進化しているか、ものすごいリアリティで感じていただけたのではないでしょうか。ワークショップに参加したメンバー一同、音夢という人物を通じて、自分たちが議論してきた社会像が、具体的かつ細やかに描かれていたことにとても驚きました。医療やヘルスケアのサービスがパーソナル化し、「運動負荷を上げたい」というような個人的な希望に対しても適切な処方をしてくれる。そんな「自分で理想の健康状態を決めることができる」世界がそこにあることに感動したのです。そして私自身は、この小説を一読したとき、身体拡張技術が、自然と融合するレベルまで発展していくストーリーに、言いようのない爽快さを感じました。

また、小説を読むことで、技術が進歩した未来ならではの課題も、具体的に想像することができました。たとえば「豊かさって、役割とか意欲とか、それを満たす充実感がないと実感しにくいよね」「医療技術で体が元気になっても、やりたいことがないと辛そう」「薬の処方や配送まで自動化されたら、自分が何の薬を飲んでいるか、飲んだかどうかまで忘れちゃいそう」などなど。

そう考えると、ただ医療や介護のインフラが整備されればいいというものではなく、一人ひとりが目指す生き方に合わせて、心身のコンディションをよくする方法を自分で選べなくちゃいけないし、そのためには健康づくりの仕組みも、もっとパーソナルにならなくちゃいけない……。

そんな意識が強まったおかげで、研究報告書で未来の医療インフラについて書くにしても、診療や治療の機能面だけにフォーカスするのではなく、患者にやさしく寄り添う仕組みをイメージしながら加筆することができました。

小説が呼び水となって、新たな論点が生まれたことも大きな収穫でした。たとえば、「50年後には、死生観もかなり変化しているのではないか？」「スポーツを好まない人の生活習慣はどうすれば改善できるの？」「血縁の意味が薄まった未来では、祖父母と孫ってどんな関係なんだろう？」というようなことです。いずれも、未来のヘルスケアを考えるための重要な視点だと思います。

［作品②］孤独からの決別！　つながりの未来

「つながり」分野の小説執筆をお願いしたのは、柴田勝家先生です。

柴田先生は、短篇「雲南省スー族におけるVR技術の使用例」などの著作をお持ちの、技術が進歩した未来における人文系研究論文のようなテイストの作品を得意とする作家さんです。企業と組むかたちでのワークショップや実作の経験も持っていらっしゃることと、19

８７年生まれということで、比較的若い世代の視点から本プロジェクトを見ていただけないかと思い、ご依頼させていただきました。

未来社会では、人と人とのつながりも大きく変化するでしょう。つながりの研究チームでは、未来社会では数え切れないほどのコミュニティが生まれ、誰もが複数のコミュニティに属して「望まない孤立」から解放されるだろう、と想定していました。

インターネットを使えば、いまも世界中から情報が集められますし、さまざまな疑似体験も可能です。しかし、いまのところ、バーチャルな体験は視覚（テキスト、画像、映像コンテンツ）や聴覚（音声コンテンツ）に偏っています。これからは、触覚、味覚、嗅覚まで他者と共有できるようになるでしょう。脳活動が簡単にモニターできるようになれば、テレパシーのように言葉に頼らないコミュニケーションもできるようになるかもしれません。

こうした技術を活用すれば、他人の気持ちが自分のことのように理解できるようになるでしょう。動物や植物の気持ちまでわかるようになるかもしれません。すると、イノベーションに欠かせない「新結合」がどんどん生まれるのではないか？　そんな期待も広がります。

仮想空間で違う年齢、違う性別、違う属性になることもできるでしょう。それどころか、イルカや珊瑚に変身するのも夢ではありません。チームで合体ロボみたいに一体化してひとつの作業をしたり、愛するペットとひとつのアバターを操作して冒険に出かける……なんて

【つながり分野のガジェット案の一例】

新製品・ 新サービス	一言説明	どんな価値を提供しているでしょうか?
孤立・孤独庁	・孤立・孤独の予防に全力を注ぐ省庁（厚生労働省の傘下と思われる）	
経験マーケット	・モノからコトへをさらに進めて、他人の稀有な経験（例：僻地への旅行）や、自分にとって刺激の多い経験（伝説の営業マンの営業）などを、売り買いできるマーケット	・自分自身ではできないことができる ・学習速度が飛躍的に向上する
複合人格派遣業	・複数人を統合した複合人格により活動するアバターを作成し、それを派遣する ・人格の配合により、プロジェクトに最適なアバターを派遣できる（例：ペットコンサル＋金融）←ペット向け証券の開発	・プロジェクトチームを組むよりも、安価で成果が出る ・マネジメントスキルがなくても、イノベーションが起こりやすい
本棚・人生共有	・SNSの発展的なもの。他人の人生を好きなだけかいつまんでみる	・人の体験を追体験できる
孤立肩こり	・孤立が肩こりで気づく	・自分の現実に気づける（他人からのアドバイスだと聞かない）関係性の中の不調

図表7-8　つながり分野のガジェット案（一例）

こともできそうです。人生はたったひとつではなくなり、「複数ライフ」が当たり前になる。こうして「自分ごと化」できる範囲が広がると、人や環境への思いやりにあふれた社会を実現するための大きな力になるのではないでしょうか。

このような未来の技術を前提に、ワークショップでは、社会的孤立を肩こりで疑似体験できる「孤立肩こり」や、他人の人生を本のように〝立ち読み〟できる「本棚・人生共有サービス」といったユニークな新サービスのアイデアが生まれました。

しかし、他人の体験がパッケージ化され、共有できるようになれば、それが本当にその人の実体験なのか、それとも他人からの借り物なのか判然としなくなりそうです。そこで、体験を「本物」と認証する「経験保証機関」も登場するのではないでしょうか。ただし、経験が盛んに流通するようになると、他人から熱狂的に求められる経験を生み出せる人と、まったく需要のない体験しか生み出せない人との間に、新たな格差が生まれるかもしれません。こうした格差を解消するための制度や方策も求められていくでしょう。

参考までに、柴田先生から受けた質問と、回答の例をひとつご紹介します。

Ｑ　経験共有プラットフォーム事業の損益計算書をつくれますか？

経験共有は民間企業が手がけてこそ普及するという議論を受け、リアリティを増すためにマネタイズの詳細を決めておきたい、という質問です。ある程度、軌道に乗った時期の国内決算という前提で作成してみました。

A　約3000億円規模の売上で利益率が12％程度と試算しています。ただ、ここには年間2000億円程度の研究開発費を計上しています。この数年後にはデジタルコピー人格の販売などが始まり、一気に利益率が上がる想定です。研究開発費と比較して売上規模が小さいので、ベンチャーだとしても大企業の資本投入は必須かと思います。

こうした議論を経て生まれたのが、未来の省庁「共感庁」を、45歳で退職したばかりの元公務員が主人公の物語です。

多様性の尊重とつながりの確保

「秋の雷」

著者　柴田勝家

1.

僕の前半生は、以下のような文言で締めくくられた。

『秋山奏人《あきやまかなと》　共感庁統計情報部（沖縄支分部局）
２０７０年4月1日付をもって職務を免ずる』

満四十五歳。働き盛りといえばそうだが、要職についている訳でもなし、一次定年で身を引いてセカンドキャリアのことを考えた方が良いのは確かだ。優秀な人ならサード、いやフォースキャリアだって視野に入れるだろうが、僕は次の二十年をどう過ごすかで頭がいっぱいだ。

ともかく内示を受けてから一週間、僕は早々に引き継ぎを終わらせて、最後の登庁日を迎えた。

「ここでの経験は、僕個人の人生を豊かにしたのみならず、広く社会に貢献できたと思っています。二十年という長い間、お世話になりました」

数日前から考えていたテンプレートじみた挨拶に、それでも大きな拍手が返ってくる。わざわざ合同庁舎に集まってくれた職員、リモートで顔を出してくれた本庁の上司、とっくに退職した先輩からも拍手のエモーションが送られてきた。

中には僕のために泣いてくれる職員もいたが、それに上手く対応できたかは自信がない。

共感庁の職員というのは、やはり人の感情に寄り添うことが得意な人間がなるのだろうか。楽しければ共に笑い、悲しければ共に泣くことができるような。

「それなら、僕は辞めて正解だ」

虚空に呟いた言葉がアイウェアを通して記録される。普段は日記なんて残さないが、今日くらいは自分の気持ちを書き綴ってもいい気がする。いくらか浮かれていたのは確かだ。

そして城岳公園で少しの休憩。いつもの帰り道と違うのは、この休憩をずっと続けても良いというところ。ふと気づいたところで時計のアラームもリセットする。

「共感庁自体は素晴らしい職場だったよ。みんな優しかった。社会の役にも立った、と思う。新しい繋がりができたよ、って僕の目の前で喜んでくれた人もいた」

そういえば、と思い出す。

僕が最初に担当した仕事は、退職して周囲との繋がりを失ってしまった高齢者のサポートだった。その人は一つのコミュニティに所属しているだけで、孤独リスクを分散できていなかった。もう二十年ほど前にニュースになった高齢孤独者問題だ。

住む地域もまばらで、仕事も遠隔でなんとでもなって、でも家族とは疎遠で、交友関係は薄く広い人たち。そういう人たちは十分に働く力があるのに、居場所がないというだけで社会から切り捨てられてしまう。

共感庁は、そうした孤独リスクをケアするための行政機関だ。人々の繋がりを保つために働ける場所だった。

かつての僕もクライアントと面談して、AI任せにせずに自分で新しいコミュニティを探して斡旋していた。何が辛いか、どこが苦しいのか、あるいは嬉しいことは何か、楽しいことはあるか。何度もクライアントと話して、その人の人生を自分のように受け取ろうとした。

でも、僕はそれができなかった。

「僕は冷たい人間かもね。共感庁の人間だったのに、最後まで人の感情というものがわからなかったよ」

僕の言葉がデバイスに保存されていく。

それと同時に周囲の環境がアイウェアを通して録画され、唾を飲み込む音も拾って、最後に今の感情に色がつけられる。公園を照らす太陽の輝きまでが数値になり、僕の気持ちは鮮明な体験情報として残されていく。

「いや、逆に向いていたのかな。僕にとって感情は記号の連なりだったよ。十六進数のカラーコードを見ただけで色が想像できるみたいに、実際に経験しなくても感情の色は理解できた。ただ、僕自身の色は全てがFってだけだ」

情熱をもって臨んだはずの仕事に飽きてしまって、今やコミュニティから放り出されて途方に暮れる中年男性の気持ち。これを共有可能な経験のパッケージにしていく。

「まぁ、それでも二十年間も一つのコミュニティでやり遂げた。それだけは後悔していないよ」

ここで記録を停止。あとは一塊になった体験情報を共有サイト〈トコワカ〉にアップロードする。それも今回は普段の趣味で上げているものとは違って——いくらか面倒な手順だったが——経験保証機関《エンピリア》を通したバッジ付きだ。僕自身のデータをトラッキングして作った体験は、他の編集可能なものと違って価値のあるものとして保管される。

こうして体験を〈トコワカ〉で再生すれば、誰だって僕の今の感情を再現できるはず。こんなつまらない感情に共感してくれる人はまずいないだろうが、どこかで同じような疎外感を味わっている人がいるなら道標になれば良い。

これが共感庁の元職員としての最後の仕事だ。

「みんな、元気だな」

一通りの作業を終えての一言。これは経験共有サイトに上げられた体験情報の膨大さへの称賛であり、また現実の公園に集まって体を動かす人々への感想でもある。

視線の先にいたのは、実地で集まるコミュニティだった。アイウェアが補助的に『ゆいカチャーシー倶楽部』という文字を浮かべてくる。別に文字で教えてもらわずとも、彼ら、彼女らがカチャーシーの手付きで踊っているのは一目瞭然だった。ただ一つだけ、平均年齢が八十歳のコミュニティだとは見ただけでは判別できなかったが。

かくいう僕だって一応は沖縄生まれの沖縄育ちだ。この土地の明るく陽気な文化は馴染みがあるし、高齢者の人々の元気な姿は見ていて安心できる。

ただ、ああいう風に踊りや表情で自分の感情を表現するといったことは苦手だった。子供の頃からそうだ。一歩離れて観察するほうが性に合っていた。

「でも、そうは言ってられないんだよな」

一番長く在籍していたコミュニティから離脱してしまい、他の所属コミュニティも熱心なものとはいえない。だからこそ早く、次の行き先を決めてしまいたい。そうでないと孤立リスクが高まり、それこそ共感庁から相談サポートの連絡が来るだろう。これで元同僚たちに余計な仕事を増やすのは心苦しい。

僕は短い休憩を終え、西に傾く太陽を追うように歩き出す。デバイスに軽く触れて、新規コミュニティの枠を増設するように申請した。そうするだけでサポートAIたるKIZUNAが僕の性格や動向をもとに、おすすめのコミュニティをサジェストしてくれる。

「建物の点検保守、動物保護団体、海洋清掃……」

商店街を歩きつつ、アイウェアを通して複数のコミュニティの情報がピックアップされていく。どれも僕の性質を的確に見抜いていて、他人との関係値が低めのものばかりだ。

「こういう時は選べないんだよな」

事実、提示されたコミュニティの傾向が似通うとサジェストの優先度が下がっていく。なるべく多くのコミュニティに所属し、それも指向性が違っているようなものを選ぶ。それが孤立リスクマネジメントの基本。

だからそれは、ＫＩＺＵＮＡが出してきた当然の答えでもあった。

「なんだこれ。『弘前ヲタ芸伝承会』……」

サジェストに現れたのは見慣れないコミュニティの映像。そこでは高齢者たちが光る棒を手にし、華麗な手さばきで踊りを披露していた。まるで僕の性格からは考えられないアクティブな場所だ。

「ヲタ芸、っていうのか」

２．

その日、僕は一つの珊瑚になっていた。

「奏人さん、新しいコミュ探してるんでしたっけ」

青い海の底、水流に乗って友人である普久原《ふくはら》の声が届いた。彼も僕と同じように環境モデル体験コミュニティに所属している。

「まぁね。〈トコワカ〉の転職エージェントも利用してるけどさ、いまいちコレといったものがなくて」

「奏人さん、無料会員ですもんね。あ、そうだ。なら『与那覇の森』に入りましょうよ。海ばかりじゃ飽きるし、木々と一体になるのも気持ちいいですよ」

「誘ってくれるのは嬉しいけど、君とは二つもコミュニティが被ってるし、僕はそれとは別に環境モデル体験に参加してる。あんまり方向が似通うと新規性の評価がされないしね」

そんな僕の言葉に「そですか」と呑気な声が返ってくる。

普久原は沖縄から県外に移住した家系で、祖父母の生まれた土地に思い入れがあるようだ。一方の僕は両親が沖縄に移住した側。似ているようで似ていない。だから選ぶコミュニティにも差が出てくる。

「奏人さんと一緒に沖縄の木になれたら楽しいのになぁ。いや、海も好きですけどね。キレイだし、落ち着くし。あ、ほら、今なんか泳いできましたよ。あっちもなんか魚います」

なんとも雑な楽しみ方だが、ただ水流に身を任せるだけの僕にはない視点だ。だからこその友人とも言える。

僕と彼のように、性格の違う者同士で関係を保つことは人生を豊かにさせるはずだ。意見の衝突もあるが、致命的なものはサポートＡＩが間に入ってくれる。

だから一つ、相談してみてもいいのかもしれない。

「ヲタ芸、ですか？」

海に潜ってから一時間ほど経った頃、何気なく僕はその話を切り出した。ＫＩＺＵＮＡにおすすめされた、見知らぬ文化についての話題。

「なんだったかな、伝統芸能みたいなやつですよね。手を使った踊りで、それこそカチャーシーみたいな」

「僕もよくは知らないんだ。ＫＩＺＵＮＡにサジェストされたんだけど。それは青森県のコミュニティらしくてね、小さな保存会から発展してできたものらしい」

「でも意外ですね、奏人さんが踊りとか、伝統芸能とか、そんなアクティブなコミュに入るなんて」

「いや、まだ入ると決めたわけじゃ――」

そう言いかけたところで、不意に強い流れが珊瑚たちを襲った。僕もまた体が揺れる感覚を受ける。まるで台風の中で踏ん張っているような感じ。

「あっと、そろそろ落ちますね」

向こうも数秒は波に耐えていたのだろうが、その言葉を最後に普久原はコミュニティから退室していった。余計なストレスを溜めないというのが彼の信条らしい。

僕も話し相手がいなくなったので珊瑚から意識を戻す。強い海流で受けた精神的疲労は情報としてフィードバックされて、今後の海洋保全に役立つだろう。どれほど些細なデータだとしても、だ。

「変に話を振ると、気になってくるから困る」

僕は自室でゴーグルを外し、ベッドから身を起こす。専用のスーツも雑に脱ぎ捨てた。汗と混じった共感ジェルはいくらか不快で、それを洗い流そうと浴室へ向かう。全裸で部屋を歩いても咎めるような家人はいない。薄暗い室内に響くのは僕の足音だけ。

ふと振り返れば、マンションの窓を透かして夕焼けのオレンジが目をついてくる。その輝きに似た光をどこかで見た気がしたが、今は思い出せなかった。

３．

遠く青森県弘前市の公民館で僕を出迎えてくれたのは関大地《せきだいち》という名前の男性だった。一九九六年の平成生まれらしいが、肩幅は広く、しっかりとした足取りで歩く健康そうな人だ。

「ヲタ芸というのはですね、今から七十年ほど前に始まった、比較的新しい踊りの文化なんですよ」

関さんは骨ばった顔で、しかし柔らかな声音でそう言う。

この日の説明会に集まったのは僕を含めて三人、いずれもリモートでの出席でサポートＡＩが前に出ている。新規コミュニティへ参加するという心理的な障壁は事前に取り除かれていた。

「アイドル……、当時は生身で歌って踊る存在でしたが、そうした芸能人のファンが独自に始めたのがヲタ芸です。アイドルの歌に合わせて、ファンが目の前で独特の踊りを披露するんです。最初は単に盛り上げようという目的から始まったものでしたが、次第に洗練されて、一種の伝統芸となったんですね」

それから関さんの言葉によって二十分程度の説明が続いた。彼はヲタ芸が伝統芸能として根付く前の、語義通り「オタクの芸」だった時代を知っている最後の世代のようだ。時折、関さんは過去を懐かしむように小さな手振りを加えて話してくれた。

「さて、話ばかりではつまらないでしょうから、ここで一つ実践してみましょう。それから、最後にパフォーマンスを見てみてください」

そう切り出して、関さんは僕ら新規参加者のためにヲタ芸の手振りを伝授してくれた。それは「ロマンス」と呼ばれる基本の技で、一番簡単なものらしい。

僕は関さんのゆっくりとした動きに合わせて、こちらの現実でも体を動かしていく。腕を上げて頭の上で手拍子しながら回る、次に下を向きながら両手を左右に振ってから弓を引くように片手を戻す。動きはシンプルだが、拍子に合わせて動かすのは難しい。

「本番ではケミカルライトを使います。今はARのアプリがあるので、それを使えば手の動きに合わせて光ってくれますよ」

関さんは悠々と話しつつ、それでも激しくキレのある動きで手をさばいていく。正直に言って、その動きについていくので精一杯だった。

「皆さん、筋が良いですね。ワタシなんかは、最初は全然できませんでしたよ」

関さんが見ているのは、画面越しに踊るサポートＡＩのアバターだ。当然、いくらか動きは補正されているし、生身の人間が動きをなぞる必死さも伝わらないだろう。関さんは、それを十分に承知の上で褒めてくれている。

「悪くない、かな」

振り付けを達成できた時、ついそんなことを呟いてしまった。

これも職業病なのだろうか、コミュニティの発展性を測ってしまう。そして、そういう意味ならここは合格だった。体を動かすことは気持ちいいし、構成員の平均年齢の割に開放的だ。歴史が浅い分、参加者同士がフレンドリーに接することができる。

「それじゃあ、最後にワタシらのパフォーマンスを見てください」

軽く汗を流して皆が満足感を得た頃、関さんは笑いながら両手に細い棒を構えた。

「今日は『弘前ヲタ芸伝承会』を見に来てくださり、ありがとうございました。ぜひ、皆さんの参加をお待ちしています」

関さんの言葉を合図に公民館の照明が落とされた。

直後、パキンと何かが折れる音がし、暗闇に眩いオレンジ色の光が二つ現れる。それは説明にあったケミカルライトで、光る棒に照らされる関さんの姿は幻想的だった。さらに折れる音が続き、光が四個、六個、八個、十個と偶数個で増えていく。いつの間にか現れた他の会員が関さんの横に並び、鮮やかな光が列を作った。

「では」

関さんが下を向けば、それと同時に音楽が聞こえてくる。平成時代のアイドルソングだ。古めかしくも、どこか懐かしいイントロが流れ、関さんの体が大きくしなる。

その光景は、僕にとって衝撃だった。

ダンスを嗜む高齢者などは多くいるが、関さんの力強く素早い動きには及ぶまい。それが五人揃って一糸乱れぬ動きとなる。集団による息のあった踊りだ。

無数の光が暗闇に軌跡を描いていく。大きな輪を作ったかと思えば細かな光の渦となり、それは楽曲に合わせて変幻自在に開いて、また閉じていく。

ケミカルライトが関さん自身の体を過ぎれば、まるで篝火に映し出された能楽師の如き動きが影に浮かぶ。幽玄と評するには激しすぎるが、だからこそ魅せられるものがある。

「すごいな」

僕からの評価はこの一言だけ。それで十分だった。

4.

夏の間、僕はヲタ芸の練習に時間を使っていた。

「で、次は……」

遠慮知らずなセミの鳴き声が部屋に届く。室内でさえ汗ばむ振り付けの練習だ。とてもじゃないが外ではできないだろう。

「まずはOADから繋いで、ニーハイオーハイ……」

腕を回して基本の型を反復練習する。伝承会から参考として渡された〈トコワカ〉の動画は何回も見返した。関さんや他の参加者が力強く踊っている姿ばかり見てきた。それと比べれば自分の未熟さがわかる。

「サビでサンダースネイク……。ダメだ、遅れるな」

何度目かの挑戦も失敗に終わり、ここで休憩。コミュニティに参加してわかったが、どうやらKIZUNAのおすすめは正しかったらしく、伝承会での人間関係は満足行くものだった。活動こそアクティブだが、黙々と練習する会員も多くいる。そうしたストイックさは僕の性格に合っている。

スーツを脱いで、水分補給に麦茶を流し込む。ここで他の新人の動向が気になり、机の上に飾られたディスプレイに指を乗せる。数回のタップで『弘前ヲタ芸伝承会』のチャンネルへ。数人が通話で参加し、リアルタイムで技を披露し合っているようだった。正直に言えば羨ましい。ここで飛び込んで技を見てもらえれば、一気に進める気がした。

しかし我慢する。気恥ずかしさもあったし、自分なりに満足の行くところまでやってから参加しようと決めていた。

「もう一度だ」

僕は乾いてきた共感ジェルを拭い取る。新たな分を塗り直してから、再びスーツをまとう。ぴっちりとした布地がジェルと合わさって体に張り付く感覚がある。

「今度は別の人ので練習してみるか」

それこそ〈トコワカ〉で検索すれば、ヲタ芸を披露している人々も発見できた。青森の伝承会と同じく、各地で似たような保存会がコミュニティとして存在し、体験をアップロードしてくれている。

体験動画を再生するのと同時に腰の辺りを二回タッチ。動画内の身体情報がリンクされ、名前も知らない大ベテランの動きが僕に転写されていく。

スーツとジェルを通して伝えられた電気信号は微細な負荷を与えてくるが、動画内の動きを上手く真似すれば自然と一体化できる。筋肉の動かし方、力の抜き方、見ただけではわからない情報が体に染み込んでくる。それを何度も繰り返せば、今度は自身の動きとしてものにできる。ダンスもスポーツも、体を使う技術の多くはこうやって熟達していく。

ただ、必ずしも万能というわけではない。

「どうにも無理だな」

僕は数度目の振り付けを終えたところで、またもや音を上げた。どうしても完璧にはできない。振りが遅れる、呼吸が整わない、動きのキレが悪い。動画の中の人物とは体型も年齢も違うのだから、それらは当然のことで仕方がない。

しかし、根本的な理由は別にある。

「共感できないんだな、僕は」

今は体の動きをトレースしているだけで、練習法としては一番浅い部分だ。それこそ経験共有は、深いところまで潜れば当事者が見聞きする光景、皮膚に触れる空気と温度、さらに当時の感情まで追うことができる。それら深い部分で一つになれれば、きっと僕の振り付けも完全に一致したものになるはずだ。

頭では理解していても、そこから先に進めない。それは僕が他人に共感できない人間だから。必ず最後はそこに行き着く。

いっそコミュニティを辞めてしまおうか。

どうにも後ろ向きな感情が現れたところで、ディスプレイから着信を告げる小さな音がした。僕宛てのメッセージが届いていた。

『秋山さん、良ければ今度の秋祭りで一緒に舞台に立ちませんか?』

それは関さんからのもので、諦めかけた心を引っ張るには十分な内容だった。

まるで僕の心の動きを読んだかのようなタイミング。これればかりは人生の先輩には敵わない。

5.

大太鼓の勇壮な音と笛の凛とした音、そこに人々の声が混じる。武者絵の描かれた巨大な扇子型の山車灯籠が夜の道路を曳かれていく。

「弘前ねぷたの季節なんで、皆で見られればと思って」

関さんが話しかけてくる。彼ら数人の会員は現地にいるが、僕のような新規勢はリモートでの参加になる。単に共有映像を見るだけでも十分だが、関さんらとリンクすれば現地の風や音をもっと臨場感たっぷりに味わえるだろう。

「祭りって、まさか」

僕が恐る恐る聞けば、関さんはおかしそうに首を振る。

「いやいや、ねぷたにワタシらの出る幕はありません。でも弘前城でやる秋祭りの方はステージがありますからね、新規の方もお披露目ってことで参加してもらおうかと」

小気味良い太鼓の音が続き、人々が道を練り歩く。山車灯籠の赤い光が青い夜闇に映えている。

「昔は考えられなかったことですよ。大きな舞台でね、ヲタ芸を打てるなんてね」

「打つ、ってなんですか?」

これは僕の同期からの質問だ。それに関さんは笑って答える。

「古い言い方でね、僕が現役の頃は『ヲタ芸を打つ』って言ったんですよ。だからヲタ芸をやる人は打ち師なんて呼ばれもした。不思議な言い方でしょう、踊るんじゃないんです。打つもんなんですよ、ヲタ芸は」

馴染みのない言い方だが、今まで経験共有をしてきた過去の人たちも似たようなことを言っていたのを覚えていた。

「ワタシの考えですけどね、打つっていうのは感情が昂ったときに使うんですよ。膝を打つとか、舌鼓を打つとかね。アイドルの歌とか踊りを見て、ついこちらも感情を表現したくなって、だから自然と体が動いてしまう。それがヲタ芸なんです」

関さんの言葉に合わせるように、ここで大きく太鼓が打たれた。まさに打てば響くの言葉通りだ。

「あの頃は、って老人の昔語りになっちゃいますけどね。まぁ、好きなアイドルがいて、その人に見せたくてヲタ芸を打ってたんです。それは僕だけじゃなくて、色んな人たちが独自の技を披露しててね。当時は今みたいに文化として根付いてなかったんで、歌の邪魔だとか言われもしたんですが」

弘前ねぷたの雄大な風景を前にして、関さんが自身のことを語ってくれる。

「きっと昔の神楽とかもそうなんじゃないかなぁ。各地で色んな流派が生まれたりしてね、技なんかも歌の最中にひらめいたものを組み込んで、自然発生していくんです。関東と関西で同じ技がちょっと違ったりしてね。ちなみに僕らのは主に北海道系の流派ですよ」

今となっては、ヲタ芸は古のアイドル文化とは切り離され、一種の伝統芸となっている。それでも姿の見えないアイドルへ捧げるものとして精神は残っている、と関さんは言う。

「盆踊りだってそうでしょう。昔は念仏を唱えるための踊りだったのが、やがて踊るための芸能になった。芸能っていうのは、最初は自分が〝する〟だけのものが、いつしか〝見せる〟ものになって始まるんです」

そこで話は一旦終わり、あとは参加者で祭りの音色を自らの経験としていく。僕らは遠くから眺めているだけだが、いずれ誰かが体験をアップロードすれば、山車灯籠を曳く重みさえ感じられるだろう。

ここで、ふと思いついたものがあった。

「関さん」

それは僕からの呼びかけ。半ば無意識だった。

「どうすれば自然と感情を表現できますか？」

僕の問いに関さんは目を細めて微笑んだ。

「感情を表現してない人なんていませんよ。はた目から見て同じ色に見えても、よくよく見れば色は違ったりします。真っ白な色だって、その濃淡は千差万別ですからね」

そうですか、と返すので精一杯だった。

関さんは僕の気持ちを深く理解してくれたようで、自然と必要な言葉を投げかけてくれた。嬉しくないと言えば嘘になる。でも、それを表現する色が見つからない。

でも、それでもいいのかもしれない。

「さて」

やがて祭りが終わろうとする頃、関さんは立ち上がって参加者を見渡した。

「最後に一つ宿題を出しましょうか。ワタシの体験をね、共有してもらって、秋祭りの舞台で役立ててもらおうかな、って思いましてね」

そうして関さんから送られてきたのは一件の経験共有のデータ。プライベート公開のそれが、僕ら新規参加勢に渡された宿題だった。

6.

「それで、奏人さんはその宿題ってやつ、見たんですか？」

相変わらずの気軽な調子で普久原が尋ねてくる。今日は海の中ではなく台所に置いたデバイスの向こう側からだ。

「まだだよ。どうにも決心がつかない」

喋りつつ僕は生地をこねていく。全粒粉にハーブを混ぜて香り高く。普久原と同じ中欧料理研究コミュニティで、今回はポーランド料理のピエロギを作成中。こちらの宿題は気楽だ。

「見ればいいじゃないですか。例の上手くいかない技とか、上手い人のを見れば覚えられるかもしれないし」

画面の向こうの普久原は器用な手付きで生地を伸ばしている。ピザでも作るように空中に放り投げたりもしているが。

「それはそうなんだけど、その経験っていうのが関さんの過去のやつらしくて」

「ああ。奏人さん、優しいですもんね。あんまり他人の経験に深入りしませんし」

彼はそんな風に言ってくれるが、僕の非共感体質は明らかに欠点だ。人間の精神的な距離が近づいた今でも、僕はなるべく踏み込まないように生きている。人に共感しづらい僕にとっては当然の選択だ。

「奏人さん、前に言ってましたもんね。共感庁の仕事で人に関わりすぎて疲れるから、誰もいない海に来たんだ、って」

「そんなこと、言ったか？」

「言いましたよ。だから友達になるな、って含みをもたせてました。ま、友達になってやりましたけどね」

普久原の軽口に小さく笑う。丸まっていく生地を見るのも心地よかった。

「自分が思うに、ですよ」

そこで画面上の普久原が生地を大きく投げた。

「奏人さんって共感能力が高すぎるんですよ。Ａ

Iのサポートなしに相手が何を考えてるかわかっちゃうタイプでしょ？」

そしてキャッチ。彼の鮮やかな手付きに拍手を送る。

「正解っすか？」

「この拍手は別だよ。それに、僕自身はそんな風に考えてない。ただ君がそう思うなら、もしかしたらそうかもね」

今だって普久原の感情を想像したりはしない。確かに少し想像すれば、彼がどんな色合いで感情を塗っているのか理解できるだろう。でも、それは彼に失礼だ。

と、そこまで考えて一つ気づいた。

「ああ、そうか」

「どうしたんですか？」

「いやね、君はわかりやすい人間だな、って思ってしまってね。それは失礼だな、と」

「失礼ですね」

「うん、で、失礼と思うってことは、どうやら僕は君のことをちゃんと考えていたらしい。これは共感の一歩だと、今になって気づいた」

僕の小さな発見に普久原は「そですか」と一言。この言葉も想定内だったが、そう推理できた自分も面白かった。

思えば海に潜るような環境モデル体験コミュニティも、こうして自宅で何かを作るだけの製作系コミュニティも、最終的に自分一人の責任になるから好きなのだ。

それが新しいコミュニティに入ったことで、他人と積極的に関わるようになり、いくらか戸惑うことも増え、それでも進歩らしきものがあった。

それは僕にとって大事なことだ。

「例の宿題、ちょっと挑戦してみようかな」

7.

僕は今、小さなライブハウスにいる。

これは関さんの記憶だ。当時のスマートフォンで撮影された映像に、あとから三次元画像処理と予想された脳波の値を組み込んでＶＲ化したものだ。

自宅で一人、共感ジェルを塗ってスーツを着込んだ。いつものアイウェアだけでなく、より深く潜るために必要なリング状のＨＭＤを装着する。これまでの体験とは一線を画す没入度だ。

首を振れば、五十年以上も前のライブハウスの風景が鮮明に描かれる。薄暗い建物の地下、照明と音響機材、一部が剥げた床、そしてステージ。鼻先に塗った共感ジェルは匂いも再現してくれる。水族館にも似た滞留する空気の重い香り。若かりし日の関さんの心拍数がスーツに鼓動となって伝わる。

「ワタシにはね、推しがいたんです。大好きなアイドルのことです」

声はあとから関さんが入れたものだという。この体験は『弘前ヲタ芸伝承会』の新規参加者に渡されるもので、いわば関さんが伝授する奥義書のようなものだ。

「この時のワタシは二十二歳の大学生でした。いくらか不真面目で、就職活動なんかよりアイドルのライブを見に行くような人間でした。でも、それも大事な人生の経験だったと、今なら思えます」

やがて一人の女性がステージに立つ。

「彼女は僕の推しで、でも残念ながらあまり人気はなくて。精一杯応援するつもりで、ワタシはヲタ芸を打っていたんです」

何気なく振り返れば、そこに顔のない観客たちがいた。当時のライブを見に来た人々だが、プライバシー保護のために後付けのアバターが姿を覆っている。

「この日が、ワタシの推しの最後のライブでした。彼女はステージを降りて普通の女性に戻るんです。ロマンスはありませんでした。これから二年後、彼女はアイドル現場とは関係ない男性と結婚し、六年後には子供も生まれました。ファンの間で流れた噂で聞いただけですけどね」

それは寂しいことなのだろうか。僕は必死に関さんの気持ちをなぞっていく。

「この時のワタシは未来を知らないんで、とにかく全力でした。本気で応援してたんです。もしかしたら彼女と付き合えるかも、とか考えてたかもしれませんが、今となっては過去のことです」

やがて舞台上で一人のアイドルがマイクを口元に近づける。それと同時に関さん——僕は両手に持ったケミカルライトを打ち合わせて光らせる。

「まずイントロは静かに、僕は彼女のことを見つめています」

薄暗いライブハウスに光が満ちる。ステージの彼女を照らすための光とスモーク、そして僕が灯らせた二つの小さな光。

やがて曲が始まり、僕は彼女を照らすつもりで両手の光を捧げる。

「AメロはOADからニーハイオーハイに繋げて、Bメロに入ったところでロザリオに変化します」

僕は映像の中の関さんに合わせ、何度も練習した技を披露していく。腕を振り回す痛みと疲れが共感ジェルを通して伝わってくる。

「最初のサビはサンダースネイクで、間奏に入るところでロマンスに切り替えて」

ずっと練習してきたサビ技だった。

腕を大きく振りつつ、緩急をつけて引き寄せる。手元でライトを巻き込み光の渦を作る。これは成功。そしてこの技の代名詞とも言える、縫うような六連の交差。下から上へ登っていく光は大地から天空へ飛び立つ龍の姿だ。

「できた……」

僕の言葉は誰にも聞こえず、沖縄のマンションの一室に響く。遠く時間と場所を越えて、僕は関さんの記憶を追体験していく。

もはやアイドルの顔は見えていない。それでも理解できる。一所懸命に歌う彼女のために、この小さな光を捧げたいのだ。関さんは光を大きくさせようと腕を振る。目の前で歌うアイドルの輝きを、より強くさせるために。

そこで不意に体験上の関さんが振り付けを変えた。

「曲の二番も同じに。ただ最後のサビで新しい技があります。唐突に思いついた技です。それをどうか皆さんに伝えたい」

関さんの予告通り、次第に動きは練習してきたものから離れていった。

「まさに〝打った〟んです。噴き出した感情を動きに乗せることができた」

曲が終わりに向かう落ちサビで、関さんは今まで培ってきたヲタ芸の全てを出した。僕はそれを追っていく。ロザリオから変化したあとの技がサンダースネイク、そしてムラマサへと発展する。これを二回やるはず。そこまではなんとか耐えたが、次の一手は見たこともない技だった。

「あの日、ワタシはこの技を編み出しました。名前は雷切り」

二回目の六段突きを途中で止め、横一文字に光を振り抜く。ムラマサの変形だが、技を一旦止めただけに筋肉が悲鳴を上げている。それでも僕は必死に食らいつく。腕が千切れそうになっても、なおも次の技で振り回す手は止めない。

ようやく理解できた。関さんが次に何をしようとするかが自然と脳内に浮かんでくる。僕の感情が、関さんの感情と一致した。

誰かに、この光を届けたい。

8.

弘前城公園で秋祭りが開かれる。

僕は沖縄からリモートで参加することになった。だがヲタ芸を発表する際は、ステージ上で僕らの姿がリアルタイムで映し出されるという。衣装の下にはスーツを着込むし、共感ジェルも塗布してある。この秋風の冷たさも、大量に飾られた菊の匂いも、周囲を埋め尽くす紅葉の綺麗さも十分に感じられる。

つまり、僕が感じる緊張は現地で味わうものと同じだということ。

「震えてきたな」

僕の呟きはチャンネルを通して仲間たちにも聞かれている。新規の参加者たちは頷くし、先輩たちは勇気づけるつもりで向こうに設置してある経験共有用の器材を叩いてくる。約二千キロを隔てて、僕の背中に心地よい痛みが走る。

「奏人さん、ヲタ芸頑張ってくださいね」

それから、別のチャンネルからも応援の声が届く。結局、普久原とは同じコミュニティに入ることはなかったが、それでも今回の秋祭りは楽しみにしてくれていた。

「こっちでも見てますからね、どれだけ上手くなったのか、楽しみですねぇ」

普久原は何気なく言っているのだろうが、そういった文言は緊張させるだけだと気づいてくれない。

「ま、頑張るよ」

この数ヶ月を通して改めて思ったことは、どうやら完全な共感というのは難しいだろうということ。普久原のように長く付き合っている人間でさえこうだ。僕が関さんのようになれる日は遠いし、もしかしたらずっと来ないかもしれない。

ただ不完全であれ、共感できることは悪くない。

「秋山さん、どうですか」

そこで準備をしていた関さんが僕に話しかけてくる。それこそ、こちらの心情を悟ってくれたかのように。

「どうでしょうね、本番にならないとわかりません」

「それでいいんですよ、突然別の技を出してもいいですよ。なんといっても、その時の感情次第ですからね」

　こちらを労るように、関さんが器材の肩部分を軽く叩いてくれる。

「そういえば、秋山さんに一つだけ伝えないといけない。ワタシね、貴方の経験共有動画を見たんですよ。コミュニティに入るって申請があったあとにね、どんな人か知りたくて」

　それは意外な行動だったが、予想の範疇でもあった。関さんの言葉は僕にとって自然なものだったが、それはこの人の方から僕に歩み寄ってくれたからだった。

　だから今なら僕も素直に喜べる。

「構いません。僕も誰かに〝見せる〟つもりで録画しましたから」

　自分だけの〝する〟は誰かに〝見せる〟ものへ変わり、それが芸能になると、いつか関さんは言っていた。そして今は誰かの感情を共有できる時代。自分だけのものだった感情を誰かに〝見せる〟なら、それはきっと芸能と同じだ。

「このコミュニティに入って良かったです。色んな感情を知ることができましたし、自分が思ったほど無感動な人間じゃないって気づけました」

「それは何より」

　関さんが笑ってくれる。ふと見れば仲間たちも同様だった。彼らが何を考えているのか、少しだけならわかる。

　やがて時間が迫り、僕ら『弘前ヲタ芸伝承会』がステージに呼ばれることになる。弘前の秋空は青く澄んでいて、沖縄の夕陽は僕らが手にした光のように鮮やかだ。

　そして僕は舞台に立つ。人々に見せつけたいのは、あの雷だ。

いかがでしたか？　ワークショップのメンバーは皆、自分たちが議論してきたテクノロジーが、新しい共感や深いつながりを生み出していく描写に感動しました。私は、特に後半のヲタ芸からの勢いに圧倒されました！

つながりの研究を進めるなかで、常に気になっていることがありました。それは「人と人のつながりは確かにポジティブな影響をもたらすけれど、つながりが資産のように見なされるようになれば、他人に共感したり、距離を詰めるのが苦手な人は、かえって生きづらくなるのではないだろうか？」という疑問です。柴田先生が実感たっぷりに登場人物の心理を描写してくれたおかげで、この問いに対するひとつの解が見つかったように思います。

孤独や孤立は「なりゆきの未来」における非常に大きな課題です。しかし、小説に描かれた未来は、なりゆき任せにするよりずっと孤独や孤立の問題が解消されそうだと確信できましたし、そのための方策も浮かび上がりました。「つながりの対象を人間以外（たとえば犬とかイルカとか……）に広げることで、間接的に人と人との距離も縮まる」というのもそうですし、「つながりをサポートするには、個人の特性に合わせたテーラーメイド型にすることが重要」というのもそうです。

「共感庁」のような、社会的なつながりをサポートする機関の必要性は、研究チームでもあれこれと構想してきたものですが、その機能や役割が、具体的なイメージとともに小説内でズバリと表現されたことで、報告書にもリアリティのある記述が盛り込めました。また、経験共有プラットフォーマーのマネタイズ方法として「転職エージェンシーの有料会員モデル」のようなアイデアも入れることができました。

また、報告書には記載していませんが、小説が呼び水となって、「デジタルコピー人格は、経験共有という用途だけにとどまっているのか？　独立した人格として活動するようになるのか？」などの新たな論点も出てきました。

［作品③］相棒ＡＩが大活躍！　働き方・活動の未来

「働き方・活動」分野の小説執筆をお願いしたのは、長谷敏司先生です。

長谷先生は、長篇『BEATLESS』などの著作をお持ちの、技術が進歩した際に社会が直面する課題について考えさせる作品を書いていらっしゃる作家さんです。同作の設定を誰でも使えるよう公開するアナログハック・オープンリソースという試みを行ったり、人工知能学会倫理委員会で活動を行うなど、新しい観点でフィクションの活用を考えていらっしゃることに興味を持ち、ご依頼させていただきました。

ＡＩやロボットの技術が大きく発展すれば、人の働き方や活動の仕方も変化します。「機械に仕事を奪われて人間が路頭に迷ってしまうかも……」と心配する人もいますが、私たちの研究チームでは、そうは考えませんでした。機械が労働を肩代わりしてくれることで、人には長い余暇がもたらされるでしょうし、機械化が進めば、人間らしい創作活動、文化活動、コミュニケーション活動などの価値は、かえって高まるでしょう。それは、私たちの生活をより豊かにするはずだ、と考えたのです。

これまで、特に日本では、大きな組織に属している安心感こそが幸福の条件と捉えられてきましたが、これからは、個人が価値を生み出す主役になっていくでしょう。「幸福とは何か」というような価値観もアップデートされていきます。「つながり」の項目でも触れたように、他者とのつながりも多様化し、共創や価値交換が活発化し、精神的な豊かさがより重要な社会になるのではないでしょうか。

そんな未来の新サービスとして、ワークショップで主に議論したのが「AIサポーター」です。2070年には、誰でも子供の頃から、自分だけのAIサポーターを持つようになり、自分の情報を学び、蓄積し、家族以上にかけがえのないパートナーになっていく。そんな「絶対的な味方」として、AIが発達していくのではないでしょうか。そうなれば、AIパートナーを対象にした新たなサービス（AIパートナーをクラウドで定期的に健康診断するとか）も登場してくるでしょう。

【働き方・活動分野のガジェット案の一例】

新製品・ 新サービス	一言説明	どんな価値を提供して いるでしょうか？
個人支援AIサービス	・生活や業務、趣味、娯楽といった事柄について、AI等によるパーソナルな支援を行うサービスが拡大	・趣味や娯楽に関してのレコメンデーションが豊富になり、時間を持て余さない ・仕事に関しても、パーソナルにAIが相談に乗るため、対人ストレスが緩和される
デジタル分人	・デジタル分人（自己の一部をアルゴリズム化し、活躍させる。生産性を向上させ、創造・編集業務にシフト）	・生産性を向上させ、創造的な業務にシフトできる
（AIサポーター） 自分以上に自分を知っているAIパートナー	・家族よりも、絶対的な味方になってくれるAIパートナー ・子供の頃からユーザーを観察して、単一型と複数型に分かれていく ・AI等による個人支援サービスの拡大（生活、業務、趣味・娯楽）	・自分を知りたい欲求を満たすことができる ・仕事上でのよき相談相手になる ・ひとりの人を拡張することに特化したパートナー（AIは主体ではない） ・他者から見えない

図表7-9　働き方・活動分野のガジェット案（一例）

こうした社会では、強いマインドとパッションがある人はイキイキと複数の活動に取り組めそうです。一方、ＡＩのいうことをそのまま聞くことに抵抗のある人は、メリットから取り残されて不利な状態に陥るかもしれません。

参考までに、長谷先生から受けた質問と、回答の例をひとつご紹介します。

Q　AIパートナーと持ち主が利害相反する場合の解決アルゴリズムはあるか？

ＡＩパートナーには、持ち主のデータが詳細に記録されますので、たとえば就職活動などもスムーズになるでしょう。しかし、実は本人に十分なスキルがなかったり、本音ではすぐに退職したいと思っている……というような不利な情報までＡＩパートナーが企業側に漏らせば、本人の利益を損ねてしまいます。こうした利害相反を制度設計だけで止められるか？　技術というより制度設計の問題ですね。

A　この問題に対処するための方法のひとつは、個人情報を外部に提供するか否かの判断はAIに委ねず、個人の承認を必要とすることだと思います。月並みな発想ですが、AIが人間の作業をさまざまに担うようになっても、「意思決定」の領域は最後まで人間側に残ると考えています。

こうした議論を経て生まれたのが、ＡＩパートナーが普及した未来で、３世代が同居する家族の物語です。

新たな価値創出と自己実現

「向かい風ありて」

著者　長谷敏司

２０７０年3月のある月曜日、大阪府堺市百舌鳥の住宅街に一台のロボットが運び込まれた。世界遺産である仁徳天皇陵から通り二つしか離れていないから、このあたりではドローンでの重量物の配送が禁止されている。だから、無人車両が家の前に停まり、搬送ロボットがコンテナから大きな箱を運び出した。

それを受け取る加藤家は、今年85歳になる加藤洋司が40歳の時建てた5ＬＤＫの家に3世代で暮らしていた。当時、息子の家持《いえもち》は8歳で、この家が狭くなることはないと家族みんな考えていた。息子が、結婚しても実家をアテにすると予測するのは難しかっただろう。

荷物の受け取りに、53歳になった加藤家持は、「もう来たんだ」と、ジャージの尻を掻きながら出ていった。平日の昼間に家にいるのは、家持が在宅ワークのデザイナーだからだ。

搬送ロボットへの応対のため、家持が網膜で生体認証をする。ロボットが受け取り設定に従って荷ほどきをはじめた。大きなプラスチックケースが開くと、現れたものは、白い仮面のような顔に愛嬌のある目がついた、介護用の人型ロボットだった。

玄関でごそごそやっていたのを、一階の居間にいた洋司が見にやって来た。家持の父の洋司は年齢相応に足が弱くなっていて、腰部に歩行を補助するアシストスーツをつけている。

「父さんゲームしててええか」

洋司は首にＶＲゴーグルをかけている。今の洋司は、家ではずっとＶＲゴーグルをつけてＶＲ動画を見ている、いわゆるＶＲおじいさんだ。85歳でも、医療技術と予防医療の恩恵で、半世紀前の80代よりずっと体は健康だ。

家持は、父親を追い返した。

「いいよ。こっちでやっとくから、だいじょうぶだし」

そうかと、のっそり洋司が帰って行く。

荷ほどきしたロボットの起動のさせかたがわからず、家持はサポートＡＩに尋ねた。

〈音声認識でだいじょうぶですよ。「セットアップ」で、起動をぜんぶ自動でやってくれます〉

かけていたＡＲのつるに仕込まれた骨伝導スピーカーから、彼の頭蓋骨だけに声が響く。

言われた通りに命令する。サポートＡＩは、仕事と生活をサポートしてくれるだけでなく、ユーザーにとって家族より身近な絶対に裏切らない味方になってくれるのだ。

命じられたロボットが、自力で梱包材から立ち上がった。介護ロボットだ。洋司は、昨年末に認知症が始まった。アルツハイマー型認知症は、いまだ治らない病気だが、いつ発症するかを予測できる病気でもある。健康診断で警告も出ていただけに、対処は早かった。介護保険がスムーズに適用され、その補助金を利用して、このロボットを買った。

「親父、起動したから、ユーザー登録してくれ」

家持は、ロボットをリビングまで歩かせた。身長130センチの白いロボットは、要介護者をベッドから抱き上げることができるよう、力もあるし体重もある。人間サイズだから、人間と変わらない存在感があった。

掘りごたつに座って、ＶＲゴーグルをかけたまま頬杖をついている洋司が、モーターの鳴る音に気づいて言った。

「カナメか」

ロボットを洋司の孫のカナメと間違えていた。

「父さん、ロボットだよ。今日、介護ロボットが来るって言っただろ」

「わかっとる。ぐちゃぐちゃ言うな」

洋司が不機嫌に言う。加藤洋司という人は、昭和の人らしい仕事人間で、深夜まで家に帰らない父親だった。かつての氷河期世代とゆとり世代の狭間の１９８５年生まれで、地元の大企業に就職した後、ＡＩ爆発期を経験し、労働がＡＩに代替されてゆく時代を生き延びた。この家はたいそうな値段で買って、退職金でローンを完済したものだ。おかげで家持はずっとどこかで父親に遠慮しているし、父親のプライドはずっと高いままだ。

洋司が怒ったまま、再びＶＲゴーグルをかけた。半世紀も前のスマートフォン向けゲームの復刻版で遊んでいるのだ。ゲームが趣味だというわけではなく、あまりにも仕事人間すぎて、仕事に関係ない時間つぶしを遡ると50年必要だったのだ。

「これ、介護だけかな。昼飯も作ってくれたらいいのに」

サポートＡＩが、家持に反応して、ＡＲ眼鏡に時間を表示してくれた。昼の12時30分だった。冷凍食品を人数分取り出す。食事が趣味なら多彩な料理をプリントアウトできるフードプリンタだが、速度重視なら断然、冷凍食品だ。３人ぶん重ねて調理器に容器ごと入れると、調理器が自動で加熱しはじめた。

階段をリフォームした家庭用エスカレーターの作動音がして、おおきいおなかをした中年女性が下りてきた。家持の妻の菊川ミモザは、今、妊娠９か月だ。階段を上り下りするのがきついとこぼしていたが、エスカレーターができてからは笑顔が増えた。

「お昼食べる」

今年50歳のミモザは産休で会社に出られない。キャリア志向の彼女は、ずっとぼやいていたが、体調には勝てなかった。今は、仕事の引き継ぎと産休明けのスムーズな復職のために、サポートＡ

Ｉのコピーが会社で働き、本人は週に二度オンラインで数時間、必要なフォローをする程度だ。

　母胎で育てず人工子宮を使うという選択肢は、夫婦で相談した結果、選ばなかった。今の彼女には費用負担が重すぎた。すでに管理職には経験を積んだ社員がなるというかつての常識は、ＡＩによる業務代替とサポートＡＩによる業務補助で、完全に崩れ去っている。50歳のミモザは体力がある若い社員と経験のアドバンテージなしで競争をして、その成績のみで収入が決まっている。30代をピークに、彼女の収入は下がり続けているのだ。

　家持は、その妻の戦いを見てきた。在宅ワークのデザイナーで非正規雇用の彼が、家事のかなりの部分をやってきた。

「冷凍のうどんでいい？」

「具は？」

「きつねと、にしん。かきあげは親父が食べると思う」

「きつねとにしん、半分こしよか」

　数十秒後、調理器がチンと鳴った。プラスチック容器が、熱でどんぶりに変形している。蓋を開けると、あたたかい湯気がのぼる。外食と冷凍食品とで、もう味はまったく変わらない。

　家持がプラスチック容器と箸を持っていく。ミモザが掘りごたつの前の椅子に座ると、座面がゆっくり下降する。洋司がＶＲゴーグルを目から外して首に引っかけた。そして、洋司が箸を受け取るや蓋を開けた。湯気がたつ。

　うどんを食べていると、いまここにいない家族の話になった。ミモザが、きつねうどんのおあげを箸で半分に割りながら、言ったのだ。

「家持くん、カナくんの話は聞いた？」

　家持とミモザの長男のカナメは、大学に通いながら、友だちと起業して働いている。

「あの儲かってない会社か？」

「カナくんのサポートＡＩから、そっちのサポートＡＩに連絡入っているはずだよ」

いまではどんな年齢の人間もサポートＡＩを持っている。もはやサポートＡＩと人間はワンセットで扱われる。仕事だけでなく家庭生活でも、個々人のサポートＡＩは活躍する。家族に直接話しにくいことを、サポートＡＩ同士で先に情報共有して、家庭のコミュニケーションを補うこともそのひとつだ。

「そんなの来てた？」

サポートＡＩが返す。

〈カナメさんのサポートＡＩから、取り扱い注意情報として相談を受けました。ロボットの受け取りが終わって、家持さんのメンタルが安定してから、伝えるつもりでした〉

「来てた。ややこしそうだし、食べてからでいいでしょ」

「それ、家族の一大事だから」

きつねのあげとニシンの甘露煮を交換しながら、ミモザが主張する。

「食べながらでいいや。教えて」と、食べながら、サポートＡＩに相談事のことを頼む。

〈カナメさんに、恋人とのあいだに子どもができました。この情報は、カナメさんのサポートＡＩがユーザーデータを解析した結果、われわれに伝えるのがベターと判断したものです〉

「はぁ！？」

思わず声をあげた家持に、ミモザがしーっとだまるように身振りする。洋司に聞かれると、口止めしても忘れて話してしまうかもしれない。

ミモザが、問題が共有されたことに満足したように、うどんをすすり始める。かきあげをきつね色のつゆの中でくずしていた洋司が、顔を上げた。

「カナメがどうかしたんか？」

尋ねた相手はミモザだ。仕事人間だった洋司は、キャリア志向のミモザのことをかわいがっている。

「冬子さんが帰ったら相談して、そこから改めていろいろ決めたら話すよ」

家持の母、冬子は趣味人だ。洋司より1歳年上だが、認知症どころかおおきな持病もなく、習い事や催しもので忙しくしている。

「そうか。お母さんが帰ってきたらか」

そう言うと、洋司が薄いプラスチックのどんぶりを持って、つゆをすすった。

「おいしいな」

「そうだね」

家持は、「本当にそうだ」と合意する。

空になったどんぶりを、人工筋肉の作動音をたてて、介護ロボットが回収する。家持たちのぶんまでキッチンに運ぼうとする。

それを見て、洋司が突然大声をあげた。

「誰が持っていってええ言うた！」

ミモザが驚いてびくりと背を縮こめる。

ロボットが、怒鳴り声を音声指示と認識して、戻ってきた。それに腹を立てて、洋司が「もういい」とそっぽを向いた。どういう意味か息子にも判別できない。ロボットにも当然わからず、立ち尽くした。

洋司本人に聞こえないように、洋司のサポートＡＩが家持のＡＲ眼鏡に通信してきた。

〈洋司さんは、短期記憶力が低下してうどんを食べたかわからなくなり、大声で呼び止めたのです。けれど、食器が戻ってくると、今度は恥ずかしくなったようです〉

家族相手でもコミュニケーションがとれなくなってきた洋司のかわりに、サポートＡＩが説明と仲裁をしてくれる。この手助けがなければ、洋司の世話で、家族はもっと疲弊していた。

家持の母の冬子は、3時近くになって帰宅した。俳句の会の帰りに、おはぎを買いたくなったのだという。86歳にして健啖家だ。

「立派なロボットねえ。お父さん、よかったね」

ものごとを深く気にしない冬子は、介護ロボットにさっそく家事をさせて「楽ねえ」と、感心していた。冬子が、大きな声で繰り返す。

「お父さん、便利よ」

「うん、そうかな」

洋司は、地元企業を退職するまで、家庭のことを8割くらい冬子にまかせていた。そのせいで、家での立場は弱い。手持ちぶさたになって、老齢雇用でガイドの仕事を始めた15年前からは、加藤家で一番偉いのは間違いなく冬子だ。

家持は、居間に仕事用の端末を持ち込んで残った。介護ロボットは、ユーザーに寄り添って信用を得る機能があるサポートAIのようには、好かれていない。そのよそ者であるロボットを、父が壊すような気がして心配だったのだ。

冬子が、そんな家持を解放しようとしてくれた。

「仕事してきなさいよ」

「いや。母さんに用事があるんだよ」

家族の大ニュースを伝えなければいけなかった。

「SNSじゃダメ？　大げさにしなくていいでしょ」

家持としては、突然のことで、まだ心におさめきれていない。妻もたぶんそうだ。

「ミモザさんは、二階に来てほしいって」

「今から？　お母さん二階に行けばいいの」

冬子が、VRゴーグルをかけている洋司をちらりと見る。家持のAR眼鏡に、冬子のサポートAIからの音声メッセージがやってきた。

〈冬子さんは、晩ご飯の前に美術館の紹介番組を見たいので、話を早く進めてしまいたいのです〉

室内をセンサ監視したデータの蓄積から、AIは人間よりも遥かにうまく空気を読む。冬子が、いそいそとエスカレーターに乗りに行った。

冬子は、夫の洋司とは違って、がんばらないと決めていた。キャリアも46歳で完全にリタイアした。病院事務の仕事は自動化が進みつつあったためだ。週に３回仕事に行くのが、向いていないと思ったこともある。

「お父さんは頑張りすぎたんだよ。おつかれさまだね」

洋司という人は、結婚したときはそれほど仕事人間というわけではなかった。家族ができてから出世を意識するようになった。

趣味人で仕事が人生とは思えない冬子はといえば、美術館や博物館をめぐり、自分でも絵を描き、楽器を弾いた。中学生にあがったばかりの家持が、一時期不登校になったおりだったから、キャリアを捨てることにためらいはなかった。

その家持が、今では立派に仕事をして家庭をもっている。若い頃の収入が不安定だったせいで独立するタイミングを失い、結婚しても実家住まいだが、それはよいと冬子は思っていた。家持が一生働いても、洋司が建てたような立派な家を持つ可能性はほぼないからだ。

冬子があっけらかんと話を聞いたことが、家持には信じられなかったようだった。

「そんな人ごとみたいな。いまは親父のこともあるし、カナメと、きちんと話し合ったほうがいいと思う」

「なるようになるでしょう」

「母さんは、のんきすぎるんじゃないかな」

冬子にとって、家持は子どもの頃から繊細でいらぬ心配をする子だった。

「のんきにかまえていい準備はしてきたもの。お父さんにアルツハイマーの傾向があることは人間ドックでわかっていたし、二人で話をして覚悟をしてた。この間、仕事の仲間と、お別れパーティだってやったじゃない。お父さんは、ああなっちゃって、もう忘れてるでしょうけど」

「カナメは、まだ20歳の大学生だよ。起業したって言っても、あれはほとんどサークル活動だよ。一人前のおとな扱いで突き放すのは、まだ早い」

「相手のかたはおとなだし、ベーシックインカムだってあるでしょう。心配ないわ」

ベーシックインカムは、冬子が65歳を超えた後に始まった。だから、年金が上増ししたくらいの感覚だったが、家持の世代にとっては大きかったそうだった。

「ベーシックインカムだけじゃ、子どもは育てられないって」

家持はいつも考えすぎているように見えた。

「そんなの、やってみなきゃわからないでしょうよ」

「母さんは雑に僕を育てたからだよ。カナメはずいぶんお金もかけて大切に育てたのに、ベーシックインカムで子育てなんてできるのかな」

「雑とは失礼な」

ミモザが、ソファから声をかけてきた。

「そこ本題じゃなくない？　カナメの子どもの話でしょう」

家持がミモザに指摘されて黙る。冬子は、息子から妻と母で差をつけられたようでおもしろくない。

そして、冬子のサポートAIは黙っている。AIは、冬子の楽しみをサポートして刺激を与え続けて、気持ちの若さを維持する役なのだ。

冬子は、はぁとため息をつく。サポートAIは頼りにならない。

「カナメの恋人は、生むつもりなんでしょう?」

カナメのサポートAIが簡潔に答えた。

〈はい。結婚の意思は今のところないということですが、子どもは欲しいそうです〉

「結婚とか、どうでもいいのね。家持の生まれた頃より人口3割減ったものね。シングルマザーの保証も、ずいぶん手厚くなっちゃって」

家持は、話があっちへ行ったりこっちへ行ったりする冬子に、あまり長く付き合ってはくれない。

「カナメがどうしたいのかを聞こう。ところで、この家でカナメの恋人も住むって言ったら、だいじょうぶなのかな？」

「無理よ。家族だからまだ我慢してるけど、お父さんが大声出しちゃうし、よそから来たひとは耐えられないでしょ」

冬子は却下した。ミモザの返事も色よくない。

「一階は、居間があって、冬子さんと洋司さんの部屋でしょ。二階は、和室と、わたしと家持くんの部屋と、カナメの部屋よ。恋人さんに和室に入ってもらうの？」

家持がうなった。通路のせまい二階に妊婦ふたりは、いかにも窮屈だ。だからといって、80代後半の洋司と冬子に、二階に移って部屋を開けろと言われても困る。

サポートＡＩに補助された話し合いは、伏せられた情報がすくないから早い。最後に家持が、カナメのＡＩに帰宅時間を尋ねた。帰宅が夜の10時だと聞いて、冬子は家持とミモザで話をするよう頼んだ。もう年寄りには遅すぎる時間だった。

当のカナメはといえば、家の玄関前まで来た頃、サポートＡＩに、家族に筒抜けであることを告げられた。

「ちょっと待って。なんでいいって言う前に、勝手に言っちゃったの」

〈カナメは両親にいいところを見せたがるので、きっかけがないと伝えないと判断したからです。天樹《あまぎ》さんが、養育費をカナメさんに払うようはっきり求めたときに、答えを返せなかったら終わりですよ〉

下顎骨の奥歯側につけたピアス型の骨伝導スピーカーから、世界で一番よく聞く声が、おそろしい話を伝えてきた。

カナメは生まれたときから、サポートＡＩといっしょだった。つまり、サポートＡＩはカナメのことを、生まれたときからカナメ自身よりもよく知っていた。そして、そんなＡＩの〝絶対の味方〟がいることが当たり前だった。ひとりにひとつのＡＩ、分かちがたい相棒だ。

「やっぱり養育費の話くるよね」

〈試算しましたが、カナメさんの収入では、払えないですね。会社からは、まともな利益が出るまで2年はかかりそうですし〉

　大学の仲間で作った会社は、学生でもできる超スモールスタートだ。元手が低くてリスクがちいさいが、収益もそれ相応だ。カナメは、人が多すぎる家から早く独立したくて、それでも共同経営者になったのだ。

「その前に、来年で大学卒業なんだよなあ。ちゃんと定期収入になる別の仕事はじめないと」

　家に入ったら、両親が待ちかまえている気がした。玄関のドアを開けるのがおっくうだった。

〈ちなみに、待っていますよ〉

「やべ。玄関のカメラに映ってんじゃん」

しかたなく、カナメはドアの前に立つと、防犯用の物理キーを差し込んだ。生体認証と物理キーの二要素認証でロックが外れる。

　カナメがドアを開く。ＡＲコンタクトが、古くなった家の内装を新品に見えるように補正した。

　彼が大学の仲間と作ったベンチャーは、ＡＲ機器用の視覚補正テーマを販売している。特定の茶色の赤みを強める補正をして木造家屋を新しく見せるアプリは、主力商品のひとつだ。

　夜も遅いから、祖父を起こさないようにそっと靴を脱ぐ。電気のついていた居間から、洋司の声がした。

「カナメか！」

「ただいま」

　祖父の顔を見てから二階に上がろうか、迷った。すると、洋司のサポートＡＩが、アドバイスをくれた。

〈今は機嫌がよいので、顔を見せてあげてもだい

じょうぶです〉

ありがとうと、声を出さずに伝えて、ガラスのはまった重い木戸を開ける。洋司はパジャマに着替えて、掘りごたつで大型ディスプレイを見ていた。

「カナメ、ちょっと来い」

認知症が始まってから、恥の感覚が変わった洋司が、居間のディスプレイで堂々とお色気チャンネルを流している。その音量が、ガラス戸を開けたため、冬子の部屋に聞こえない低さに自動で調整された。カナメのＡＲコンタクトに、センシティブな内容を含んだ番組であることの警告が表示される。まあいいかと、カナメは居間に入った。

洋司の首には、いつものＶＲゴーグルがかかっていない。目にはやさしいが、軽量モデルでも長時間使用は、老人の首には負担が大きいのだ。

「カナメ、お茶飲むか」

年季の入った電気ポットを、洋司が床に置いたコネクタから外してテーブルに置いた。家電を新品に見せるＡＲも新商品にいいかもしれないなと、ぼんやり考えた。カナメは掘りごたつに座った。両親が待つ二階にあがる時間を引き延ばしたかったのだ。

「お茶は、急須で普通にいれたほうがおいしいけどな」

ポットには煎茶が入っている。洋司が夜中に起き出してお茶を飲みたがるから、冬子が寝る前に煎茶のパックをポットに入れているのだ。キッチンの電熱機器は、火事対策で、洋司にだけ使えないようパーソナルロックがかかっている。

カナメが自分の湯飲みを取りに行こうとすると、今日買ったばかりだという白いロボットがかわりに行ってくれた。夜間だから、音を立てないために、忍び足のようにゆっくりと移動する。

「かっこいいロボットだよね」

「そうか」と、機嫌良さそうに洋司が笑う。

洋司は、カナメにとってはやさしいお爺さんだった。認知症になっても、それは変わらない。

熱そうに湯飲みをすすりながら、「普通にいれたお茶のほうがおいしいな」と、こぼしている。ロボットにやってもらえばと言いかけて、やめた。祖父は、ロボットにキッチンを使えたら、ロックで閉め出されている自分と比べて怒り出すだろう。

「カナメは、心配事でもあるんか」

「ないわけじゃないけど、いろいろはっきりしてから話すよ」

「そうか」

後からこの祖父に言わなければならない。かわいがってくれていた洋司にどう話そうかと思うと、頭を掻きむしりたくなった。

「お菓子食べるか」

そう言ったが、手近に食べ物があるといくらでも食べてしまうので、お菓子は洋司に見えない場所に置いてある。医療技術が上がろうが、室内監視で危険な誤嚥を見守ってくれようが、深夜に菓子を大量に食べるのはよくないのだ。

「菓子はいいや。じいちゃんも、早く寝たほうがいいよ」

「そうか、わかった」

パジャマ姿なところを見ると、洋司はきっと一度寝た後、トイレに行ったまま寝室ではなく居間に来てしまったのだ。

このままなら、夜中じゅう番組を見続けそうだった。洋司のサポートＡＩが教えてくれた。

〈お願いします。このままだと、洋司さんはここで朝まで座っています〉

そうと聞いてはしかたなかった。洋司を寝室に送ろうと思った。

「じいちゃん、寝よっか」

立ち上がりやすいように座椅子が持ち上がる。ロボットが介助してくれた。「あー」とか、声をあげながら、祖父が体を引っ張りあげられる。なんとか自分の足で立ってもらって、ロボットと一緒に支える。「ごめんな」と、洋司が謝った。いいよとか、なんとか言ったと思う。「いくらでも頼ってほしい」とは、カナメにも言えなかった。

洋司を寝室でベッドに座らせた。いつも洋司が散らかしてしまう部屋が、この前に見たより片付いていた。

「ありがとうな」

カナメは、先に部屋を出た介護ロボットの背中に声をかけた。

カナメが二階にあがると、サポートＡＩが言った。

〈ミモザさんの部屋で、家持さんと二人で待っているそうです〉

両親と話をしなければならないと思うと、胃のあたりが締め付けられた。

カナメは、いつも家にいる父のことを、いまひとつ尊敬できずにいた。自宅で仕事をしているとは知っていたが、趣味人の家持が模型を塗って遊んでいるところを何度も見たからだ。お菓子やお小遣いをくれる洋司に懐いていたせいもある。そして、その微妙な空気感が伝わったのか、べつだん悪いところがあったわけでもない父と、関係が微妙になっていた。

「行かなきゃダメかな」

〈問題が問題なので、今日話すのがベストかと〉

秘密を漏らしたサポートＡＩが、しれっと言った。

しかたなく、ミモザの部屋をノックして、入る。両親が待っていた。さっきまで洋司の相手をしていたから、一言いってやりたかった。

「起きてんなら、じいちゃん寝かすの手伝ってよ」

家持が、大きなため息をついた。

「あの人は、パパに指図されると怒るんだよ。認知症になったって、親のプライドは昔のままなんだ」

カナメにも、家持の判断が正しいと、頭ではわかっていた。サポートＡＩは、屋内監視カメラを含めた莫大なセンサー情報を、判断の基礎データとしている。だから、「どういうとき怒るか」の予測は、家族の誰より正確だ。家持はサポートＡＩに相談した結果、手伝わなかったのだろうし、予測に逆らえば洋司とケンカになっていた。それでも、釈然としなかった。

「親子だろ」

「子どもに毎日世話されるのを、親が嫌がる気持ちはわかるよ。そんな気がして、動画とセンサーデータを、介護コーディネーターに見てもらったんだ。家族がやりすぎない介護が向いてるって話だから、ロボットを買ったんだ」

重いおなかを抱えて座って待っていたミモザは、脱線を許さなかった。

「その話は前にＳＮＳで共有したことだよね。洋司さんを見てくれたのはありがとう。だけど、カナくんは、他に話すことあるよね」

苦い気分が、腹から胸にあがってきた。

「でもさ、その前に、言わせてくんない。ぼくも、サポートＡＩが勝手に言わなかったら、いい感じにタイミングとかしっかりさせてから話すつもりだったんだ」

「お相手のかたのことをしらないけど、今日はいいタイミングだったでしょ。パパもママも、赤ちゃんができたっていうのに、お相手の名前も知らないんだから。本当にはずかしいよ」

カナメにしてみれば、これは恋人との関係であって、家族はその後だ。

「彼女ともっとよく話し合ってから言うつもりだったんだよ。ＡＩが勝手に言うからぜんぶおかしくなった」

「サポートＡＩは、〝今やると50のリスク〟があっても、〝後回しにすると１００のリスク〟になる場合は、50を選ぶの。カナくん、ＡＩがこの挙動するってことは、後回しにしたら困ること、何かあるんだよね」

ミモザは、汎用ＡＩで企業業務を置き換えるコンサルタント会社に転職して、10年以上キャリアを積んでいる。

「何も問題がないわけじゃないけど、まだだいじょうぶだよ」

カナメにも言いたくないことはある。

だが、ミモザが鋭く指摘した。

「問題ってお金でしょ。ママ、カナくんたちの会社の決算報告書も見たけど、今のままだと、もう2年もたないよ。いまだに木造家屋のユーザーで、そのうちＡＲ機器を常時使ってる人しか顧客がいないんだから。パイの天井は、カナくんたちの思ってるより低いよ」

「なんで見るんだよ！」

昔の母親は、通信簿感覚で、起業した息子の決算報告は見なかった。サポートＡＩで誰もが専門的な知見を手に入れられるおかげで、こういうことが起こるようになった。

「カナメはがんばってるよ。お父さんの若い頃は、大学時代はもっと気楽に遊んでた」

「パパはそうでも、わたしはカナくんより勉強してたから」

子どもの頃から父より母のほうが頼りになると思っていた。だが、仲間と起業すると、ミモザが本当に優秀だとわかるようになった。そのミモザですら、サポートＡＩが業務を補助してくれる今では、若手のフォローが中心で主導する案件を持っていない。そして、それはカナメにとって、仕事で身を立ててゆく将来像の見通しを暗くさせている。活躍しているピークの人々に勝たなければ、カナメたちの会社は生き残ってゆけない。言語と文化の壁はサポートＡＩのおかげで乗り越えるのが簡単になっているから、何をやるにも競争相手は世界中にいるのだ。

「難しいってことは、わかってる。それでも、一年はなんとかなってる」

「収益性の低さとか、事業の伸びしろの不透明さとかに、カナくん何もアンサー持ってないじゃない。今は、薄利で顧客を集めて、社長の子が全部やって経費を圧縮してるから、回ってるように見えるだけだよ。社長が入院でもしたら、経営陣誰もカバーできない。あの子が倒れたら、おしまいよ」

端的だからこそ、業務の棚卸しもボトルネックの抽出も、経営会議で話し合われているより容赦がない。ぐうの音も出なかった。

「とにかく、今のあの会社をアテにして、子どもを育てるのは無理よ」

家持が割って入ってくれた。

「カナメはまだ勉強中だし、そこを厳しく詰めてもしかたないって」

ここまで黙っていたカナメのサポートＡＩが、アドバイスを送ってきた。

〈カナメが、大事な話だからこそ、自分で伝えるタイミングを決めたかった気持ちは正しい。だけど、天樹《あまぎ》はせっかちだ。話を早く進めないと、見切りをつけられてしまうぞ〉

カナメの恋人の天樹は、ひとつ年上で、看護師をしている。そして、妊娠がわかるや、彼に子どものために何をするつもりがあるのかと聞いた。彼女は人に頼らず生きてゆきたい人だ。だから、この宿題にきちんとした答えが出せないなら、彼との交際まで含めて考え直すということだ。

突きつけられたときは深く考える余裕がなかったが、彼女は本当にせっかちだ。サポートＡＩは、確かにカナメよりもよく物事が見えていた。

家持とミモザを見る。真剣な目を、カナメに向けていた。

「彼女は、松田天樹《まつだあまぎ》っていうんだ。ひとつ年上で看護師をしていて、今でもう2年付き合ってる。

彼女は、まだ独身でいたいけど、子どもは欲しいって言ってる」

やましいことはないけれど、顔が赤くなった。

家持が、ひとのよい笑みになった。

「おめでとう、でいいんだな」

「顔見たらわかるよ。カナくん、おめでとう」

大きくなったおなかを揺すって、ミモザが膝をすってカナメのところにきて、抱きしめようとした。カナメは、「そういうのはいいよ」と止める。

「ついに、パパもおじいちゃんか」

家持の詠嘆に続いて、ミモザがため息をついた。

「やめてよ。考えないようにしてたのに」

家持に視線を向けて、ミモザがおなかに手を当てている。その仲がよい様子に、カナメは、自分たちがごたついていることが恥ずかしくなった。

「なんもかんも、彼女といろいろ決めてからだよ」

「二人で育てるなら、お金は二人で出しあうんだろう？　彼女も産休をとる間、ベーシックインカムだけじゃ苦しいだろう。おまえ、どうするんだ？」

「大学行きながら、エッセンシャルワーカーを始める」

社会の中での生活維持に欠かせない仕事であるエッセンシャルワーカーも、ＡＩで自動化が進んだ。だが、採算の合わないものや、人間の働き手が求められる場所では、活発な求人がある。現代でも人間が活躍している職場だから志望者も多い。多様な働き方を許容してくれる働き口も多い。認めてもらえて自己実現の場にもなる、社会に役立ちたいカナメにはよい仕事だ。

「なんでもひとりでやらなくていいぞ。起業して一年じゃ貯金はないだろう。家族に頼らないか」

家持が、考えた言葉をとつとつと一つずつ押し出す。

ミモザも心配そうに言った。

「だいじょうぶなの？　介護とかの、エッセンシャルワーカーでお金がいいのは、だいたい、しんどいよ」

「介護も悪くはないと思ってる。クビになりにくいし、サポートＡＩが介護の仕事覚えたら、じいちゃんの面倒もリモートで見られるしな。でも、それ以上に、サポートＡＩがいい感じに育ってくれたら、キャリアが広がると思うんだよ」

今では仕事のキャリアは、人間だけの能力を問われることはすくなくなった。ＡＩは経験を補い、知識を下支えし、ケアレスミスを減らし、人間離れした記憶力を与える。むしろ、コピーして二つの場所で同時に仕事ができたりと融通がきくから、サポートＡＩは、本人よりも労働力としてときに優秀だ。

〈仕事のときは、サポートＡＩ側で先回りして、カナメがリスクを溜め込んで大きくしないように立ち回っています。今回も、そのクセが出そうだったので、同じようにカバーしたのですが〉

サポートＡＩが、機会を見逃さず、釈明してきた。この主張は正しい。カナメは、仕事ではそういう先回りに助けてもらっていた。

翌日、昼間の居間に、洋司の怒鳴り声が響いた。

「おれを、甘く見るんやないぞ！　なんでおれだけのけ者にするんや」

ことの始まりは、冬子が食事のときの話で、ぽろりとカナメの子どものことを漏らしたことだ。自分だけ知らされなかったことで、洋司がヘソを曲げた。

認知症になる前は、仕事では情熱家だったが、家族を威圧したりしない穏やかな人だった。その記憶とのギャップもあって、ミモザは、この場から逃げ出したくなった。だが、秘密にしていたのは自分たちも同じだ。

家持が、前に出て釈明した。

「ごめん。カナメが彼女と話して、いろいろ決まったら、話すつもりだったんだよ」

「言い逃れするつもりか」

顔を真っ赤にして怒っていた。こちらの言い分は、まったく聞いてもらえない。

「うるさい！」

洋司が、突然大声をあげた。老眼鏡のつるについた骨伝導スピーカーから、サポートＡＩがたぶんアドバイスしたのだ。それを、はね除けた。

「ごちゃごちゃうるさいねん！　自分もぐるなん違うんか？　自分は、おれの味方とちがうんか？　いったいだれのモンやねん」

掘りごたつのテーブルをぶったたいた。突発的な怒りの爆発をテクノロジーで止めることはできない。自由意志に干渉する技術を洋司に使うには、すくなくとも成年後見人になる必要がある。

洋司に怒鳴りつけられたのは、洋司のサポートＡＩだ。そのＡＩが、ミモザたちに助けを求めた。

〈いろいろなものが掛け違っても、洋司さんを嫌わないでください。サポートＡＩ側は、家族との関係を維持することが、彼の幸せだと考えています。趣味がない彼には、仕事から切り離されると、家庭しか帰る場所がないのです〉

ミモザは、洋司を見捨てたいわけではない。キャリアが不安定だった若い頃、家に住まわせてくれたことも感謝している。だが、それでも主張するべきことを、ミモザのサポートＡＩが必要な相手に伝えた。

〈今では、すでにミモザさんにとって、この家で助かっている部分よりも苦しい部分のほうが、はるかに大きくなっています。まだ流産の危険がある水準ではありませんが、ストレスで睡眠時間がはっきりと減っています〉

家持が、そんな彼女を見かねて、洋司に切り出した。

「ちょっとミモザさんは上にあがらせてもらっていいかな。今回のは、カナメのＡＩが、おれたちに先に話を持ってきたっていうだけで、ミモザさんに責任はないから」

洋司がＡＩと聞いて、目を見開いた。

「おまえ、ＡＩの言いなりで何したかわかっとんのか」

もう手をつけられなかった。

洋司が、来たばかりの介護ロボットから始まって、気に入らないものをこき下ろし始めた。この状況が一番不満なのも、一番不安なのも、認知症になった洋司なのだ。怒りが怒りを呼ぶサイクルが回ってしまうと、疲れるまでは止まらない。たいていの道具は、正常な認知能力をもつユーザーが使用することを想定されている。ＡＩの高度化によって、文字通りどんなユーザーでも扱えるものも現れたが、意思表明が曖昧だったり支離滅裂だったりになったら、それも厳しくなる。もはやテクノロジーの想定外の状況だ。

「ヴァーチャルヘルパー呼ぶから、ミモザさんと家持は、二階行ってなさい」

冬子が、地域の高齢者センターに教えられていた緊急時のプロトコル通りに、ミモザと家持を二階に避難させてくれた。

エスカレーターの作動音にも「うるさい」と声を投げられて、ミモザには自分の表情が暗くなっているのがよくわかった。

「どうしよっか」

ミモザが言うと、家持は考え込む表情になった。父の認知症を知ってから、赤ちゃんを同じ家で育てられるのか、二人で真剣に相談していたからだ。

「早めに引っ越すか？」

「家持くんには悪いし、冬子さんのことも心配だけど、この環境で子育てはつらい。赤ちゃんが泣いたりしたら、洋司さんに大声で怒られると思うんだよ。わたしたちが怒鳴られるのは、すこしは我慢できる。けど、子どもがされたら、耐えられないよね」

ミモザにとっては、よい義父だった。洋司は、仕事に思い入れがあまりない家持には興味をもってもらえなかった話を、ずいぶんミモザにしてくれた。妊娠中にその義父が認知症になるとは、想像もしていなかった。そして、一か月半ほど前に、ＶＲガイドをやめて仕事から完全に引退してから、一気に衰えた。仕事の世界と人間関係から離れた途端、ＶＲゴーグルをいつもかけているようになり、記憶力と認知力が急低下を始めたのだ。さっきのように人を怒鳴るようになったのも、脳の機能低下で、自制心が失われているのだ。

家持と顔を見合わせる。

「環境が悪すぎるな。ミモザさんの言うことは正しい」

夫のほうに、それでも一抹のためらいがあることは知っていた。介護ロボットがあれば、もしものときの見守りはできるし、介護労働もやってもらえる。だが、ミモザたちが引き払った後で、カナメだけがここに残れるとは思えない。冬子と洋司だけになってしまう。今の加藤家は、サポートＡＩが繋いでくれて家族がすこしずつ助け合うことで、なんとかバランスを保っている。冬子と介護ロボットだけでこれを支えようとすれば、寂しい洋司はいっそう強く冬子にあたる。冬子の晩年も、今ほど楽しいものではなくなるだろう。

そのとき、ミモザと家持の骨伝導スピーカーに、メッセージが入った。洋司のサポートＡＩからだった。

〈家持さんとミモザさんがこの家に残るための手立てを、提案させてください〉

ミモザにとって、それは驚きだった。引き留めがあるとしても冬子からだと思っていたのだ。家持もいぶかしげだ。

「必要なことは、介護ロボットでできるじゃないか。ぼくらを引き留めなくてもいいだろう」

〈それは違います。わたしは洋司さんの絶対的な味方です。これまで学習してきた結果、洋司さんにとっての幸福は、ずっと洋司さんでいてもらうことです。そのためには、皆さんが必要です〉

ユーザーのデータの蓄積から導き出した答えなのに、切実な願いのようだった。

〈洋司さんの脳は、徐々に機能を低下させつつあります。これはもうしかたありません。人間の心を、脳内にある記憶を主要パーツとして回るサイクルとして見れば、洋司さんの心は日々土台から崩れつつあります。けれど、心とは外界の刺激に反応して起こるものと考えれば、皆さんたち家族がいれば、洋司さんの心は長く維持されます。短期記憶が衰えていても、洋司さんは皆さんとコミュニケーションしている間、そうありたい洋司さんでいられます〉

だが、それが完全に洋司の都合であることを、家持が指摘した。

「そうは言っても、親父が今日みたいな暴れっぷりだと、子どもを安心して育てるのは無理だろう？」

〈洋司さんにとってストレスになる音を、はじめから聞こえないようにできます。洋司さんの老眼鏡の骨伝導スピーカーで、赤ん坊の泣き声だけを消すよう、音声相殺するのが安価ですね。あるものをARで消すことは、今では普通の技術ですから〉

その内容に、ミモザはうなずく。カナメの会社の、古い家の瑕疵を消すAR技術と似ているものだからだ。

「それじゃ、おれたちがARグラスをかけてれば、親父の大声を聞こえないようにもできるのか」

「できるみたいだね。ちょっと調べてみたら、AI学習で突然の大声にも予測対応できるようになるみたい」

ミモザのサポートAIは、仕事のパートナーとして鍛えたため、話の流れから次に必要になる資料を揃える能力が高い。

「見て」と、腕時計型の端末から、資料を家持に送る。ほっとしたような、心配しているような、複雑な顔になった。

「でも、これは対症療法だから、ぜんぜん根本的な解決にならないやつだからね」

　家持がしばらく目を閉じて考えて、答えた。

「根本的な解決なんて、結局、親父に施設に行ってもらうか、ヘルパーを雇うかしかないんだな」

　それは、ミモザと家持の結婚生活で、何度も話した話題だった。家持も、まずそこに触れた。

「20年も実家に暮らしたおかげで貯金もできたけど、おれたちは退職金が出るわけでもない。これから赤ちゃんも生まれるし、絶対必要な蓄えだ。ヘルパーだって、来てもらった回数ぶんだけお金がかかるのに、介護が終わるまで、何も気にせず使い続けられるわけじゃない」

　エッセンシャルワーカーの地位が上昇したのは、その収入も上がったということだ。介護費用は、下限値が高い。仮に10年介護が続くと考えれば、介護費用は必ず上がってゆくし、介護自体をどこから高度な水準にするかで、トータルの介護コストが倍以上変わってくる。

　この費用を洋司の年金やベーシックインカムから捻出するにしても、洋司の年金だけでは頼りにならない。ベーシックインカムは、貯金や保険を厚くするには足りないくらいの額面だから、大きな支出には弱い。しかも、医療費のような突発的な出費もある。好きな模型作りだけしていたい家持が、仕事を続けているのも、もしもの蓄えが必要だからだ。５ＬＤＫの家に住んでいる家族は、公的補助よりまず自助を求められる。さらに、洋司の後には冬子の介護もあるかもしれないのだ。

「難しいね。家を売ってお金を作る話をする段階でもないもんね。引っ越しも洋司さんにストレスだろうし、家の名義は冬子さんだけど、よっぽど追い詰められないと売らないよね」

〈おそらく、新しい住居に引っ越した場合、洋司さんが適応するまで、かなり時間がかかります〉

洋司のサポートＡＩに懸念は正解だと伝えられてしまった。

悩みどころだった。いや、きっと本来は一も二もなく家を出るしかない状況に、悩む余地を見つけたのは前進なのだ。

「サポートくん、わたし、何か引っかかってるんだけど、何だと思う?」

自分のサポートＡＩに、思考のエンジンを回すために、助力を求めた。

〈バイタルの監視データでは、さきほど家持さんが「ヘルパーを雇うしかない」と言ったとき、一番強くミモザさんは興奮しました。そのあたりのタイミングで、アイデアを発見したのではありませんか?〉

「そっか。そこかー。その後すぐ、家持くんが、うちにお金があるかの話をしたじゃない? その間は、わたしのテンション下がっていってた?」

〈いいえ。おおむね平衡で、刺激の鈍化で微減した程度です〉

ミモザは、たぶんお金のことで、自分が何か思いついていたのだろうと考えた。

「そっか。じゃあ、そのきっかけ見つけたときの、興奮のグラフ分析して。参照範囲はこの一年の興奮のバイタルログで。どういう状況のときのグラフと似てる?」

そして、一年分のミモザのバイタルデータを、サポートＡＩが分析する。ミモザのサポートＡＩは、それ以上進めても精度が不安定な場合、分析を粗い状態で切り上げるよう教育している。

〈近似しているグラフは、仕事中のものが多いですね〉

なんとなく、ミモザにはわかってきた。話の最中、仕事で自分の知識経験でうまくいきそうだと判断したときのような、感覚がよぎったのだ。

そのとき、ひらめきが明確なかたちになった。

ミモザの解決案が実現するのは早かった。連絡して、それが可能であることを確認するまでに一週間、実際にかたちになるのはさらに一週間かかった。

冬子が、居間のいつもの場所でＶＲゴーグルに没頭している洋司に声をかけた。

「お父さん、新しいサポートＡＩは、しっかり働いてる？」

「前のよりもええな」

機嫌よさそうに言った。ゴーグルは外さない。

サポートＡＩのカスタマイズをするソフトウェア企業に、ミモザはサポートＡＩのバージョン違いのコピーを発注した。従来の洋司のサポートＡＩは、家族との仲立ちをする役目を選んだため、もはや洋司の絶対の味方として振る舞うことができなくなっていた。そこが、手が足りていない場所だった。だから、元ＡＩをコピーした子ＡＩを作って新しい味方とした。このＡＩは、一個目とは別ＡＩだから、目的が衝突することもあるが、その場合は必ず洋司のために働く。認知症の進行に従って認知の状態も変化してゆく洋司に、最後まで絶対の味方として寄り添うのだ。

洋司は、やりはじめたことを中断させられずにすむことが、快適なようすだ。

家持が、考え込むように腕を組んだ。

「これ、親父に絶対に話を聞いてほしい場合は、どうするんだ？」

「新しい子ＡＩのほうに、取り次ぐように頼んだらいいんだよ。ただ人手を増やしただけなんだから」

ケアするヘルパーがいればよいのだと思ったときが、ミモザの転機だった。

今の状況を、加藤家という組織が問題を抱えるようになって、投資で現状打開をはかっているのだと、捉え直した。つまり、加藤家では、人手不足で洋司のケアが正常に回せなくなっていて、それが組織全体のストレスを危険なほど高めている。その改善のために、先行投資もにらんで介護ロボットを買ったが、それは今本当に必要な部分をケアしていなかったのだ。

こういう投資のアンマッチには、ミモザが仕事でコンサルタントしてきた中で、何度も出会ってきた。つまり、洋司のストレスケアが問題なのだから、もっとストレートに、そのケアをする人手を増やせばよかった。ただし、継続的な出費になるから、人間を雇うことは、加藤家の今の予算計画では苦しい。とはいえ、エッセンシャルワーカー志望だからと、カナメに家族間ではいっそうつらい介護を押し付けると、たぶん未来が先細る。

だが、AIなら、空いたところを、高い可塑性をもって埋めることができる。

子AIにユーザーの一番近くを譲った、洋司のサポートAIが、コメントした。

〈このままでは、洋司さんの信頼を失って、サポートAIを使ってもらえなくなる可能性がありました。ですが、これから子AIとのチームでなら、最後まで仕事を果たせるでしょう〉

チームの一員に即座になれたのは、洋司がサポートAIをそう育ててきたからだ。洋司の仕事ぶりは、教育されたAIに息づいていた。

「うちの問題を、家族の要望を最大限に取り入れた解決策は、こんな感じかな。これより改善したい場合は、全体を見ながら、また新しく時間なり予算なりを投入すればいいんだよ」

そして、ミモザは、洋司が認知症になった加藤家では、こういう話し方はあまり興味を持ってもらえないことを思い出し、言い直した。

「家にみんなで暮らすストレスを下げて、お互い嫌にならないようにしたってことだよ。洋司さんと会話や散歩の時間を取るにしても、わたしたちが気分よく過ごせてるほうが洋司さんのほうもストレスにならないでしょ」

　高齢者センターにはこのやり方について、相談もしていた。対面コミュニケーションの時間をきちんととることと、かかりつけ医の定期診察を薦められた。

「なるほどねえ。自分のやりたいようにやる人だったし、こういうのもいい時代なのかもね」

　冬子がうなずく。

　家持が、穏やかな顔を洋司がしているのを見て、言った。

「これ、何十年か昔なら、家族が人生を変えて介護するか、家族がバラバラになるかだったな。ギリギリで踏みとどまったんだ」

　完璧な人生なんてない。技術が進歩しても、人生の苦労は訪れる。

　今回の苦労は昔からあった普遍的なものだ。もしもサポートＡＩがなかったら、家持とミモザは、自分たちの人生を守るため、この家を離れたかもしれない。介護ロボットが進歩していなかったら、好きなことをして人生を送りたい冬子が、老老介護を始めるしかなかったかもしれない。カナメは自分のことで手一杯で、家から足が遠のいていたかもしれない。洋司は、それぞれの人生がある家族に充分なリソースをさいてもらえず、孤独になったかもしれない。

　だが、今の時代だから、選択肢があった。価値ある選択をすることができた。

　ミモザは、これで一段落だと思った。

「次は、わたしたちの赤ちゃんだね。予定日まですぐだよ」

「カナメのこともあったな」

　この２週間で、カナメは恋人と話ができたそうだった。話し合いの結果、カナメたちは結婚をしないままで、二人で育てるという。

「カナくんは、お孫ちゃんを連れてきてくれるのかな」

ミモザは考えたことがあった。

「それに、産休が終わったら、新しい仕事をしたいと思ってるんだよね」

彼女は49歳で妊娠したとき、人生を、頑張っても若者に勝てなくなったキャリアから、家庭に振り向けるよい機会に思えていた。だが、今はミモザの仕事がまだあると感じる。たとえば、加藤家でやったような、AIで家庭という組織の業務を改善するコンサルタントだ。きっとどこかがもう手がけているだろうが、市場に切り込めるところはあるかもしれない。社内起業では事業にできないなら、彼女が起業してもいい。

あいかわらずだと言いつつも、家持が見守ってくれる。

冬子が、駅前の菓子屋で買ってきたおはぎのために、みんなの緑茶をいれた。

「まあ好きにやんなさい。人間が仕事を増やすんだから、それを片付けるために人間が働くのだって道理でしょうよ」

自動化が進もうとテクノロジーがさらに進歩しようと、自分で散らかしたものを片付けるのは当たり前なのだから、人間の仕事はなくならない。

そして、その人生の苦労から、また新しい仕事と価値が生まれる。未来になっても、ずっと。

いかがでしたか？　私は「ＡＩは、それを使う人間の絶対的な味方である」というポジティブな面を描き切っていただいたことに、強い感銘を受けました。また、ビジネスのツールとしての側面がフォーカスされることが多いＡＩを、家族の課題解決ツールとして活用する様子を描くことで、ＡＩの進化の方向性、あるいは人間とＡＩとの共生にまつわるイメージが広がったと思います。舞台は最初から最後まで家庭内だけなのに、２０７０年のビジネス環境や働き方がイキイキと伝わってくるのもさすがです。

研究チームとしても、人間はＡＩパートナーという存在のおかげで、他者、あるいは社会とより良好な関係を取り結ぶことができる。そんな豊かなつながりを通じて、よりよい自己実現ができるようになる――という未来像に自信を持つことができました。

また、制度的な面では、ベーシックインカムのイメージが描かれていたことも大きな意義があったと思います。研究チームでは当初から、人間が本当に自己実現につながる仕事や活動に取り組める社会にするには、あらゆる人に基本的な収入を保証するベーシックインカムのような制度が必要ではないか、と考えていました。社内外のディスカッションでは「労働意欲や活動意欲を逆にそぐのではないか？」という懐疑論も少なくありませんでしたが、「ベーシックインカムがあるからこそ、不本意な選択や我慢をしなくてすむ」「最低限の保障があるから前向きに生きられる」という小説の描写にも説得力がありました。

こうした世界観も背景にしながら議論を重ね、報告書では、基本的な生活サービスを保証する「ベーシックサービス」を提案しています。

小説が呼び水となって新たに生まれた論点としては、「どの時代でもジェネレーションギャップが大きな問題になるかもしれない」「介護の責任は、最後はやはり家族に課せられるのか」などが挙げられます。

［作品④］知恵と技術で暮らしを守る！　防災の未来

「防災」分野の小説執筆をお願いしたのは、林譲治先生です。

林先生は、〈星系出雲の兵站〉シリーズなどの著作をお持ちの、スケールの大きい世界観のなかで架空の組織のあり方を描かせたら右に出るものはいない作家さんです。200冊ほどの著書を持ち、第19代日本SF作家クラブ会長を務めるなど、実績・経歴の両面でSF業界を俯瞰する目線を持っていらっしゃるため、本プロジェクトにもぜひご執筆をお願いしたいと考え、ご依頼させていただきました。

防災は人類にとって非常に重要な課題ですが、どれだけ技術が発達しても、自然を完全にコントロールして、災害や感染症を完全に防ぐのは不可能でしょう。しかし、技術を最大限に活用して被害を最小化することはできるはずです。また、私たち一人ひとりの行動を変えていく「パーソナル防災」のレベルを高めていくことも重要です。

防災の研究チームでは、高度な予測、徹底した予防で災害などに備えることで、社会の安心感を高めるとともに、いざ災害に見舞われた場合も、人命はもちろん、社会活動、経済活動が損なわれない「レジリエントな社会」を実現する未来をイメージしていました。災害や感染症を完全にコントロールするのは無理でも、平和的に共生できる方法を探っていこうというのです。

ワークショップでは、防災関連の新サービスとして、ゲームをプレイしている感覚で避難できる「避難誘導ゲーム」や、気候変動や災害をポジティブに捉えてビジネスにしてしまう「猛暑経済活動」などのアイデアが出ました。

新産業としては、「災害エンタメ企業」や「シン不動産業」（大災害の被害を避けるために、移動しながら生活する人が増えるはず！　そんなライフスタイルに対応した不動産業が求められるようになるのでは？）などの可能性を議論しました。

自然災害に対しては、人的・物的な被害を最小化するのが至上命題です。そのためには、インフラを整備するだけでなく、一人ひとりが安全確保に対してポジティブに向き合い、行動様式を変えていくことも非常に重要です。これらの相乗効果が働いてこそ、自助、共助、

【防災分野のガジェット案の一例】

新製品・ 新サービス	一言説明	どんな価値を提供して いるでしょうか?
ケンコウ災害 (過度な健康志向)	・過度な健康志向による、精神的なストレスや不健康に対して警告してくれる ・特に、部分最適に陥りがちな場合(例:炭水化物ダイエット)に、何が起こるかをシミュレーションして提示	・真の健康(部分最適でない、全体最適の健康)に対する関心が高まる ・おのおのにあった理想の健康を実現できる
避難誘導ゲーム	・ゲームをしていると、自然に避難できている(50年後のゲーム) ・生活のなかと重なっている(バーゲン品が安い/ポイントが貯まる) ・家族の安否を教えてくれる	・空振り災害への対策 ・迷っているときの行動変容(早めの避難) ・危機の疑似体験ができている。(隣の車いすの方など)救難活動したら、ポイントが上がる ・ある土地に住むと上がる、避難の意識を高めたら税金が安くなる ・方法として税制を変えていく
猛暑経済活動	・災害をポジティブに捉えて、ビジネスにしてしまう(活性化してしまう)	・街の活性化

図表7-10　防災分野のガジェット案(一例)

公助がかみあったレジリエントな社会の実現に近づくはずです。
災害を望む人はいないでしょうが、温暖化などの影響で災害が日常化すれば、リスクを分散するためにも、人間が流動的かつ臨機応変に対応していく姿勢が求められるでしょう。そんな社会では、好奇心が強く、環境の変化を楽しみ、非日常が好きな人はかえってイキイキと暮らせるかもしれません。しかし、生活に安定感を求める人は、自分のよりどころを失ったような心細さを感じるかもしれません。ワークショップでは、そんな論点にも議論が広がりました。

参考までに、林先生から受けた質問と、回答の例をひとつご紹介します。

Ｑ　２０７０年の日本の総人口と、都市と地方の人口分布と世代別の人口比は？

防災で活用できるマンパワー、避難させる人口などの根拠にしたい、という理由でいただいた質問です。国立社会保障・人口問題研究所の推計や、都市と地方の人口分布の将来予測などのデータをもとに回答しました。

Ａ　人口は国立社会保障・人口問題研究所の推計をご参照ください。また都市と地方の人口分布の将来予測は、三菱総合研究所の「未来社会構想２０５０」にも記載しているのでそちらもご確認ください。

http://www.ipss.go.jp/syoushika/tohkei/Mainmenu.asp

これらの議論を経て生まれたのが、温暖化の影響で災害が日常化した未来で、防災チームがテクノロジーを駆使して活躍する姿を描く「災厄の中の希望」です。

安全安心の担保

「災厄の中の希望」

著者　林譲治

上海と日本の時差は一時間。松本芽衣は朝七時に起きて身支度を整え終えてから、東京の家族と朝のひと時を過ごす余裕がある。

「芽衣、おはよう」

「ママ、おはよう」

「おはよう」

夫の圭介や娘の麻里亜と拡張現実のリビングで挨拶を交わす。こちらには家族の、あちらには芽衣の等身大の姿がリビングに見えていることだろう。

東京の住居は芽衣が今いる上海の住居とリビングの構造が同じだ。だから東京の家族には、芽衣の背景にあるベランダから上海市内が一望できるはずだ。

「例の新居の件。芽衣の赴任が一月までという契約に変更はないよね」

「ほぼ確定したわ。王さんと富岡さんは、あと半年頼みたいと言ってたけど、そこは契約通り」

「良かった」

麻里亜が芽衣が来月には日本に戻ることに喜んでいる。芽衣も娘に喜ばれるのは素直に嬉しい。

「それでね、ママ。新居は札幌はどう。冬の北海道よ。セレスがね、冬の北海道なら台風も来ないからゆっくりできるって」

セレスは麻里亜のパーソナルＡＩの名前だ。学校教育は今日も機能するが、子供たちはＡＩからも多くのことを学ぶ。自然災害への基礎知識などもそうだ。芽衣が上海に単身赴任すると決まった時も、麻里亜はセレスと協力して、上海の高台にあるマンションを探しだしてくれた。

地球温暖化の影響で大規模な台風は二〇七〇年

の今日では珍しい存在ではない。しかし、さすがに北海道を台風が直撃するのは稀だった。

「新居の候補はもう見つかってるのね？」

「あぁ、五つほど候補は見つけた。送っておくから考えてみてくれないか？」

芽衣の視界の中に地図が現れ、圭介が見つけた候補地が表示される。最近は日本に限らず定住ではなく、移動民的生活を選ぶ人が多い。

広義の賃貸住宅だが、発想の原点は日本での大規模災害における避難所の環境改善と生活再建にある。

そもそもはハザードマップで被災確率が低い土地に、被災者収容を前提とした集合住宅の事前準備事業からすべては始まった。コストと住環境の質の確保を両立させるため、それらは規格化された住居となった。

もちろん通常は集合住宅として一定割合まで活用された。運用コストの一部はその家賃収入から賄われた。

テレワークが当たり前になった今日では、居住地の選択で通勤の利便性はさほど重要ではないため、利便性より安全を優先することの問題は少ない。このため平時の利用者も少なくなかった。

これらの集合住宅は、最初こそ数を確保するための規格化だったが、技術の進歩がそこに新たな文化を生んだ。住居内蔵のＡＩが住人の構成や習慣を学び、最適化してきた結果、被災者が遠くの避難所に移動しても、ＡＩのデータはクラウドで引き継がれるため、避難したその日から通常の生活を続けることができるようになったのだ。

これは住居の規格が家具や家電まで拡張され、ＡＩも搭載されるようになると、手荷物だけで、どこに行ってもいつもの生活が再現できるまでになった。その住環境のメリットが認められると日本だけでなく、海外にも急速に普及した。

さらに大規模な自然災害の頻発から、不動産を所有するという観念も変わってきた。日常生活の中に非常時の生活を組み込むことで、住居はアクセス権で考えられるようになった。

　つまり住居のアクセス権を購入することで、同じ規格の住居なら世界中好きな場所で生活できるようになったのだ。もちろん住居のＡＩが学んだ個性も付いてくる。

　芽衣の上海での住居は勤務先が用意してくれたものだが、家の個性は自宅のデータのコピーであった。圭介が候補に挙げたのも、そうした移動民用の住宅だ。

「どれも甲乙つけがたいわね。どうせなら帰国したら、みんなで全部見学しましょ。家族旅行も久々だし」

「やったぁ！」

　麻里亜が喜ぶ姿に、これも夫からのプレゼントなのだと芽衣は気がついた。そんな彼女の下に緊急の連絡が届いたのはそんな朝の団欒の中だった。


　芽衣は何よりも、それが緊急連絡であることが信じられなかった。気象シミュレーションの精度が向上したこんにち、まずは注意報や警戒警報が出され、来るべき気象災害の対応が始まる。緊急事態が起こることそのものがまれなのだ。

　彼女は守秘義務のため、家族との通信を止めて、緊急報告に目を通す。

「北海道を台風が直撃……一二月よ、いまは」


　澤田将樹が生まれ育ったのは九州の田舎であった。そこでは地方の人口流出を止め、人を呼び戻すための魅力ある地域づくりの方策としてレジリエントシティ建設が誘導された。その中でハザードマップによる危険度の高い土地は固定資産税が大幅に上げられた。

　この効果は迅速ではないが、絶大だった。ハザードマップで危険な土地は住宅の新規着工が止まった。賃貸物件も家賃が上昇したため、人々は固定資産税が安く安全な土地へと移動する。

災害時の避難所ともなる集合住宅もそうした土地に建設され、固定資産税の改革から十数年で、かつての限界集落は快適な住環境を持ったレジリエントシティへと変貌していった。

日本各地での都市部のレジリエントシティ化は防災を意識したものだけではなかった。二〇世紀後半から続く人口減少と高齢化問題の解決策としての意味も大きかった。高齢者にも労働人口の一翼を担ってもらうためにも、また快適な居住環境を提供するためにも、地方の分散する人口を集約化する必要があったのだ。

移動民の推進策も、首都圏などに人口を集中させないためという意味合いも含まれていたのである。

いまの彼はインフラ整備や都市設計を請け負う事務所に属している。事務所を立ち上げた人物という意味で、澤田将樹は社長だが、現実に仕事をする上ではキーパーソンの一人に過ぎない。そもそも澤田の事務所には階級も役職もなく、業務担当のチームがあるだけだ。

一〇〇人以上いる登録スタッフたちは、プロジェクトごとにチームを作り、事務所からプロジェクトの権限を請け負う形になっていた。一人のスタッフが複数のプロジェクトや業務を抱えることも珍しくない。人口減少社会では、効率的な組織マネジメントは不可欠となる。それが、こうした形態が生まれ、普及した理由である。

チームメンバーの個人情報には評判もついてまわる。その業界のスターエンジニアから高評価を受けるような人間には、有利な仕事のオファーがある。そうした経験をへて、その人物もまた新たなスターとなった。

そういう世の中では、不正行為は自殺行為に等しい。他人の信頼を守ること。プロフェッショナルとして、それが最も賢い生き方だ。

そういう人間には、時として公的機関からボランティア的な協力要請が来ることがある。それを引き受け成功させたとき、その人の社会的評価はさらに高まってゆくのだ。澤田のように。

その時、彼は自動運転の空飛ぶ自動車で石狩湾から小樽までの港湾施設の調査に当たっていた。

「ポテンシャルはあると思いますよ」

澤田は北海道庁の担当部長と車内の通話機で話し合う。

「北極圏の海上輸送路は急拡大しています。石狩湾をハブ港とするのは現実的な話だと思います。鍵となるのは、港そのものより、千歳空港との連携を如何にシームレスに行うか、あるいは浮体工法でエアカーゴの専用空港を作るという手もあります」

そうした説明をしていると、通話に緊急呼び出しが割り込む。さすがに澤田も驚く。それは松本芽衣からだった。だが松本の呼び出しとなると無視できない。

幸い道庁の会議にはアバターで出席しているので、会議をモニターしているスタッフの一人に、澤田はプレゼンの続きを頼んだ。

「ＲＥＰＲＡ（広域緊急事態への準備・担当：Regional Emergency Preparedness and Response Agency）の招集がかかったんですか？　しかし、松本さんはＡクラスの上級ＥＰＭ（緊急事態管理者：Emergency Preparedness Manager）だからわかるとしても、一二月の北海道で、どうして僕なんですか？」

車内の通信装置に現れた松本のアバターは言う。

「日本担当のＡクラスＥＰＭ一二人の中で、いま北海道にいるのはあなただけだから。他はみんな本州にいる。先日の九州の台風と中部の大雨対応で」

「そんな大袈裟なことになってたんですか。報道もほぼなかったですよね」

「災害被害をほぼゼロに抑え込めたから、災害報道もないのよ。あなたもAクラスならわかるでしょ」

「便りがないのが元気な印って奴ですね」

二一世紀になり、台風や豪雨などの自然災害は温暖化の影響もあり、頻度と規模を拡大していた。このことは国際関係にも影響していた。

かつては一国の自然災害は、その国が解決すべき問題とされ、じっさいそれは可能だった。

しかし、災害規模の拡大によりそうした常識は通用しなくなりつつあった。たとえばインドから始まった豪雨が中国、ラオス、ミャンマーなど周辺国に河川の氾濫を招き、それが少数民族の難民化をもたらすということもあった。

あるいは太平洋の大規模台風が日本を通過後に朝鮮半島に抜け、北朝鮮に深刻な農業被害をもたらし、領域の軍事的緊張を高めたこともあった。

もはや自然災害は多国間に、つまり国境を超えた領域に影響を及ぼした。

そこで生まれたのがREPRAという概念である。これは主として台風などの自然災害などを予測し、それが多国間に影響を及ぼすような場合に、該当する災害被害を限局化するためのものだ。

REPRAを導入した国は、専任あるいは兼任の専門技能の人間を指名し、必要に応じてそれを招集し、そうしたスタッフは、法律に定められた枠内で、物資・人材の動員や管理権限を与えられる。

そして必要な作業が終了すると、そのチームは解散する。彼らの采配は原則オープンであり、その対応は多国籍の第三者委員会で分析され、爾後の事例の参考資料として蓄積される。

この場合、REPRAとはマネジメントの理念と概念であり、そうした組織があるわけではない。じっさいの作業はA、B、Cのクラスに分かれたEPMという実務者グループが必要な組織化を行う。

　原則は上級ＥＰＭの命令に下位クラスＥＰＭが従う形だが、正確にはこれは階級の上下ではない。複数のＡクラス以下のＥＰＭの調整機能を担うのが上級ＥＰＭであり、クラスの違いは役割分担の違いである。だから最前線を担当するＣクラスＥＰＭの要求に上級ＥＰＭが対処することも珍しくなかった。

「一二月の北海道を台風が直撃って、どういうことです？　しかも事前の気象予測もない」

「温暖化の影響といえばそれまでだけど、何が原因で起こった台風と言うよりも、色々な要素の蓄積ね」

　澤田の視界の中に、北海道のこの一〇〇年ほどの気象データが表示される。温暖化により平均気温は、概ね一〇〇年間で一・五度は上昇していた。ところが北海道では、冬から春にかけての気温の上昇率が夏や秋より大きいという特徴があった。

「今年は釧路沖の海水温が例年になく高かったのはわかりますが、いきなり台風が生まれますか？」

「ゼロから生まれたわけじゃない。先日、青森の沖合で熱帯低気圧になった台風三二号、あれがこの台風の母体。熱帯低気圧が、突発的な釧路沖の気温上昇および高い海水温により、再び台風へと戻ったわけ」

　確かに世界的な気温や海水温の上昇から、一度熱帯低気圧になった台風が、再び台風に戻るような事例は増えていた。しかし、澤田はそれでも納得できない。

「そうだとしても、気象シミュレーターの予測が遅すぎませんか？」

「データ精度の悪化のため。適切なモデルと正確な気象データ。この二つが揃って初めて正確な気象予測が可能となる。

　直接の原因は、突発的な宇宙嵐よ。ヨーロッパとアフリカの一部で、変電設備が被害を受けた。

それくらい大規模なもの。それによって広範囲に無人の観測所がダウンした。しかも、大量の荷電粒子で、気象衛星の性能も一時的に低下している。おかげで気象データの観測精度は粗くなり、台風三二号の復活も直前まで予測できなかった」
「そんなこと起こり得るんですか？」
「観測史上初らしい。太陽風の影響で気象予測がここまで影響を受けるのは。だからこの台風の針路にも不確定な部分が残る」
「我々は最悪の想定で動けってことですか」
「まぁ、そういうことね。今の分析だと、釧路市に上陸する可能性がある」

釧路市でイベント企画などに従事していた北海道庁職員三田洋三はCクラスEPMであった。札幌の澤田から招集がかかるよりも前に三田は動いていた。

REPRAの危機管理に関する速報は全世界に向けて発信されており、クラスに関係なくEPMはアクセスできる。そして三田は自分に関係がありそうな速報はすぐに通知するように、自分のエージェントAIに学ばせていた。

じっさいのところ、札幌の澤田は地域の関係諸機関の調整が中心で、自然災害の現場に立ち会うわけではない。現場で采配を振るうのはCクラスの自分たちだ。

三田は北海道庁職員ではあるが、定住はせず、自宅兼仕事場である大型トラックで移動していた。そのコンテナを輸送するトレーラートラックだが、そのコンテナが彼の移動住居だ。その意味では彼もまた移動民だった。

イベントを通じて地方の魅力を世界に発信するため、日本全国を回るという仕事柄こうしたやり方の方が便利だからだ。世界のどこに住んでいても、リモートで仕事ができる。ならば自然豊かで文化的な住環境の北海道（あるいは日本）へどうぞ。急激な人口減少の日本では、地方自治体の人材募集も世界にむけて行われる。音楽や演劇などのイベントに傾注するのも、それらに言語の壁はさほど関係ないからだ。

　こうしたことからイベントも自然を前面に出して、屋外で行われることが多い。ネット中継で日本のコンサートを世界中の人が視聴するのが当たり前の一方で、空飛ぶ自動車の普及で、ライブ感を重視する人たちの行動も変えた。

　結果的に、三田が手配する機材は多種多様で、さらに多量だ。回線の太い移動式通信装置、ライブに必要な電力を供給する発電機。

　さらに食事やテントなどの住居の手配からトイレやゴミ処理の準備まで必要だ。環境負荷の条件を満たさねば、すぐに営業停止命令が出るご時世では、必要な物量は膨大だ。

　物流技術の進歩から、連結したトラックがそのまま物流拠点として、配送用ドローンに物資を提供することも最近では珍しくない。そのためトラックの移動できる幹線道路は整備されていたが、その配置はドローンの存在を前提としたものとなっていた。

　つまり住宅街や現場までのラスト一マイルは常にドローンによる物流に依存することになる。何両ものトレーラーを牽引したトラックに、水場に動物が集まるように、ドローンが群がる光景も珍しくない。

　輸送では、時にコンテナそのものを運ばねばならないこともあるが、そうしたものでも短距離輸送なら空中クレーンドローンが目的地まで運んでくれる。

　三田の仕事でも、こうした物流システムを最大限に活用している。現場主義の三田がコンテナに住むのはこのためだ。コンテナごと移動すれば、いつもの仕事環境をどこにでも持ち運べる。

「続報です、予想降雨量は最大五〇〇ミリです」

エージェントＡＩが続報を告げる。

「降雨量……降雪量じゃないのか？」

「氷点下にはなりません。台風の影響で釧路の最高気温は二〇度です。台風通過後に氷点下となり、大雪となります」

「最悪だな」

　降雪量なら三田も動じない。五〇センチの大雪など珍しくないし、それが一メートルの大雪でも、対処法など一〇〇年も前に確立している。大雪で河川の氾濫は起こらない。住民避難は考えなくていい。

　だが大雨となると話は別だ。五〇〇ミリの降雨量は五〇センチの降雪量とは意味が違う。

「三田さん、ＲＥＰＲＡの速報見ました？」

　札幌の澤田から接触があったのは、その時だった。エージェントＡＩは、ＥＰＭのネットワークを示す。上海の松本、札幌の澤田、そして釧路の自分。基幹となるＥＰＭはこの三極だ。

「横須賀の病院船手配は済ませました。それと大湊の護衛艦も動けます」

「澤田さんは、仕事早いな」

「現場の目処はどうです？」

「そう悪い条件じゃないかもしれん。氷点下で避難活動をするわけじゃない。予想最高気温は二〇度だ。信じられんな。まぁ、避難所確保で対応できると思う。問題はマンパワーの確保だな」

　三田のエージェントＡＩはＲＥＰＲＡの働きかけにより、北海道庁と釧路市がすでに危機管理チームを立ち上げたことを彼に報告する。ほぼ同時に道庁から十勝、釧路、根室方面の市町村に注意報や警報が流された。

　三田のエージェントＡＩは最優先でこの情報を通知すると、一番近くにある避難所までの道を表示した。自動運転の目的地をこちらに変更して良いかとＡＩは尋ねる。三田はＥＰＭなので避難所への変更許可は出せないが、変更を許可するのが普通の対応だ。

地方によっては、車両の持ち主に対して孤立した住民のピックアップの可否も打診する。今この瞬間にも、パーソナルＡＩがそうした作業を始めているだろう。

状況的に釧路市を中心とした現場だけで対応することになるが、釧路地域の人口減少も移住者の増加で一時期よりは改善したとはいえ、必要量を確保できるかは未知数だった。

「状況はわかった。例外的な台風だが、台風であるからには、マニュアル通りの手順で大きな間違いはないはずだ」

三田は澤田との回線は開いたままで、釧路市からＥＰＭ権限で周辺の土建業の工務店リストを入手。まずは旧知の社長に次々とアクセスした。

「大山、俺だけど。釧路を直撃する大型台風が発生した。公的な災害協力要請として貴社の助力を頼みたい」

最初にアクセスしたのは地元の有力土建業の大山工務店だ。地方では雇用の安定確保の意味もあって個人経営の土木会社を、ネットワークＡＩなどを駆使して工務店が有機的に束ね、プロジェクトごとにチーム編成を行い、仕事を発注するのが通例だ。

だから人を集めるには、工務店にアクセスするのが一番確実だった。ただ人員の流動化が激しい昨今では、プロジェクトのためだけに立ち上げられる工務店もあり、そのメンバーは日々変化する。

その中で大山工務店は、地場の雇用確保とインフラ整備の理念で二〇年以上続いていた。そして三田にとってはかつての部下だった。

「はぁ、確かに弊社は災害協力団体に加わってますけど、お恥ずかしい話、いまは経験の浅いチームが大半です、それでも構いませんか？」

「それは構わん。土木なら、ＡＲによる作業支援ツール使ってるだろ。素人でも短期間で職人仕事がマスターできるようになるってあれだ。

じっさいの作業現場は堤防の補強とか被災者の避難誘導などのソフトはＲＥＰＲＡのライブラリーを使う」

「ＲＥＰＲＡのライブラリーなんか使えるかな……」

「難しく考えるな。毎月やってる防災教育訓練があるだろ。あのカリキュラムはＲＥＰＲＡのライブラリーを元にしてるんだ」

「あぁ、パーソナルＡＩが色々指示してくれるあれですか。息子が小学校のテレワーク授業でアバターから自宅のハザードマップを調べようと宿題が出たと言ってましたけど、あれもですか？」

「そう、あれも」

人口が減少した日本では、土建業の人材確保の問題が深刻だった。建築のためだけでなく、インフラの維持や自然災害後の復旧のためにも土建業に期待される役割は大きい。そのためロボットの導入やパーソナルＡＩによる生産性向上が行われてきたが、そうしたカリキュラムの中にも防災教育は織り込まれていた。

「一応、言っておくが、メンバーの適性の割り振りはそっちでやっておいてくれ。それと個人情報はいらないから、重機を扱える人間や危険物取扱資格の保有者など、資格関係の人数が欲しい。発注機材の割り振りに使いたいからな」

同業の工務店には大山から話が回る手配ができた。一二月に釧路を突然襲う台風こそ前代未聞だが、三田には勝算はある。

まず日本では、台風や大雨による人命に関わるような災害被害はこの五年間起きていない。二〇世紀には考えられなかったような、大規模な台風は頻発していたが、被害は驚くほど少なかった。

一言でいえば、日本全国、台風が通過した翌日には、日常生活を営むことができるのが当たり前になっていた。

ただし、これは二一世紀初頭からの技術や危機管理教育、さらには度重なる法整備と改良が積み上げられた結果であった。またパーソナルＡＩの普及による、個人の行動が最適化されたことも大きい。

税制や法整備で、人々は数十年の間に危険な土地を去り、安全な土地で生活するようになった。

また大規模な気象変動は高い精度で予測可能となり、事前の避難誘導も円滑にできるようになっていた。これには移動民が国民の数割にも及ぶという社会状況も追い風となった。

自分たちは前例のない台風に直面しているが、相手が台風である限り、恐れることはない。それが三田の考えだ。

そうしている中で、澤田からプランが届く。トラックコンテナ式の仮設住宅を必要数確保し、第一陣が苫小牧からカーフェリーで釧路に移動する。高速フェリーで苫小牧から釧路まで七時間半の行程なので、その間に避難所の適地選択を終えて欲しいとのことだった。

さらに可能な限りコンテナを積載する関係で、トレーラーは三田の担当となる。

三田は澤田の計画を了解し、避難所設定の準備にかかる。

避難所の開設については地域によってかなり条件が違う。大都市なら移動民向けの集合住宅があらかじめ用意されているから、避難らしい避難も不要だ。

そうした集合住宅が十分確保できない地域でも、ホテルや旅館の宿泊施設を活用することができた。こうした宿泊施設は一定基準を満たすなら、税制面の優遇や補助金を得られるため、観光地では避難所予備軍も多い。大規模な気象災害が来るのに観光地にとどまる人間は少ないから、避難所が不足することはまずなかった。

逆に、住人が極端に少ない地域なら、彼らが都市部に移動すれば問題は解決する。

問題は地方の中核都市などだ。その都市だけで避難場所の確保は困難な場合も多く、通常は近隣の都市に割り振ることになる。

だが今回は突発的な台風故に、避難のための時間的余裕はあまりない。

さらに釧路周辺は避難所として期待できる規模の都市が遠すぎた。一番近いのは帯広や北見だが、移動中に台風に遭遇するのは避けたい。また釧路市周辺の町村の住民にも避難が必要な人たちがいた。

これに対して、市役所の危機管理室はアクロバテックな解決策を示してきた。

「コンテナ式の避難モジュールで、避難所の完成を待っていたのでは間に合いません。

なのでモジュールを設置したら、そのまま市民を収容しながら、避難施設を順次増やしていけば、台風上陸前に避難を完了させることができます」

市役所の計画を三田は澤田にも転送し、周辺で必要な車両の手配はつきそうだった。

そしてすぐに関係者は同時並行で動き出す。釧路市外から避難場所へと移動するコンテナトラックは、可能な限り周辺地域で避難を必要とする人々を巡回できるような経路が設定された。避難所に住民がピックアップされるかどうかは、基本は本人の意思次第だ。ただパーソナルＡＩが、その人の健康状態などの状況を判断して、ピックアップが必要とされるリストは自動で作成された。

コンテナ式の避難所を展開し、避難都市を設定する場所は、釧路市周辺に七ヶ所が設定された。そこには平時から市が保有するコンテナ式の避難モジュールが置かれているので、避難者の第一陣はここに収容される。

「市役所の避難モジュールは、どうしてこんなにペット仕様のコンテナが多いんだ？」

ペットと一緒に避難できるようにというのは三

田にもわかるが、ペット仕様となると、コンテナに収容できる人間の数が減るという恨みがある。

三田の質問に市役所の担当者は声を潜める。

「これは円滑な避難を行う上で必要なんです。いまペットが迷子にならないように犬や猫に首輪をつけてるじゃないですか。避難が必要になったら、首輪が振動してペットたちが家から出たがるんです。

正常化バイアスって言うんですか、台風や洪水が近づいても避難したがらない人は一定数いるんです。でも、そんな人たちもペットが逃げたがっているとなると、ペットのために避難してくれるんです」

「そのための、ペット仕様なのか！」

やがて移動中の三田もまた、大山たちと現場で合流する。結局のところ彼は現場の人間だ。

大山は堤防の補強作業の監督に当たっていた。

作業員たちは、装着型の人型作業重機を操り、土囊を積み上げている。水を含めば膨張するタイプのものだ。

「素人同然とか言っていたが、ＡＲを使ってるとしてもみんな手慣れたものじゃないか。どこに何を置けばいいのかみんな心得ている」

感心する三田に、大山はいう。

「いや、自分も知らなかったんですけどね、ゲームのおかげですよ」

「ゲーム？」

「ＡＲゲームで、ハザードマップのデータと連動した奴があるそうなんですよ。被災時に最短ルートを見つけると得点が高いというゲームシナリオがあるんだそうです。

若い連中、それでこの辺のハザードマップを丸暗記してるんですよ。氾濫しそうな川の弱点とか教えなくてもわかってる。奴らにとっては、この堤防の補強もゲームの延長なんですよ」

三田と大山はＡＲ機能で、視界の中に地図と全体計画を表示し、情報を共有していた。それは札幌の澤田にも届いており、データの追加という形で、計画を調整していた。

そんな時、作業員たちの手が止まる。空を見上げる彼らの頭上には、赤い光が走っていた。

「夕焼けですかね？」

そんな大山に、三田は首を振る。

「アラスカで見たよ、これはオーロラだ。赤いのは酸素分子のせいらしい。しかし、どうしてオーロラなんだ」

そう言うと、今まで視界に見えていたＡＲ機能の図表が消える。それどころかネットワークが遮断された。三田や大山だけでなく、作業現場全体でネットが落ちたらしい。

「やばいぞ、これは」

「三田さん、わかるんですか？」

「若い頃、アメリカで一度見た。太陽の異常な活動で、太陽風と地磁気が衝突して、電力網が破壊されることがある。北海道でオーロラが見えるってことは、つまり強い太陽風があったってことだ」

太陽風により電力ネットワークがダメージを受けるという話は二〇世紀からなされていたが、台風などと違って、再現性が低いため、十分な対策が施されていたとは言い難い。

それでも台風銀座のような自然災害の多い地域は、別の意味で抗堪性の高い電力システムが形成されていたが、釧路周辺はそうした備えは手薄だった。

「三田さん、どうなるんですか！」

「落ち着け。飛行中の車両は安全システムが自律的に着陸するから、墜落ということはない。それに自分のパーソナルＡＩはスタンドアロンで機能している。だから電磁パルスで電子機器が破壊されるような災害ではないな。

電力網か、それを制御する通信システムの脆弱な部分が麻痺したんだと思う。複数箇所のダメージだと、復旧に半日はかかるかもしれないな」

通常ならそれでも問題ないが、台風32号はその前に上陸する。少なくとも土手の補強は終わらせる必要がある。河川の決壊さえ防げるなら、避難を完了させられる。

問題は広範囲な現場をどう管理するか。今日ではネットワークは空気並みのインフラだ。それなしでの現場管理などありえない。さすがの三田も自信がない。

ネットワークは機能しないが、幸いにも車載のコンピュータなどは無傷だ。だから何かで現場にローカルにネットワークを構築できるなら、自分がイベント機材として使っているネットワーク設備をルーターとして活用し、急場は凌げる。

「おい、建設現場って、まだインカム使ってるよな？」

「現場用のインカムですか？　ええ、守秘義務や情報セキュリティのために、ネットと繋がっていないインカムはあります。でも、ネットとは繋がりませんよ、三田さん」

「そうじゃない、インカムを通信キャリアに利用するんだ。そういうインカムをいくつも使って、通信をリレーすれば、ネットワークを構築できる。それを俺の野外コンサート用の機材に接続する。それで作業現場全域は何とかなる！」

三田自身はそういうネットワークを構築したことはなかったが、ＥＰＭの講習でそうした事例は学んでいた。例えば二〇〇五年にアメリカ南部を襲ったカトリーナでは、現場の消防や警察、沿岸警備隊の現場部隊が互いのトランシーバーを連携して、ネットワークを組み、組織が横断的に救難活動に当たったという。三田がイメージしたのはそれである。

どうやら類似案件は世界各国で起きているのか、インカムによる被災地ネットワークの構築についての技術資料はＲＥＰＲＡのライブラリーの中から発掘できた。

ネットワークの遮断から、三〇分後には、被災現場の作業は再開され、さらに建築用インカムを停止していたトラック部隊にも提供することで、避難モジュールの移動も再開した。

三田も野外コンサート用の通信機材の一つを幹線道路に移動させることで、車両部隊をもネットワークに組み込むことに成功した。

ネットワークの完全復旧は台風が上陸した一〇時間後であったが、避難すべき人たちは、首の皮一枚の際どいタイミングながらも、避難を完了していた。

「どうだい、綺麗な朝日だろ!」

釧路の海岸には雲ひとつない空が広がっていた。三田は空飛ぶ自動車に若干のスタッフと撮影機材を乗せ、高台にいた。

大型台風は直撃したものの、河川は決壊を免れた。その街の姿は朝日に輝いている。三田はそれを撮影しようとしたのだ。

「朝日も綺麗だが、街が無傷ってのがいいね」

視界の中で澤田がいう。太陽風により道東方面に大規模な通信途絶が起きた時、澤田は泣いたという。長年にわたって培ってきたREPRAの経験はネットワークを前提としていた。その前提が被災地で崩れたなら、大災害しか待っていない。彼はそう考えたという。

しかし、現実は、この無傷の街並みが示している。

「澤田さんも俺も、どうやら勘違いしていたらしい」

「勘違いって、何を?」

「REPRAが培ってきたのは、ネットワーク前提の経験と思っていた。そうじゃない。機械としてのネットワークが前提じゃない。我々は災害という大きな問題に、当事者としての人間の才能をどう結びつけ、どう活かすのか、その経験を培ってきたのさ。

　だから人と人を結びつけられるなら、工事現場のインカムでも、それこそ糸電話だって良かったのさ」

「人か……そうだね」

「俺たちは台風で五年間も被害ゼロを実現し、天狗になっていたのかもしれない。そこに前例のない太陽風などという想定外の災害に襲われた。

　人間の経験より、自然界の出来事の方が、遥かに奥深いってことだな。だけど、人間の英知ってものは、それがうまく結集すれば、人間を出し抜いたつもりの自然災害でも、一発逆転できる。今回の教訓はそれかね」

「それで、この夜明けを撮影してるの？」

「イベント屋として言わせてもらえば、危機一髪で災害を乗り切った経験は、十分訴求力のあるコンテンツになるんだよ。北海道は安全ですという、地元アピールにもなるしな」

「そう言えば、三田さん、雪まつりにも関わってるんだっけ？」

「もちろん、こういう仕事だからね」

「松本一家、上海から札幌に移住だそうだ。雪まつりに合わせるらしい。久々に会いませんか？」

「あぁ、それならぜひ参加させてもらうよ。さすがにもう台風も来ないだろう」

いかがでしたか？　温暖化が進んだ未来で起きる、桁はずれの災害の脅威は迫力たっぷりです。50年のうちに防災対策もグローバル化することが想定され、その間、人々のライフスタイルがどのように変化したかも克明に描かれています。

個人が個人として活躍する未来では、指揮命令系統も分散化しています。また、被害を最小限に抑えるために活用される多種多様なテクノロジー、突発的な災害に即座に対応できるロジスティクスなど、防災活動に関わるあれこれが、その矢面に立つ人たちの視点から詳細に描かれていて、研究チームのメンバーからも「まるでドキュメントフィルムを見ているようだった」という感想が出てきました。

組織的な防災活動だけでなく、パーソナル防災のイメージが具体的に描かれていたことも印象的です。ペットの存在が人の避難意欲を左右するというエピソードや、税制や法整備によって、人々の住む場所や暮らし方、避難方法などが変化してきた経緯にも説得力があり「災害が増えても被害は最小化できる」というポジティブな未来像に確信を持つことができました。こうした描写のおかげで、報告書にもパーソナル防災の重要性を、しっかり盛り込むことができました。

また、この物語のなかでは、社会のなかで個人が複数の役割を担っていく様子、未来のボランティアのあり方も鮮やかに描かれています。どれだけテクノロジーが進化しても、非常時には、地域の人が現地に駆けつけるといった現実の行動が不可欠です。これまでの公助に加えて、自助、共助の力を力強く育てるために、幅広いテクノロジーを活用しながら新たなコミュニティづくりに力を注ぐ必要がある。そんな認識も新たにしました。

◆［作品⑤］新しい暮らし方を模索する！　環境の未来

「環境」分野の小説執筆をお願いしたのは、松崎有理先生です。

松崎先生は、連作短篇集『架空論文投稿計画』などの著作をお持ちの、研究者や研究業界の奇妙なあり方や架空の研究を楽しく描いていらっしゃる作家さんです。テクニカルライティングやデザインのお仕事もしていらっしゃって、小説執筆だけではないかたちでの企業とのお仕事の経験も豊富であることに興味を持ち、ご依頼させていただきました。

現在のような人類のライフスタイルを続けていくと、残念ながら地球の環境資源を食いつぶしてしまうのは明らかです。これからも人間が地球に暮らし続けるためには、大量生産・大量消費・大量廃棄型の社会から、完全に卒業しなければいけません。

そのためには、技術革新はもちろん、経済や社会システム、ライフスタイルなどを大きく変えていく必要があります。環境の研究チームでは、デジタル技術やバイオテクノロジーを

【環境分野のガジェット案の一例】

新製品・ 新サービス	一言説明	どんな価値を提供して いるでしょうか?
デジタルインフラ庭	・庭がすべてデジタルでできていて自由に変化できる ・遠隔地の庭とつながっており、こちらでの作業（水やりなど）が反映される	・都心や地下などの、庭がつくりにくいところでも、自分好みのガーデニングが楽しめる。 ・遠隔地の畑の世話を、自分の庭感覚でできて、最後は収穫までできる
花粉症バッテリー	花粉症で発電する	・どこでも、もれなく発電できる ・もったいないエネルギーが拾える ・デメリットをプラスに。集まれ花粉症。
地下アレルギー（地下に住んでいる）への対策	・地下に住んでいる人のアレルギー ・地下特有の物質由来。	・地下資源の活用をしたり、住んでたりする人へのアレルギー対策(伝染する) ・地下も地上も選べる世界（主義主張的な）

図表7-11　環境分野のガジェット案(一例)

シナリオ名称	温暖化対策	平均（℃）	「可能性が高い」予測幅（℃）
RCP8.5	対策なし	+3.7	+2.6〜+4.8
RCP6.0	少	+2.2	+1.4〜+3.1
RCP4.5	中	+1.8	+1.1〜+2.6
RCP2.6	最大	+1.0	+0.3〜+1.7

出所：「IPCCの第五次評価報告書」より作成

図表7-12　1986〜2005年を基準とした21世紀末の世界平均地上気温の予測

フル活用すると同時に、資源のムダづかいを防ぎ、ロスを削減する行動指針として、根拠ある環境配慮行動を個人にうながす「しん・もったいない」を提案していました。

これからの未来では、環境負荷を減らしつつ、人々の暮らしをよくするような、さまざまなサービスや産業が求められていくでしょう。たとえばワークショップでは、花粉という多くの人にアレルギーをもたらすものをメリットに変える「花粉症バッテリー」などが提案されました。

ワークショップでは、主にエネルギー問題について議論していましたが、そこから代替食料開発や天然資源へと話が広がり、テーマは徐々に変遷していきました。このように、ワークショップを進める過程で着地点が変化していくケースも珍しくありません。

参考までに、松崎先生から受けた質問と、回答の例をご紹介します。

Q　地球温暖化の予測シナリオはいろいろな機関から出ていますが、どれを参照すればよいでしょうか？

地球の持続可能性を考えるうえで、今後の地球温暖化の予測シナリオをどう設定するかは、ひとつの大きな論点です。やはり信頼する機関の予測を採用しようということで、以下のようにお答えしました。

A　ＩＰＣＣ（気候変動に関する政府間パネル）が２０１４年に発表した第５次評価報告書[2]では、社会経済シナリオとして４つのシナリオが描かれています、このうち、最大限の対策をとった場合のシナリオでは、２１００年の気温上昇は０・３〜１・７℃、対策をしなかった場合のシナリオでは２・６〜４・８℃と予測されています。

Q　代替食料開発の現状と未来について教えてください

食糧問題は、地球の持続可能性の大きな要素のひとつです。そこで、代替食料開発にまつわる現状と未来を知りたいというご質問をいただきました。三菱総合研究所では、ちょうどこのテーマに合致したムック『フロネシス18号　食の新次元』（ダイヤモンド社、２

０１８）を出版していたため参考資料として提供しました。こうした資料提供は作家さんの役に立つので、積極的にしたほうがいいと思います。

これらの議論を経て生まれたのが、夏休みの自由研究に取り組むことをきっかけに成長する小学生の姿を通じて、環境問題を浮かび上がらせた物語です。

地球の持続可能性の確保

「秋刀魚、苦いかしょっぱいか」

松崎有理

サンマは悲しい魚だ。秋風に乗って食卓へくる魚だから悲しいのかも知れない。

——秋元不死男、俳人

やばい。やばい。ほんとうにやばい。

リビングの長いソファに横たわった姿勢で、ちはるは額に脂汗をにじませていた。きょうは八月三十日。時刻は午前十時。つまり夏休みはあしたで終わる。しかし五年生のちはるは自由研究のテーマさえきめていないのである。

まずい。まずい。ほんとうにまずい。

担任教師の顔が脳裏に浮かぶ。明るくて、笑顔がすてきで、みんなの人気者。でも怒ると怖い。宿題やらなかったときがとくに怖い。わかってる、教科AIはけっして怒れないからかわりに先生が怒るんだって。でもやっぱり怖い。

ちはるは体を起こし、座りなおすと南側の掃き出し窓をみた。エアタクシーが一台、快晴の夏空に優雅な軌跡を描いて飛んでいった。ああ、タイムマシンがあればなあ。過去に戻りたい。夏休み初日とはいわない、せめてお盆のころに。

ええい、だめもとだ。

左手首にはめた黒いリングに話しかけてみる。

「おねがいモラヴェック。一日半でできる自由研究のテーマを教えて」

リングは光らず、左腕の内側の皮膚に画面を映し出しもせず、中性的な声でこう返しただけだった。「現在、自分の力でがんばりましょうモードを実行中です」

やっぱりだめか。

またソファに倒れこんだ。左手をあげ、「ばあか」と黒いリングをののしる。学童用アシスタントＡＩなんてだいきらい。宿題の重要な部分はぜええったいに手伝ってくれないし、音声入力しか受けつけないし、デザインは古くてださいし。はやく大人になって、便利でかっこよくて最新型のＡＩを身につけたいな。

とにかく、テーマ探しにモラヴェックは使えない。さいごの手段にうったえるしかない。ソファを立ち、リビングを横切ってついたてのむこうをのぞく。

「お母さん」おそるおそる声をかけた。「あのね、夏休みの自由研究」

リビングの一角に設けた仕事用スペースで、母はクライアントと向きあっていた。といっても相手は立体映像であり、ふたりの会話は第三者にきこえない設定にされている。ちはるは母が遠隔カウンセリングを終えるまでついたての横で待った。

ようやく母は、サイドテーブルに置いた３Ｄフォンを右手のひと振りで終了させた。両手で包めるほどの円錐形の機械は二度またたいて光を失った。ひとり娘に顔を向けると。「悪いけど、これから出張。いまの患者さん、どうしても対面カウンセリングがしたいんだって」

「ええっ」ちはるは露骨に不満の声を出した。「やだ。待って。宿題、手伝ってよ」

母は椅子を立って洗面所へ向かった。３Ｄフォンではバーチャルメイクフィルタを使っていたから素顔なのである。「もう、毎年のこの騒ぎはなんなの。計画的に進めなさいっていつもいってるでしょ。今年はぜったいに手伝いませんからね」

「えええええっ」と声をあげるも、母のいうことは正論だった。たしかに自分が悪い。でも、計画的とか手際よくとか、あまりにも苦手。さらにいえば、自分はなにをしたいのかよくわからない。いまも、将来も。選択肢は多いようで限られている。たいていのことはＡＩがやってくれるからだ。だから自由研究のテーマ探しは彼女の苦手意識を象徴していた。

　母は洗面台の大きな鏡の前に立った。耳たぶにはイヤリング、首にはネックレスが輝いている。あれが母のアシスタントAI、エルメスだ。アクセサリと同等のデザイン性、音声以外の多様な入力に対応。AIは状況を把握し、心に問題を抱えた患者と会うときに最適なメイクを立体映像で持ち主の顔にかぶせる。化粧くずれの心配がなく肌にやさしく、なにより化粧品と道具を持たなくてよい。とはいえ楽しみのため、自分の手でリアルメイクをするほうを好む女性もかなりの割合でいるそうだ。

　母は鏡で立体メイクカバーの仕上がりを確認した。マニュアルで色合いを微調整してから「よし」とうなずく。顔の周りでエルメスが光る。宝石みたい、とちはるは思った。はやくあんなのほしいな。でも高いんだよな、のんびりベーシックインカムをもらってるだけじゃ買えないんだよな。

　メイクにつづいて、洗面台横のむやみに細長いクローゼットを開けて薄手のジャケットをとりだす。鏡の前で羽織りかけて。

「ねえ、ちはる」と振り返る。「もう夏も終わるのに、この色はどうかと思わない」

　ジャケットは夏空の青をパステルカラーに薄めた色をしていた。

　ちはるが同意すると、母はジャケットを丸めて壁のリサイクルシュートに落としこみ、かわりにクローゼットから秋を予感させるマスタード色のものを引き出した。「お昼はフープリでつくって食べなさいね」袖を通しながら、キッチンの方向に視線を投げる。

「はあい」しぶしぶ答えた。3Dフードプリンタでの調理でも、母が操作してくれたほうがなぜだかおいしく感じるのに。

　黒いエコ革の鞄を持ち、玄関で黒いエコ革の六センチヒールを履くと、母はさっそうと出ていった。ちはるはひとり取り残された。こんなとき、都内マンションの標準的な二十畳リビングはやたらと広く感じる。家具類や観葉植物がゆったり配置されているだけで、ほとんどの生活家電類は壁や天井に埋めこまれているせいかもしれない。

さて、と。さびしがっているひまはない。自由研究のテーマをみつけなきゃ。

ソファに戻って腰を落とす。休みのあいだ曜日なんて忘れてたけど、九月一日って何曜日だっけ。土曜だったりしないかな。それなら二日ぶん余裕ができる。「おねがいモラヴェック。カレンダーを表示して」

こんどは学童用ＡＩも働いてくれた。リストバンドが光り、左腕の内側の皮膚に八月と九月のカレンダーが映し出される。土曜じゃなくて月曜か。月曜ね。なんどながめても曜日が動いたりはしない。

だが、思わぬ副産物があった。カレンダーに「きょうは何の日」モードが搭載されていると気づいたのである。

「へえ。知らなかった」ちはるは一部のクラスメートのようにアシスタントＡＩを使い倒してはいない。しばらくいじっていると、九月三十日の項目にふしぎな文字列を発見した。

秋刀魚の日

「あき、とう、うお。って、なに」

「さんま、と読みます」すかさずモラヴェックが訂正する。漢字の読みちがいには容赦がないのである。

「なあに、それ」

「魚です」

「字面みればわかるよ。どんな魚」

するとモラヴェックはリビングの広い壁に映像

を投射した。青いゆらぎのなかに白く輝く、名前のとおり刀のようなかたちの魚が無数に泳いでいる。

「どうして二次元なの」

「古い資料だからです」ＡＩは映像を静止画に切り替えた。「和名サンマ、ダツ目サンマ、学名*Cololabis saira*。海棲の硬骨魚類、ダツ目サンマ科サンマ属。成魚の体長はおよそ三十センチ。太平洋を群れで回遊。国内においては五十年ほど前までさかんに食用とされていたが現在まったく水揚げがない」

「そうなんだ、知らないわけだ」壁の画像を凝視する。細長い。下顎がちょっと出ていて、受け口みたいでかわいい顔してるかも。「でも記念日があるんだね。変なの」

「秋の味覚として有名でしたから。九月から十一月が漁獲のピークです。往時は毎年、数十万トンの水揚げがありました」

「す、すうじゅう、まん、トン」

「一尾あたりの重さはおよそ百五十グラムなので、ざっくり十数億尾です」

「じゅうすう、おく」軽く混乱する数字だ。「ええと、日本の人口がだいたい八千万だから、みんな二十匹くらい食べられたんだ。しかも秋だけで」

「五十年前は一億二千万人です。ともあれ国民全員にじゅうぶんいきわたる数でした」

「五十年前ねえ」曾祖母なら食べていたはずだ。「おねがいモラヴェック。仙台のひいおばあちゃんにつないで」

黒い腕輪は呼び出し中を示す白い光を点滅させた。ほどなく、ききなれた声が響いてきた。「もしもし。ちはるちゃんかい」九十八歳の曾祖母は音声のみの通話を好む。

「ひいおばあちゃん。あのね、秋刀魚って魚、食べたことある」

曾祖母は二秒だまり。「もちろん、あるともさ」と大きな声を出した。「宮城県は秋刀魚の水揚げが一位か二位か、ってくらいたくさん獲れてた。だから安かったよ、百円玉いちまいで十尾買えた年もあったっけ。漁港では毎年、秋刀魚祭りをやって獲れたての秋刀魚を無料で振る舞ってた。何匹だって食べ放題だったよ」

百円玉とは有形マネーで、電子マネーが普及する前の形態だと授業で習っていた。当時はベーシックインカムもなかったという。

モラヴェックの文字起こしモードをオンにする。

「どんな料理で、どんな味なの」

相手の声がやわらかくなった。四百キロ離れた北の街で思い出に目を細めている顔が目に浮かぶ。

「秋刀魚はなんたって塩焼きがいちばん。よく太ったやつに塩を振ってまるごと焼くだけで、料理ともいえないけど。皮はぱりぱりっと黄金色になって、たっぷりの脂がじゅうじゅういってて。熱いうちにふうふういいながら食べる。大根おろしとかすだちとか不要。新鮮な秋刀魚だったら塩だけでじゅうぶんだよ」

塩だけなんて、すごい。よっぽどおいしい魚なんだろうな。

「いまはもう食べられないんだよね」

曾祖母は五秒だまった。そして少し声が遠くなった。「そうだね、食べられないね。さいきんはほかにおいしいものがいくらでもあるから、すっかり忘れてたけど。さびしいね、そういえばもうすぐ秋だ」

「秋に獲れる魚なんだよね」

「俳句の季語にもなってるよ。いや、なってた」

通話を切ったあと、ソファで腕を組み考えた。ぱりぱり、じゅうじゅうだって。おいしそう。食べられないっていわれるとよけいに食べたくなっちゃう。

きめた、今年の自由研究。

失われた秋刀魚塩焼きの味の再現。完成したら食べられるところがいい。

「宿題のテーマ、きまったよ」上機嫌でリストバンドに語りかける。

「おめでとうございます」モラヴェックは冷静な口調で返した。「でも、お急ぎください。締切まであと一日半ですよ」

「ひええ」青くなった。担任教師の顔を思い出したからだ。

「おねがいモラヴェック。国立国会図書館レファレンスへつないで」

一秒たたないうちに、左手首のリングから小人が立ちあがった。つるっとした顔とデフォルメされた体の三次元映像が性別を感じさせない声でいった。「やあ、待たせたね。こども図書館へようこそ、質問はなんだい」

いつものように脱力した。ぜんぜん待ってないし。それと口調がなれなれしい。このＡＩを設計した大人のセンスを疑っちゃう。だがたとえ気に入らなくても、学童用のモラヴェックからは十八歳以上が使えるレファレンスへは接続できないのである。

「秋刀魚の塩焼きっていう料理について知りたいんです。レシピとか、食べたひとの感想とか」感想は曾祖母からきいたが、研究として仕上げるためにはもっと多くの意見を集めたい。

「おまかせあれ」小人は妙に古風な台詞を返すと親指を立てて片目を閉じ、リングのなかへ消えた。ほんっとセンスなさすぎ。笑うに笑えないし。

ほんの二秒で、レファレンスＡＩは資料をそろえてくれた。「残念だけど、五十年前より新しい資料はみつからなかったよ。だからテキストと画像と二次元映像になるけど、いいかな」

「おねがい」二次元は苦手だがしかたがない。

「まずはレシピね。こんなのだよ」

期待をこめて左腕の内側をみつめる。テキストが表示されたが予想外に短かった。

一、秋刀魚に塩を振る。多めに。
二、よく熱した網にのせ、強火で両面を焼く。

「え」目をこすり、テキストをみつめなおす。だが分量に変化はない。「こ、これだけなの」

「これだけだよ」小人は胸を張った。「そもそもあまり残っていない。数少ないレシピテキストをかき集めて平均した結果が、これ」

がくぜんとして二行きりのレシピを凝視した。料理ともいえない、という曾祖母の言葉が思い出される。これほど単純では書き残す気力もわかないだろう。

「参考までに。ほかの秋刀魚料理のレシピもあるよ、種類は多くないけど。刺身、煮つけ、蒲焼き、つみれ汁ってとこかな」

「念のためそれも」声が暗いと自分でもわかる。むずかしいテーマ選んじゃったのかなあ。「じゃあ、レシピ以外の情報は」

「それもあんまり残ってないね」レファレンスＡＩはさらりと絶望的なことをいった。「おもに古い文学作品だ。俳句、詩、エッセイなんかに描写されてる」左腕にテキストデータが表示された。一件目はエッセイだった。

秋刀魚塩焼きの思い出　松崎有理

仙台ですごした学生時代。秋がくると広瀬川の河原で芋煮会を行った。東北地方に住んだことがない向きのために説明すると、ようは野外の鍋パーティである。この時期にのみコンビニにずらりと並ぶ薪を買いこみ、研究室にある大鍋を担ぎ出して、広瀬川へ急ぐ。かまどは河原の石でつくる。

ちはるは文字列を追うのをやめた。飽きた。ぜんぜん秋刀魚でてこないし。「塩焼きの情報が少ないなら、もうしょうがない。秋刀魚関係資料をなんでも、ありったけ集めて」

「がってんだ」小人は謎の江戸風言葉で返事すると、三秒後にこう報告した。「データの出どころは、新聞記事か水産森林資源持続利用省の報告書。漁獲高にかんする話ばっかりだね」

数字だらけか、それではおもしろい研究にならない。「漁獲高以外の情報だけ選りわけて」

「あいよ」レファレンスＡＩはデータをソートした。「すごい減っちゃった。もちろん五十年以上前だ、たとえばこの記事」

左腕の表示に目をこらす。こんな見出しだった。

福島県の水族館が秋刀魚の人工孵化・飼育に成功、世界初
「このデータ、セーブして」バーチャルな小人に命じた。やった、突破口になるかも。

くだんの水族館とはモラヴェックから学童用つながりプラットフォームでかんたんに連絡がついた。ただし人間とは話せなかった。

「いやっほう、おさかな質問箱へようこそ。なんでもきいてくれたまえ」

水族館案内ＡＩがリストバンドの上に立ちあがった。やはり中性的な声で、桃色のイルカの姿をしている。またも脱力させられた、色も言い回しもなんか変。「そちらに、秋刀魚の飼育を担当しているかたはいますか」

イルカはデフォルメされた巨大な両目をぱちぱちさせた。瞳の色は青だった。「ごめんね。ここではもう秋刀魚は飼っていない」

「えっ。なぜ」

「すごくむずかしかったんだ。なんども全滅させたりね。けっきょく、秋刀魚担当者が定年退職したタイミングで飼育を終了した」

肩を落とした。どうしよう、締切がせまってい

るのに。

「あ、がっかりしてるね」案内ＡＩはリストバンド内側のセンサから失望感を受けとったようだ。

「じゃあ、とっときの情報を教えちゃおう。そのもと秋刀魚飼育員の連絡先」

「えっ。いいの」

「だってきみ、小学生だろ。そのもと飼育員は通信オープンレベルをオレンジにしているんだ」オレンジ色。学童や学生、教育関係者、公務員は自由に連絡可能なカテゴリだ。

助かったあ。「いますぐつないでくれる」

「がってんだ」桃色のイルカは国会図書館の小人と同じ台詞を返して脱力を誘ってから消えた。

リストバンドが点滅する。接続までかなり待たされた。ＡＩとちがって人間には都合がある。ちはるからの連絡を最優先してくれるのは曾祖母くらいだ。

「もしもし」老いた男性の声がした。このひともひいおばあちゃんと同じで音声だけか。秋刀魚型のアバターとか出されるよりはましだけど。

秋刀魚飼育について話を振ると引退した飼育員は堰を切ったようにしゃべりだした。「たいへんだったよ、とにかく繊細な魚でね。まず海から運んでくるとき怪我しちゃうんだ。水槽に入れてもガラスにぶつかってまた怪我。大海原を自由に泳ぐ魚だから、できるだけ大きな水槽を用意して、水流もつくって。それだけやってもたびたび死んだ。浮いた死骸を網ですくいながら泣いたもんだよ」

もと飼育員は秋刀魚がいかにかわいくてはかない生き物であるかをせつせつと語った。

「こんなむずかしい魚、若い飼育員にこの先も維持してくれともいえなくて」

秋刀魚を愛していたからこそ可能だったんだな。ああだめ、このひとに塩焼きの味なんてきけない。

「どうして秋刀魚の水揚げ、なくなっちゃったんですか」

ため息がきこえた。「ほんとのところ、よくわからないんだ。秋刀魚の寿命は二年と短くて、一回あたりの産卵数も少ない。それなのに日本はじめ太平洋岸の国々が獲りまくったからかもね。冷たい水を好む魚だから、温暖化で水温があがったのも大きかったろう。なにより、秋刀魚は安いと思われていた。水揚げが減って単価があがると誰も買わなくなったし、漁船もわざわざ探し出して獲ったりしなかった。こうして秋刀魚は、水産市場からもひとびとの記憶からも消えてしまったんだ」

おいしいって絶賛してたひいおばあちゃんだって忘れてたくらいだもんね。

薄幸そうな細長い体とさびしげな受け口の横顔を思い浮かべた。かわいそう。さんざん食べられたあげく忘れられちゃって。

「お話ありがとうございました」通話を切る。ふうと息を吐く。

「おねがいモラヴェック。いまの時刻を教えて」

「午後二時四十分です」

「もう、そんな時間」おなかが鳴った。宿題も空腹もまったなしだ。ヒントが少なすぎるけど試作に入るしかない。

ソファを立ち、キッチンへ移動した。食洗機のとなりに３Ｄフードプリンタがビルトインされている。「試作モード」と命じると正面の操作パネルのランプがついた。一口大にプリントできるので待たされないし原料パウダー類も節約できる。

「秋刀魚の塩焼きレシピ入力」リストバンドに命じる。モラヴェックはレファレンスＡＩから受けとったデータをフードプリンタへ流しこんだ。プリンタはランプを三回またたかせてからエラーを返した。

情報不足

だろうな。プリンタの正面扉に手をついてうなだれた。秋刀魚そのもののデータもろくにないのに、たった二行のレシピで味を再現できるわけないよね。

どうする。キッチンカウンターによりかかって腕を組んだ。とにかく、いま持っているものはなんでも使うしかない。塩焼き以外の料理レシピはまあまあの長さがあった。ぜんぶ足し合わせて、そこから秋刀魚の本質的な味情報を抜き出そう。それにあらためて塩焼きレシピを足す。ひいおばあちゃんの感想の文字起こしデータも加える。さらに、プリンタ内蔵の一般的な魚加熱データを呼び出してのせる。焼きたてがだいじらしいから、仕上がり温度を「あつあつ」に設定。

よし、やるか。

モラヴェックに頼んでプリンタにテキストデータを流し入れ、演算を行う。魚の焼き物モードにセットする。プリンタは運転をはじめた。正面扉の窓からのぞくとノズルがみえた。ＸＹ方向に細かく動きつつ、じりじりとＺ方向へ素材を積みあげていく。

ほどなく出力が完了した。ビープ音が鳴り止むやいなや扉を引きあけ、皿をとりだす。試作品第一号からは白い湯気があがっていた。表面は曾祖母が描写したとおりのきつね色。身の断面は、魚の筋肉特有の層状構造をうまく再現している。３Ｄプリンタが得意とするところだ。

箸でつまんで、やけどしないよう慎重にほおばる。皮がぱりぱり音を立て、身がほろりとフレーク状にくずれる。じんわり広がる脂と旨味。けっこうおいしいじゃないの。

もういちど試作品を出力すると、モラヴェックを介して曾祖母に連絡した。「フープリ、じゃなくて３Ｄフードプリンタで秋刀魚の塩焼きを再現してみたの。いっしょに食べてくれる」

「へええ、すごいね。便利な時代になったもんだねえ」

プリンタ付属の共食ガムを口に含んでから試作品を食べる。曾祖母も似たような端末を使ってちはるの味覚を共有しているはずだった。一分ほどして声がきこえてきた。

「おお、なかなか上出来だね」

やった。ちはるは箸を持った右手をふりあげた。

「でもね、まだ脂が足りないかな。それとほんのり甘いんだよ。そうそう、いい忘れてたけど苦味。新鮮な秋刀魚は、わたごと食べられるんだ。苦いけど慣れるとおいしいもんだよ」

「わた、って」

「内臓」

曾祖母の助言にしたがって味の微調整に入る。基本三原料のうちタンパク質パウダーを減らして脂質パウダーを増やす。五味パウダーから甘味を少しと、苦味を多めに追加。試作と味見をくりかえし、一口大とはいえすっかり満腹になったころ、ついに曾祖母は。

「ほぼ完璧」といってくれた。

よかった、これで宿題をまとめられる。「ありがと、ひいおばあちゃん」

「だけどねえ」と曾祖母が語尾を伸ばした。「ほぼ、だよ。あくまで、ほぼ。なにかが足りないんだ」

「なにかって、なに」

「うまく思い出せないんだよ。秋刀魚の塩焼きを食べていたのは五十年も前だからね。ごめんね、ちはるちゃん」

思い出せないならしかたない。曾祖母は認知症の兆候すらないけれど、五十年前の味を正確に描写するのは誰にだってむずかしいにちがいない。

足りない味ってなんだろう。五味じゃないのか、じゃあなんだ。

曾祖母に頼れないなら、五十年前の記録をあたるよりない。文学作品データにはまだほとんど手をつけていなかった。リビングのソファへ戻ってモラヴェックに頼み、国会図書館レファレンスからセーブしたデータを呼び出す。ついでに時間も確認してもらう。「午後四時十二分です」

やばい、時間がない。担任教師の顔が思い浮かぶ。長いのを読んでるひまはないから俳句にしよう。

秋刀魚焼く煙りの中の妻を見に　山口誓子
秋刀魚焼く煙りの中の割烹着　鈴木真砂女
秋刀魚焼く煙を逃げて机かな　石川桂郎

あれ、おもしろい。秋刀魚っていつも煙とセットなんだ。

つぎにこんな句をみつけた。

煙また味の一つや初秋刀魚　鷹羽狩行

そっか、煙だ。でも煙の味ってなんだろう。そもそも煙は、学校のバーチャル火災訓練で体験したことがあるだけ。実物をよく知らないし、まして味なんかわからない。秋刀魚の煙の正体ってなに。

そのヒントも俳句から探す。

山国の炭火の泣ける秋刀魚かな　石田勝彦

わかった、炭か。だけど炭もよく知らない。キッチンがみえる炭火焼レストランへ連れていってもらったとき、煙なんて出てたっけ。

リストバンドに話しかける。「おねがいモラヴェック。炭、買って」

「お母さまの許可がないと決済ができません。それに、このマンションで木炭のような燃料を使うことは禁止されています」

むむ、さすがにもう進めない。ソファに寝転び、掃き出し窓から外をながめた。夕焼けに朱く染まった都心の空を配達ドローンが横切っていった。お母さん遅いなあ。面談が長引いてるのかな、都内じゃなくて九州とか北海道のひとだったのかも。

　するとリストバンドが不安を感じとったようで、モラヴェックを通して母から連絡がきた。ごく短いテキストだった。


　ごめんまだ仕事中。鹿児島。おみやげ買うから許して

しょうがないなあ。ちはるはソファで寝返りをうつ。炭、買えないし。そもそも火をつけられないし。炭火の煙風味はあきらめて宿題終わらせてもいいかなあ。これって大人がよくいうやむをえない、ってやつでしょう。

　でも。

　がばと跳ね起きた。やっぱり気になる。炭火の煙を足した秋刀魚の塩焼きはどんな味がするのか。五十年より前のひとたちが日常的に食べていた、まぼろしの味。煙なしでもすごくおいしいんだから、きっと。

　あきらめるな、ちはる。自分の心と食欲を鼓舞し、モラヴェックに問いかけた。「炭の専門家ってどういうひと」

「木炭を製造しているひとたちがいちばんくわしいでしょう。炭焼き職人といいます」

　炭焼き職人。はじめてきく言葉だ、秋刀魚みたいにいなくなっているかも。「そのひとたちと連絡とれるの」

「やってみましょう」モラヴェックは学童用つながりプラットフォームの海へ沈んだ。四秒後。「通信レベルが緑色のひとをみつけました」

　緑。誰でも接触可能。「つないで」


　やはり炭焼き職人とすぐにはつながれなかった。そうこうするうち母が帰宅した。おみやげは鹿児

島名物あくまきだった。夕食の席で宿題どうなの、と問われると。

「なんとかなるかも」

と、あいまいな笑みで答えた。

リストバンドが光ったのは空の食器をキッチンの食洗機に入れた直後だ。「はい」ちはるは勢いこんで返事した。左腕に男性の上半身の立体映像が浮かぶ。職人という語感からの想像に反して若かった。三十歳くらいか。

「待たせちゃってごめんね。きょうは窯出し作業だったから、忙しくて」

「かまだし、ってなんですか」

「焼きあがった炭を窯から出すこと。山の木を自分で切ってきて、窯に詰めて、何日もつききりで焼いて。窯出しは炭焼きのハイライトかな」

きびしい仕事だ。「どうして炭焼き職人になったんですか」

若い職人は照れたように手ぬぐいを巻いた頭をかいた。「この職業を知ったきっかけはＡＩ適性診断。じつはぼく、人づき合いが苦手でね。つながりアシスト機能があっても大勢とかかわるのストレスなんだよ。ひとりで木や火と向きあうほうが性に合ってて。あっもちろん、こういうふうに一対一でつながるのは大歓迎。だからレベルも緑にしてる」

彼は熱をこめて語った。日本の炭焼きは弥生時代までさかのぼる伝統の技術だが、一時は後継者不足で消滅の危機におちいった。化石燃料の台頭により需要が減り、職人の収入も減ったからだ。ベーシックインカム導入が炭焼きを絶滅から救った。

「伝統文化を継承していると思うと、誇らしいね。文化はいったん途絶するともう戻ってこない。それに木炭はカーボンニュートラルな燃料で、持続可能だ。ぼくらが山に入って大きく育った木を切ると、空いたすきまに若木が育つ」

ちはるは肝心の質問をした。「炭火料理の煙って、どんなものなんですか」

するといろ青年は笑顔を浮かべて。「ちょうどいい。これから夜食にするんで、七輪に炭火をおこしていたところ。そっちに嗅覚共有端末はあるかい」

え、味覚じゃないんだ。「ええ、いちおう」モラヴェックを一時保留にするとリビングへ向かう。母はソファの背に内蔵されたマッサージ機で仕事の疲れを癒やしていた。

「お母さんおねがい、エルメスのネックレスを貸して。宿題を仕上げるためにどうしても必要なの」エルメスのネックレスパーツには嗅覚共有機能があり、母は香水を購入するとき使っていた。「宿題のためならね」母はネックレスをはずしてちはるの首につけてくれた。軽い。見た目の重厚感を気持ちよく裏切ってくれる。「レンタルモードにしたから、ちはるの声で入力できるよ」

やったあ。わくわくしながらあこがれの高機能アシスタントに命じる。「ねえきいてエルメス。嗅覚共有をオン。接続先は、さっきまでモラヴェックで話してたひと」

するといきなり、ふしぎな匂いが鼻孔の内側をくすぐった。ついで鼻の奥へ到達し、小さなくしゃみを誘発した。涙もにじむ。

モラヴェックの通信機能を再開する。「な、なんですか。これ」

「いまね、炭火の上に鰺の干物をのせた。合成魚肉じゃなくて本物だよ、なんたって窯出し祝いだから」職人の立体映像の周囲にはみたこともない黒いなにかがたちこめていた。あれが煙か、火災訓練とはぜんぜんちがう。彼もくしゃみをひとつして、目をこすった。「自分の炭でつくる料理って最高。あ、焼くだけだし料理とはいえないか」

「あのう、炭火焼レストランでは煙は出てなかった気がするんですけど」

「レストランは空調が徹底してるからね。もったいないな、ぼくは煙も味のうちだって思ってるよ」

　煙も味のうち。

　そうきくと、鼻の奥への刺激が舌で感じられる気がした。このぴりっとした感覚を忘れないで、できるだけ再現するんだ。


　八月三十一日の午後までかけて試作と試食をくりかえし、ついに満足する秋刀魚塩焼きが完成した。さっそく曾祖母に食べてもらおうと連絡したが、めずらしくつながらない。数分待たされてから。

「ごめんごめん、ちはるちゃん」と音声が流れた。背景音がふだんとちがうことをちはるの耳は感じとった。ざあん、という規則的な水音。やはり規則的な、きゅうきゅうと動物が鳴くような声。

「ひいおばあちゃん、いまどこなの」

「いい耳だね」曾祖母は笑って答えを教えてくれた。「秋刀魚祭りが行われてた漁港の町にきてるんだよ。秋刀魚はもう獲れないけど、浜がまた鳴くようになった。ほら」きゅう、きゅう、きゅう。

　曾祖母の頑健な脚が一歩一歩ふみだすリズムと同じだ。彼女の趣味は登山で、九十八歳にして穂高へ登るのである。

「浜が鳴く、って」

「すごくきれいな砂は、踏むとこすれあって鳴くような音を立てるんだ。ここはしばらく鳴かなかったけど、また海がきれいになったんだね」きゅう、きゅう、きゅう。背後でざあん、ざあん、と鳴っているのは波の音だとちはるは察した。

「あのね、再現塩焼きが完成したの。また試食してくれる」

「おお。それはそれは、がんばったねえ」曾祖母は声を高めてから。「そうだ。お母さんにネックレスを借りなよ。触覚共有を使ってごらん」

　母は快く自分の祖母の提案に応じた。エルメスを首に巻いて触覚共有をオンにする。とたん、頬がひやっと涼しくなった。

「潮風だ」曾祖母が説明する。「こいつになぶられつつ、あつあつの秋刀魚の塩焼きを食べる。至福の体験だよ」

波の音と砂の声をきき、潮風に吹かれながら、ちはるは湯気が立つほど温めた塩焼きを口に入れた。しょっぱくて、ほろ苦く、ほんのり甘い。やわらかな脂の舌触り。鼻の奥には煙の香ばしさがただよう。

「これだよ、これ」曾祖母は若々しく声をはりあげた。「いま思い出した、足りなかったのは煙だ。すごいね、よくわかったねえ」

「えへへ」ちはるは照れて、炭焼き職人のように頭をかいた。「でもね、ひいおばあちゃんがいなかったらできなかったよ。ありがとう」都内のマンションにいるのに、夏の終わりの青い波がけがれのない砂浜を洗うさまがみえるようだった。


三十一日の夜。リビングのソファに陣どり、これまでの成果をレポートにまとめた。例によってモラヴェックは、学校から与えられた自由研究記入フォーマットを提示するなり。

「これより、自分の力でがんばりましょうモードを実行いたします」

と、いってだまりこんだ。

フォーマットの空欄をひとつひとつ埋めていく。研究のきっかけ。むかしはすごくたくさんいた魚がぜんぜん獲れなくなって、すっかり忘れられていることに驚いたから。研究の方法と内容。資料調査は、国立国会図書館レファレンス。インタビューは、秋刀魚塩焼きを食べたことのある曾祖母と、水族館のもと秋刀魚飼育担当員と、炭焼き職人。結果欄には3Dプリンタ再現塩焼きレシピを入念に書いた。

九時。疲れた目をこすりつつ残った空欄をみつめた。あと二か所だけ、もうひと息だ。

これからの課題。

「今回は時間がなくてできませんでしたが、ひいおばあちゃんが教えてくれたように、浜辺での音や風の感じをレシピに入れこめるともっとおいしくなりそうです。機会があったらぜひやってみたいです」

研究を終えての感想。

「秋刀魚はいなくなっちゃったけど、塩焼きの味をうまく再現することができました。協力してくれたみなさんのおかげです。それと、秋刀魚は完全にいなくなったわけじゃなくて、広い海のどこかでこっそり生きていて、いつか会えるといいなと思いました。元気に泳いでいるところをみてみたいです」

音声がテキストに変換されて空欄を埋めた。ちはるは両手をふりあげて叫んだ。「おわったあああっ」

ソファの向かいから母が立ちあがり、ちはるを抱きしめた。「やったじゃない。ひとりでできたね」

「えへへ」母の首のあたりに鼻を埋める。エルメスのネックレスが触れてくすぐったかった。「みんなのおかげだよ。お母さんもね、ありがと」


九月三日の夕方。

「あのう、用事ってなんですか」

ちはるはおずおずと問いかけた。職員室への呼び出しなんていやな予感しかしない。おととい提出した宿題にまちがいでもあったのか。

職員室は八畳ほどの広さで人間の教師専用の部屋だ。そこにいるのは四人だけだった。校長と教頭に、若い教師が男女ひとりずつ。女性のほうが、ちはるのクラスをみてくれている先生だ。

担任教師は椅子を回してちはるに向き直った。

「あの自由研究だけど」

「はい」きたぞ。緊張が走る。両の拳を握りしめる。

「とっても、おもしろかったよ」教師は輝くような笑みをみせた。「失われた味を復元する、って着眼点がいいね。いっぱい調べて、工夫もして、いろんなひととお話できたし。先生すっかり感心しちゃった、それでね」左手首の教員用アシスタントＡＩに触れる。ぴ、と音がしてモラヴェックへデータが送信された。

ちはるは左腕の内側をみた。「なんですか。おうぽ、ようこう」

教師は楽しげに微笑んだ。「小学生３Ｄフードプリンタ創作料理コンテスト。出てみない、まだやりたいことあるんでしょ」

児童と教師は数秒、みつめあった。驚きが消えると、ちはるは大きな笑みとともにはっきり返事をした。「はい。出ます。ぜひ出たいです」

いかがでしたか？　サンマのような身近な食材が、50年後には姿を消しているかもしれない、と想像するのは、なかなか衝撃的ではないでしょうか。私たちも同じです。長く環境問題を考えてきた研究メンバーですら、この小説を読み、実際にサンマがなくなる世界像をリアルに思い描いてショックを受けました。「環境」という大きな言葉から、こうした具体的な事態を想像するのは簡単ではありません。しかし、いざ突きつけられると、身が引き締まる思いがします。これも、フィクションの持つ大きな力といえるでしょう。

とはいえ、「サンマの絶滅」という暗い主題からは想像もできないほど、松崎先生の小説にはさっぱりとした明るさが漂っています。食糧問題の解決法を語るとなると「環境危機を乗り越えるために代用肉への転換が必須」などという語り口になりがちですが、「本物ではない代用品で我慢しよう」といったネガティブなイメージにとらわれず、「新時代のお肉でつくる、はちゃめちゃにおいしい創作料理コンテスト」などと銘打って、どんどんいい面をクローズアップしていけば、ぐんと楽しくなるかもしれません。

豊かさと持続可能性の両立というようなテーマは、典型的な「言うは易し、行うは難し」の問題で、そうそう簡単に解決するものではありません。しかし、私たちは報告書で、この小説の明るいムードを思い出しながら、豊かさ⇓「食体験・文化」、持続可能性⇓「水産資源の入手可能性」というような、より価値の創造にフォーカスした議論を進めることができたと思います。

できた未来ストーリーを発信していく

さて、こうした未来ストーリーは、完成後に活用してこそ意味があります。私たちのケースでは、その成果を報告書に生かすことが最大の目標でしたが、そのほかにもさまざまに活用しています。

活用法① 社内コミュニケーションの活性化

SF思考を取り入れたことは、先にも述べたように、それによって50周年記念研究そのものが前進したことがもっとも大きな成果です。また、完成した小説は、研究に携わっていた社内メンバーが共有したのはもちろん、それ以外の社員も読めるよう、社内Webに掲載しました。すると社内から「報告書やプレゼン資料だけではピンとこなかったが、小説を読んで、ようやく言わんとしていることがわかった」という声が数多く上がりました。

小説が生まれたことで、その後の社内ディスカッションも、地に足のついた具体的なものになりました。この短篇SF小説に出てくる主人公の名前を持ち出して「〇〇の価値観には違和感がある。なぜなら……」「△△の持っている××というデバイスはこう改良すればいいのでは……」というような会話が交わされるようになったのです。

活用法②　社外へのビジョンの発信

これらの小説は、対外的に研究内容を発信するという意味でも役立ちました。研究成果は報告書と書籍にまとめましたが、ＳＦ小説というインプットをはさんだことで、その中身が具体的かつ臨場感のある表現になり、私たちが伝えたいと考えていたビジョンを、よりビビッドに伝えることができたのです。

活用法③　課外授業での活用

50年後の未来社会の主役は、いまの若者たちです。そこで、この短篇ＳＦ小説や報告書が示す世界観をたたき台に、若い人たちの未来に対する意見や、その背景にある価値観を教えてもらおう！　ということで、東京都立日比谷高等学校にお願いして、課外イベントを企画させていただきました。

題して「２０７０年はどんな未来？　世界への未来像提言を考えよう！」です。

生徒さんたちには、事前にSF短篇小説を読んでおいてもらったうえで、1時間のワークショップに参加してもらいました。生徒4人に三菱総合研究所の社員1人がつく、5人チームが1ユニットとなって、主に以下のようなトピックを話し合いました。

・このSF短篇5つを読んで、面白かった未来像を教えてください
・この2070年の未来のなかで、あなたはどんな休日を送りたいですか?
・この2070年までの間で、新しく出てくる社会の問題はどんなものが考えられますか?
・この2070年の未来のなかで、あなたはどんな仕事をしたいですか?
・それは、これまでやりたいと思っていた職業・夢と同じですか?
・この小説や議論を経て、新しく興味が出たり、やりたくなったことはありますか?

最初は30人を予定していたのですが、40人ほどの生徒さんから応募をいただき、授業は大盛況でした。動機としては「未来を描いた小説を読みたかった」という意見が目立ち、小説という形式の持つ影響の大きさを感じました。ワークショップ後のアンケートで、5点満点で平均4・8点という高評価で、生徒さんからも先生からも「定期的に開催してほしい」という嬉しい声をいただきました。

生徒さんから寄せられた意見の一部を以下に示します。

Ｑ　２０７０年までの間で、新しく出てくる社会の問題はどんなものが考えられるか？

・病気が治ることにより、生と死の境の意味が変わる
・世代交代はなくなってしまうのか、「生きている」うちに何かを残したいという欲がなくなるのではないか
・国や機械に頼りすぎると、いざ機能しなくなったときが問題。どう解決していくのか
・技術でなんでも解決できると、人間同士のつき合いが苦手になるのではないか

Ｑ　２０７０年の未来のなかで、仕事はどう変わるか？

・〝責任〟だけが仕事化する
・ＡＩに負けたくない
・自動運転や尊厳死、ＡＩの使い方など、現在の法律や決まりでは運用できない仕組みの設定が重要

研究に取り組んだ当事者としても、自分たちが描いた未来像がどう受け止められ、どんな

インパクトを与えるのかをダイレクトに知ることができたのは大きな収穫でした。そして、若い世代が、想像以上に家族や友人とのFace to Faceを大事にしていること、その一方でAIを使いこなそうとしていることなど、新しい発見もありました。これも、小説という豊かな媒体を通じてコミュニケーションできたからこそだと思います。

1　三菱総合研究所『「100億人・100歳時代」の豊かで持続可能な社会の実現』は、三菱総合研究所のウェブサイトで公開しています。https://www.mri.co.jp/news/press/20210121.html

2　IPCC第5次評価報告書の概要　https://www.env.go.jp/earth/ipcc/5th/pdf/ar5_wg1_overview_presentation.pdf

おわりに——明日からできるSF思考

藤本敦也

本書では主にビジネスの観点から、SF思考の活用方法を解説してきました。

ここまで読んでくださった方なら、すでにおわかりだと思いますが、もちろんSF思考はビジネスシーンに限定した思考法ではありません。子供も大人も、仕事でもプライベートでも、あらゆるシーンで未来を考えるために役立ちます。

しかしなかには、「SF思考は身に付けたいけど、ワークショップを開催するのはちょっと…」という方もいらっしゃるかもしれません。そんな方に、「明日からできるSF思考」をまず2つご紹介します。その後、ビジネスシーン以外のSF思考の可能性を述べたいと思います。

空き時間に、新しい言葉をつくる癖をつける

レストランで料理を待っている間や、電車のなかなどの空き時間で、新しい言葉をつくっ

てみましょう！　私も、居酒屋で「とりあえず科学技術コミュニケーション」という言葉をつくりました。ひとりで考えてもいいですし、ランチ時に同僚とのゲーム形式にするのもおすすめです。「自分の業務に関連する言葉を必ずどこかに入れる」と、意外と盛り上がりますのでぜひお試しあれ。

もし、〇〇がなかったら

もしも〇〇なら、と日常生活のなかで、ひとつ要素が変わることを考えてみましょう。まずは、「もしも世界から〇〇がなくなったら」という引き算から考えてみるのがやりやすいでしょう。空き時間に目にとまったものを題材に、「もしも世界からコップがなくなったら」、「もしも世界から信号機がなくなったら」などです。ひとつ要素が変わるだけで、世の中が一変してしまうかもしれません。

未来を生きる、子供たちに

子供たちは、空想や妄想が大好きですよね。でも、「未来から逆算して、いまを考える」ことにはあまり慣れていません。しかし、将来を考えなくてはいけないときがやってきます。この早い段階でＳＦ思考に触れておくことは、そのための素晴らしい練習になるでしょう。このような考え方は教育界でもじわじわと盛り上がっています。「国語や算数のように『未来』という教科を学校教育に取り入れてはどうか」という議論はそのひとつです。[1]

子供を対象にする場合、大人向けのワークショップをそのまま実践するのは難しいので「SFコンテスト」のような形式にアレンジするといいでしょう。三菱総合研究所でも、2020年に社員とその家族向けのイベントとして「未来を考えるSFワークショップ&コンテスト」を実施しました。親子でワークショップに参加してもらい、そこでつくった未来ストーリーを、後日SF作品（小説でも、マンガでも、絵本でもOK！）に仕上げて応募してもらうというものです。

実際にやってみると、子供たちだけでなく、一緒に参加した大人にとっても大きな学びになりました。というのも、子供の存在はそのまま「未来」のメタファーです。子供と（ふだんの日常会話でなく、社会について）語ることは、まさに「未来との対話」なのです。

社会を進化させる、アントレプレナーに

いま、ユニークな大学発ベンチャーが続々と誕生しています。アントレプレナー教育に力を入れる大学も増えており、起業家を招いた講義や、短期間で起業アイデアをかたちにするハッカソンのような試みも活発です。

ただし、不足しているのが「未来を具体的に構築する教育」です。シンギュラリティ大学のような一部の先進的な教育機関を除くと、「未来社会を考える」場が明示的に教育に組み込まれていることって、ほとんどないのです。私が通った海外MBAでも、デザインシンキングや企業倫理（ビジネス・エシックス）はあっても、未来像をダイレクトに問うプログラムはありませんでした。

新しいビジネスを立ち上げるために、あるいは研究を社会に役立てるためには、知識や技術だけでなく「未来を展望する能力」が欠かせません。SF思考は、この欠落を埋める重要な解になると私は考えています。

ビジョナリーなコミュニティづくりに

コミュニティづくりは関係者が多くなるので、みんなの「あったらいいな」という声を足し合わせるだけでは、総花的な未来予想の博覧会になってしまいます。そんなときこそ、SF思考の出番です。魅力あるビジョンにするためには「なぜその未来を選ぶのか」「その未来で新たに苦しむ人はいないのか」をいかに丁寧に考えるかがポイントです。

そして、コミュニティのビジョンとしての未来ストーリーは「つくるだけでなく、広げていく」ことが大事です。ビジョンに共感する人や組織が増えれば増えるほど、実現が近づくからです。できればプロの作家の力を借りて小説形式のストーリーを完成させ、それをマンガやアニメにも展開し、広報ツールとしてどんどん活用してほしいと思います。物語の強みは、漠然としたコンセプトにはない〝刺さる未来〟が具現化できることです。コミュニティ内でしっかり物語が共有されていれば、各自が自分の言葉で目指す未来を語れるようになります。するとビジョンが勝手に広がっていきます。

この方法は、会社、大学、ＮＰＯといった組織にも応用できます。ビジョナリーな物語は社員、学生、会員といったメンバー間の対話を誘発し、モチベーションを高めるだけでなく、社員の採用、学生の募集、協賛集めなど、外部からリソースを集めたい局面でも大いに力を発揮します。

自分の人生を、ワクワクさせるために

人間の活動で、未来に関係のないものはありません。ということは、個人のあらゆる活動に未来ストーリーは使えます。

たとえば結婚だって「ありたい未来の家族像」からバックキャストで考えてみてはどうでしょう。恋人と一緒に未来ストーリーをつくるのもいいですね（認識のギャップが明らかになって破局する可能性もなくはないですが……。しかし、それもひとつの前向きな未来のは

ず……）。

転職の際にも、ぜひ未来ストーリーづくりにチャレンジしてほしいと思います。企業研究や業界研究、それに基づく未来予測までは誰でもやりますが、それだけでは「自分がどう仕事に関わりたいのか、業界をどう変えたいのか」までは見えてきません。ＳＦ思考でワクワクできる未来を描けば、そこがグッと明確になるのです。採用する側だって、「安定してそうだから」なんて思っている人より、「未来にワクワクしているから」と思っている人と一緒に働きたいはずです。

以上、ほんの一例を挙げてみました。

もちろん、活用法はまだまだ無限にあります。本書を読んだあなたはもうＳＦ思考の使い手なのですから、ぜひ自分だけの未来をいろいろなシーンでつくってみてほしいと思います。

何より、ここで例に挙げたようなことは、私自身が共編著者の宮本さんとともに、これからどんどんやっていきたいことなのです。小中学生のためのＳＦコンテストも企画したいし、起業を目指す大学生たちと未来を語り合いたいし、１００年先の街をあれこれ構想したい。そのためのプログラムを開発する準備もすでに進めています。

本書では、未来ストーリーづくりやワークショップの方法を実際のスライドを示しながら解説しましたが、これが完成形だというつもりはまったくありません。というより、ワークショップを開くたびに新たな発見があり、要素を入れ替えたり、削除したり、付け加えたり……とやっているうちに否応なく進化してしまうので、完成形なんてないのです。

同じことは、きっと本書を読んだあなたの元でも起きるでしょう。SF思考は、実践する人の数だけ独自に進化します。そして、無数のバリエーションの未来が乱立していく……。想像するだけでワクワクしませんか？　いまも素晴らしいSFは世界中に存在します。それに加えて「ふつうの人」が未来ストーリーをどんどん生み出すようになれば、世界はもっと楽しい場所になるはずです。

本書の目的は、完成した思考メソッドを伝授することではありません。読んだ人すべてのなかに「一人ひとりのSF思考」が自由に育つ種をまきたいのです。チームの化学反応を楽しむことこそが、SF思考の醍醐味ですからね。

個人的には、海外にも「SF思考」を輸出したいと思っています。というのも、海外MBAで学んだとき、多国籍チームで「私のふつう」と「あなたのふつう」がまったく違うことに衝撃を受けた経験があるからです。異質なものがぶつかると軋轢が生じます。ただし、お互いの背景が理解できれば、違いは違いとして受け入れて協力できるようになる。問題はどうやってそこに至るかです。あのとき「SF思考による未来ストーリづくり」を知っていれば、もっとうまくコミュニケーションできたのに……とよく思います。

コラム4（p.160）でご紹介したアリゾナ州立大学では、フィクションを使うメリットとして「物語が異分野の人を結びつける」ことを挙げていました。私はそれを聞いて「なるほど、さすが多様性の国だな」と感心した覚えがあります。SFを媒介にすれば、国際協調、というと大げさかもしれませんが、異質な者同士の相互理解は確実にスムーズになります。

SF思考は日本を変える力にもなります。現在、日本はさまざまな面で他国に後れをとっているといわれます。しかし、「物語を生み出す力」はまだまだ強い。かつて「技術大国」として名を馳せた背景には、『機動戦士ガンダム』や『サイボーグ009』に熱中した世代の活躍の影響が無視できません。そしていまも『攻殻機動隊』や『ソードアート・オンライン』のような作品が国民的に（それこそ、政策決定者から子供たちまで）共有されていることは、実は大きな強みです。それが未来づくりのエネルギーになるのですから。

会社経営に「顧問SF作家」を起用するのもアリかもしれませんし、SF思考に興味を持つ経営者や研究者や技術者のネットワークができれば、面白いことがどんどん生まれてきそうです。いずれオフィスのランチの時間に「ところで君がつくりたいガジェットはどんなの？」みたいな会話がふつうに飛び交うようになったら嬉しいなあ……なんて夢想もしています。

「SF思考」は、まだ小さな卵です。無限の可能性があるけれど、ここから何が育つかは、私たちがどう関わり、どう実践するかにかかっています。「私たち」には、もちろん読者のあなたも入っています。これからのもろもろの動きは、ダイヤモンド・オンラインで発信していく予定です。本書から始まったSF思考が、この先、どう転がっていくか。ぜひご注目ください。

本書は、ほんの始まりにすぎません。未来を自分の手に取り戻す、SF思考の旅は始まったばかりなのですから。

1 『もし「未来」という教科があったなら』（未来科準備室編、学事出版、2020年）では、教育者や研究者、実務者などがさまざまな立場から教育で「未来」を扱う意義について考察しています。

謝辞

藤本敦也、宮本道人、関根秀真

本書は主に藤本敦也と宮本道人の2人が中心になり、全体の編集・執筆を行いました。「はじめに」および第1～2章を宮本道人が、第3～7章および「おわりに」を藤本敦也が執筆しましたが、内容はすべて2人で議論してつくられたものであり、お互いがお互いのパートで部分的に執筆を行っている部分もあります。本書に登場するワークショップや未来ストーリー活用法、そこで用いたスライドや資料なども、すべて2人が中心になって設計し、共同で実施しています。

関根秀真は、三菱総合研究所50周年記念研究の研究リーダーの立場から、同研究活動の一環としても本書に書かれているさまざまな企画や、本書自体の企画などを全面的に統括しました。

筑波大学システム情報系の大澤博隆氏には、本書に登場するさまざまなワークショップや、ＳＦの社会活用に関する情報収集などを監修していただきました。
ＳＦ思考は筑波大学と三菱総合研究所の出会いから始まったプロジェクトであり、この４人を中心としてＳＦ思考を推進するチームとして活動し、こうして皆さまと一緒に本が出せたことを本当に嬉しく感じています。

本書執筆時には、小林直美氏に非常に大きな協力をいただきました。われわれの文章を大変読みやすくしていただいただけでなく、小林氏の発案でトピックを追加させていただいたり、われわれの提供した素材が足りない場合は聞き書きのかたちでセクションを構築していただくなど、あらゆるかたちでのサポートをいただきました。読者の皆さまがこの最後のページまでたどり着けたのは、ひとえに小林氏の筆力によるものだと思います。

収録短篇を執筆いただいた高橋文樹氏、柴田勝家氏、長谷敏司氏、林譲治氏、松崎有理氏には、本当に感謝の念しかございません。まだ発展途上であったＳＦ思考ワークショップにもかかわらず、読み応えのある作品になっているのはひとえに先生方の筆力のおかげです。皆さまとのワークショップを通して、ＳＦ思考の枠組みを拡張できたのも、大きな収穫でした。

本書は、そのほかにもさまざまな方々のご協力があって成立しています。一部を以下に紹介させていただきます。

「はじめに」と第1～2章には、ＳＦプロトタイピングの実施・普及に関わっている竹ノ内ひとみ氏、矢代真也氏、森尾貴広氏、安藤英由樹氏、ハミ山クリニカ氏、難波優輝氏、宮本裕人氏、一ノ瀬翔太氏、杉本洋樹氏のそれぞれと、ＳＦの社会活用や創作メソッドについてディスカッションした際にお聞きした意見が盛り込まれています。３×５のＳＦ思考は、皆さまなしでは思いつきませんでした。

コラムに示したアリゾナ州立大学のＳＦプロトタイピング事例に関しては、ＣＳＩの教官陣であるルース・ワイリー氏とエド・フィン氏にお世話になりました。お２人をはじめ、アリゾナ州立大学の方々からは、ＳＦの持つ力をどのように社会に活用していくかという視点から多くを学びました。

第7章に記載した5つのＳＦ作品をもとにしたイベントにご参加いただいた日比谷高校の皆さん、アレンジいただいた日比谷高校の戸田勝昭氏にも厚く御礼申し上げます。

執筆時の情報収集にあたっては、大澤博隆氏が代表を務めるJST RISTEX HITE「想像力のアップデート：人工知能のデザインフィクション」（JPMJRX18H6）の支援を受けました。

三菱総合研究所とともに、「22世紀に向けた人類のチャレンジワークショップ」を開催し、藤本、関根と大澤氏の出会いのきっかけを作って頂いたTomyKの鎌田富久氏にも御礼申し上げます。

三菱総合研究所においても、多くのメンバーがさまざまなかたちで活動に関わりました。特に第7章に示した三菱総合研究所で行ったSF思考ワークショップは、50周年記念研究の「5つの目標」がテーマであり、白戸智氏、福田桂氏、加納北都氏、滝澤真理氏、近藤直樹氏、濱谷櫻子氏、山本奈々絵氏、河田雄次氏、木田幹久氏、浜岡誠氏、吉永京子氏、奥村隆一氏、藪本沙織氏、川崎祐史氏、由利昌平氏、飯田正仁氏、白井優美氏、金子知世氏を中心とした同研究メンバーが関わっています。このワークショップがSF思考の手法をかたちづくる第一歩となりました。

また、「おわりに」で述べた三菱総合研究所の社員とその家族向けのSFワークショップでは、井上渚氏と竹村毬乃氏に大変お世話になりました。子供たちが楽しそうにしていたのは、両氏のおかげです。

三菱総合研究所50周年記念研究後には、岩崎亜希氏、松浦泰宏氏、秦知人氏、濱谷櫻子氏（再掲）、山口涼氏らと共に、企業への実証実験やプロジェクトを行ってきました。実際に企業さんと一緒にプロジェクトとして進めていくことで、SF思考ワークショップの手法は劇的にブラッシュアップされました。この場を借りてあらためて御礼申し上げます。

ＳＦ思考の活動に理解を示していただいた大石善啓氏、魚住剛一郎氏をはじめとする上長の方々にも、あらためて感謝の意を表します。


ダイヤモンド社の編集者の音湘省一郎氏には、最初から最後まであらゆる面でサポートいただきました。音湘氏のアイデアのおかげで、ＳＦ思考というもの自体が圧倒的にブラッシュアップされたといっても過言ではありません。同社の蔵ともえ氏、鈴木千明氏、鈴木博之氏には本書の構成・編集において多くのアドバイスをいただきました。本書の理解のため、ワークショップにもご参加いただき、「ホンネとタテマエ書店」について熱く議論したことはよき思い出です。

そのほか、ヒアリングや意見交換においてＳＦ思考にご協力いただいた多くの皆さまに、末筆ながら多大な感謝を申し上げます。

皆さま、本当にありがとうございました。

２０２１年６月

［短編執筆］

高橋文樹（たかはし・ふみき）

1979年、千葉県千葉市生まれ。2001年、東京大学在学中『途中下車』（幻冬舎）で作家デビュー。2007年、『アウレリャーノがやってくる』で新潮新人賞受賞。破滅派、千葉市ＳＦ作家の会 "Dead Channel JP"などの文芸団体を主宰し、インディペンデントな活動も行う。四児の父。

柴田勝家（しばた・かついえ）

1987年、東京都生まれ。成城大学大学院文学研究科日本常民文化専攻博士課程前期修了。在学中の2014年、『ニルヤの島』（ハヤカワ文庫JA）で第２回ハヤカワSFコンテストの大賞を受賞し、デビュー。近著は『アメリカン・ブッダ』（ハヤカワ文庫JA、2020年）。戦国武将の柴田勝家を敬愛する。

長谷敏司（はせ・さとし）

1974年、大阪府生まれ。『戦略拠点32098 楽園』（角川スニーカー文庫、2001年）で第６回スニーカー大賞金賞を受賞しデビュー。『My Humanity』（ハヤカワ文庫JA、2014年）で第35回日本SF大賞受賞。代表作に『BEATLESS』（角川書店、2012年）ほか。日本SF作家クラブ理事。

林讓治（はやし・じょうじ）

1962年2月、北海道生まれ。ＳＦ作家。臨床検査技師を経て、1995年『大日本帝国欧州電撃作戦』（共著、飛天出版）で作家デビュー。2000年以降は、『ウロボロスの波動』（2002年）、『ストリンガーの沈黙』（2005年）と続く《ＡＡＤＤ》シリーズをはじめ、『記憶汚染』（2003年）、『進化の設計者』（2007年）など。最新刊は『星系出雲の兵站４』（2018年〜、以上、早川書房刊）。

松崎有理（まつざき・ゆうり）

1972年、茨城県生まれ。東北大学理学部卒。2010年、大学研究室を舞台とした短編「あがり」で第１回創元SF短編賞を受賞しデビュー。科学のバックグラウンドを活かした精緻な設定を得意とする。最新刊『イヴの末裔たちの明日』（東京創元社、2019年）では近未来に起こりうる人間の危機を描く。

［執筆協力］

小林直美（こばやし・なおみ）

1971年生まれ。ライター。紀伊半島出身、神戸在住。

［編著］
藤本敦也（ふじもと・あつや）
三菱総合研究所 シニアプロデューサー
東京大学大学院新領域創成科学研究科修士課程修了。ESADEビジネススクール（バルセロナ）経営学修士課程（MBA）修了。2006年、三菱総合研究所入社。同社シニアプロデューサー。専門は、新規事業開発、組織戦略（経営統合等）。ブレインテックなどの先端技術を活用した新規事業から、ペットビジネス、シニアビジネスなど多岐にわたるコンサルティングサービスを現場・ユーザーを強く意識し展開。技術・マクロトレンドと人・社会の変容を織り交ぜた、未来社会像構築も多数実施。株式会社ワイズポケットの創業メンバーでもある。

宮本道人（みやもと・どうじん）
筑波大学 HAI研究室 研究員
株式会社ゼロアイデア代表取締役、株式会社〆空想科学顧問、変人類学研究所スーパーバイザー。科学文化作家、応用文学者、博士（理学、東京大学）。科学・文学・社会の新たな関係を築くべく、研究・創作・ビジネスに取り組む。編著に『SFプロトタイピング　SFからイノベーションを生み出す新戦略』『プレイヤーはどこへ行くのか　デジタルゲームへの批評的接近』。ほかAI学会誌、VR学会誌での連載、『ユリイカ』『現代思想』『実験医学』への寄稿など、さまざまな分野で執筆。原作担当漫画「Her Tastes」は2020年、国立台湾美術館に招待展示された。

関根秀真（せきね・ほづま）
三菱総合研究所 参与
早稲田大学大学院理工学研究科修了。博士（工学）。1994年、三菱総合研究所入社。入社以来、宇宙開発、地球観測、森林環境・ビジネス（温暖化対策）、防災を中心として途上国開発支援、政府・自治体事業に関わる事業に従事。また、50年後の世界・日本を見据え、未来社会像を描きその実現に向けた同社50周年記念研究を担当。同研究成果を踏まえた3X（DX/BX/CX）に関わる研究・提言を先進技術センター長として推進。東京大学工学部非常勤講師。日本防災プラットフォーム監事。

［監修］
大澤博隆（おおさわ・ひろたか）
筑波大学 システム情報系 助教
慶應義塾大学大学院理工学研究科修了。博士（工学）。2013年より現在まで、筑波大学システム情報系助教。ヒューマンエージェントインタラクション（HAI）、人工知能の研究に幅広く従事。HAI研究室主宰者。2018年よりJST RISTEX HITE AIxSFプロジェクトリーダー。共著に『人狼知能 だます・見破る・説得する人工知能』『人とロボットの〈間〉をデザインする』『AIと人類は共存できるか』『信頼を考える リヴァイアサンから人工知能まで』など。人工知能学会シニア編集委員、日本認知科学会会員、日本SF作家クラブ理事。

SF思考
――ビジネスと自分の未来を考えるスキル

2021年7月27日　第1刷発行

編著者――藤本敦也・宮本道人・関根秀真
発行所――ダイヤモンド社
〒150-8409　東京都渋谷区神宮前6-12-17
https://www.diamond.co.jp/
電話／03･5778･7359（編集）　03･5778･7240（販売）
装丁――GRAPH＝北川一成と吉本雅俊
執筆協力――小林直美
編集協力――安藤柾樹（クロスロード）
校正――ディクション、聚珍社
製作進行――ダイヤモンド・グラフィック社
DTP――インタラクティブ
印刷――堀内印刷所（本文）・新藤慶昌堂（カバー）
製本――ブックアート
編集担当――音湘省一郎

ISBN 978-4-478-11392-9